城市轨道交通职业教育系列教材

城市轨道交通电工技术

主　编　陈　敏　徐亚辉
副主编　万　玉　夏卫民

西南交通大学出版社
·成　都·

图书在版编目（CIP）数据

城市轨道交通电工技术／陈敏，徐亚辉主编. —成都：西南交通大学出版社，2015.8（2022.9 重印）
城市轨道交通职业教育系列教材
ISBN 978-7-5643-4073-5

Ⅰ. ①城… Ⅱ. ①陈… ②徐… Ⅲ. ①城市铁路－轨道交通－电工技术－高等职业教育－教材 Ⅳ. ①U239.5

中国版本图书馆 CIP 数据核字（2015）第 170244 号

城市轨道交通职业教育系列教材
城市轨道交通电工技术
主编 陈 敏 徐亚辉

责任编辑	宋彦博
封面设计	墨创文化
出版发行	西南交通大学出版社 （四川省成都市二环路北一段 111 号 西南交通大学创新大厦 21 楼）
发行部电话	028-87600564 028-87600533
邮政编码	610031
网址	http://www.xnjdcbs.com
印刷	成都中永印务有限责任公司
成品尺寸	185 mm × 260 mm
印张	14.75
字数	364 千
版次	2015 年 8 月第 1 版
印次	2022 年 9 月第 5 次
书号	ISBN 978-7-5643-4073-5
定价	39.80 元

课件咨询电话：028-81435775
图书如有印装质量问题 本社负责退换

城市轨道交通职业教育系列教材

编写和评审委员会

出 版 说 明

城市轨道交通诞生于19世纪中叶的英国伦敦，已经历了150多年的发展历史。它技术成熟、安全可靠、形式多样、用途广泛，以其载客量大、快捷、准时、环保等优点而成为解决日益严重的城市交通拥堵问题最有效的手段。

改革开放以来，随着经济的发展，我国内地城市化进程加快，城市交通问题已成为制约城市发展的重要因素。为此，国家确立了优先发展城市公共交通的城市发展战略。建立以大容量快速轨道交通为骨干、以公共交通为主体的综合交通体系，是解决城市交通拥堵问题，从而实现可持续发展的治本之策。

未来10年，我国内地将新建城市轨道交通线路60多条，新建线路里程近1 700 km；北京、上海、广州更是以每年新增线路30～50 km的速度在发展。

城市轨道交通迎来了最好的发展时机，为抓住这一历史机遇，内地许多城市纷纷开始轨道交通的规划和建设，北京、上海、广州等一线城市已经建成成熟便捷的城市轨道交通网络。目前，建设城市轨道交通的城市还在不断增加。

城市轨道交通的发展，急需大量德才兼备的人才。为了满足对人才，特别是高、中级技能型人才培养的迫切需要，武汉铁路司机学校的教师在学校有关领导的组织下，编写了适合高、中级职业学校城市轨道交通类专业学习的系列规划教材。

这些教材具有以下特点：

突出职业教育特点。根据近几年城市轨道交通的发展及行业对人才的需求，编者在编写中将最新的技术资料收入其中，同时紧扣职业教育的特点，在讲述基本专业知识的基础上，突出了实际操作技能的培养。

内容简洁明了，文字通俗易懂，图文并茂。同时为配合教学的需要，每章配有适量的复习思考题。

专业特征明显。本系列规划教材涉及“城市轨道交通”的专业有：“城市轨道车辆运用与检修”“城市轨道交通运营”和“城市轨道交通供电”。

目前已经出版的教材包括：

《城市轨道交通概论》（第一版）

《城市轨道交通概论》（第二版）

《城市轨道交通车辆电器》（第一版）

《城市轨道交通车辆电器》（第二版）

《城市轨道交通车辆电机》（第一版）

《城市轨道交通车辆电机》（第二版）

《城市轨道交通司机信号》

《城市轨道交通信号基础》（在《城市轨道交通司机信号》基础上修订改版）

《轨道交通运输心理学》

《城市轨道交通列车牵引与操纵》

《城市轨道交通车辆制动系统》

《城市轨道交通车辆控制》

《城市轨道交通车辆机械》

《城市轨道交通行车组织》

《城市轨道交通车辆检修设备》

《城市轨道交通车辆检修工艺》

《电气控制与 PLC 运用》

需要说明的是，由于城市轨道交通线路一般是永久性结构，建成后几乎无调整的可能，故各城市在线路开建前都会反复比较和修改方案。书中有关城市轨道交通规划与建设的资料和数据，可能与实际有出入，仅供参考。希望本系列规划教材能为我国职业教育的发展做出积极贡献。

有关教材的课件及相关资料可以在西南交通大学出版社网站下载，或联系出版社工作人员获取。

西南交通大学出版社

2014 年 6 月 6 日

前　言

本书是为顺应快速发展的铁路运输及城市轨道交通对高等职业教育的需要，并满足技能型人才的培养目标及专业课的要求而编写的。其内容的选取以必需和够用为原则，适当降低了理论深度，精简了内容，以突出概念的掌握及应用为内容编排的重点。同时，本书在叙述上力求通俗易懂，尽量符合学生的认知规律。

本书可以作为高职高专院校机车、车辆、供电类专业的教材或参考书，建议学时为100个左右。

本书第四、七、九、十二章由陈敏编写，第一、二、三章由徐亚辉编写，第五、六、十章由万玉编写，第八、十一、十三章由夏卫民编写，全书由陈敏统稿。在此谨向关心和支持本书编写的各方人士表示感谢，同时向参考文献的作者表示感谢。

由于编者水平有限，书中难免会有疏漏之处，敬请读者提出宝贵意见，以便今后修订。

编　者

2015年4月

目　录

第一章　电路基础

第一节　电路的基本物理量

一、电流与电路

1. 电　荷

如果一个物体能吸引轻小物体，说明这个物体带有电荷，我们把这个物体称为带电体。摩擦、感应等，都可以使原本不带电的物体带电。得到电子的物体对外显负电性（带负电荷），失去电子的物体对外显正电性（带正电荷）。

在自然界中存在两种电荷：正电荷和负电荷。

电荷之间存在相互作用，相互作用的规律是：同种电荷互相排斥，异种电荷互相吸引。

物体所带电荷数量的多少叫作电荷量，简称电量，用 q 或 Q 表示。电量的单位为库仑（C），简称库。一个电子所带电量的数值是 1.602×10^{-19} C。物体所带的电量总是一个电子所带电量的整数倍，因此，把 1.602×10^{-19} C 作为基本电量，1 C 约等于 6.24×10^{18} 个电子所带的电量。

2. 电　流

电荷有规则地运动称为电流。运动的电荷又称载流子。载流子是多种多样的，例如，金属导体中的自由电子、电解液中的离子等。

电流的大小用电流强度来衡量。在单位时间内通过导体横截面的电量，称为电流强度（简称电流），用符号 I 或 i（t）表示。讨论一般电流时可用符号 i。

设在$\Delta t = t_2 - t_1$时间内，通过导体横截面的电荷量为$\Delta q = q_2 - q_1$，则在Δt时间内的电流强度可用数学公式表示为

$$i(t)=\frac{\Delta q}{\Delta t} \qquad (1\text{-}1\text{-}1)$$

式中，Δt 为很小的时间间隔，单位为秒（s）；电量Δq 的 SI（国际单位制）单位为库仑（C）；电流 $i(t)$的 SI 单位为安培（A），简称安。

例如，在 1 s 内通过导体横截面的电量为 1 C，则导体中的电流强度就是 1 A。除安培外，常用的电流单位还有千安（kA）、毫安（mA）和微安（μA）。各词头之间的换算关系如表 1-1-1 所示。

表 1-1-1 单位换算

中文名称	吉	兆	千	百	十	个	分	厘	毫	丝	忽	微	纳	皮
符 号	G	M	k	h	da	—	d	c	m	dm	cm	μ	n	p
因 数	10^9	10^6	10^3	10^2	10	—	10^{-1}	10^{-2}	10^{-3}	10^{-4}	10^{-5}	10^{-6}	10^{-7}	10^{-8}

电路中电流的大小，可以用电流表（安培表）进行测量，如图 1-1-1 所示。测量时应注意以下几点：

（1）对交、直流应分别使用交流电流表和直流电流表进行测量。

（2）电流表必须串联在被测电路中。

（3）直流电流表表壳接线柱上标明的“+”“-”记号，应和电路的极性相一致，不能接错，否则指针要反转，严重的甚至会损坏仪表。

（4）应合理选择电流表的量程。如果量程选用不当，例如用电流表小量程去测量大电流，就会烧坏电流表；若用大量程电流表去测量小电流，会影响测量的准确度。在进行电流测量时，一般要先估计被测电流的大小，再选择电流表的量程。若无法估计，可先用电流表的最大量程挡测量，若指针偏转不到 1/3 刻度，再改用较小挡去测量，直到测得正确数值为止。

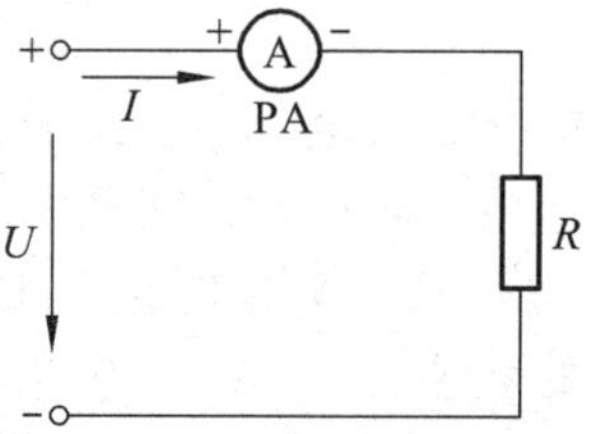

图 1-1-1 直流电流的测量

电流的方向：在不同的导电物质中，形成电流的运动电荷可以是正电荷，也可以是负电荷，甚至两者都有。为统一起见，规定以正电荷移动的方向为电流的方向。按照这一规定可以知道，在金属导体中，电子移动方向与电流的方向相反；在酸、碱、盐溶液中，正离子移动方向就是电流的方向，而负离子移动方向与电流的方向相反。

电流的参考方向：在分析或计算电路时，常常要求标出电流的方向。但当电路比较复杂时，某段电路中电流的实际方向往往难以确定，此时可先假定电流的参考方向（也称正方向），然后列方程求解。当解出的电流值为正值时，就认为电流实际方向与参考方向一致，如图 1-1-2（a）所示。反之，当解出的电流值为负值时，就认为电流实际方向与参考方向相反，如图 1-1-2（b）所示。

（a）$I>0$ （b）$I<0$

图 1-1-2 电流的正负

如果电流的大小及方向都不随时间变化，即在单位时间内通过导体横截面的电量相等，则称之为稳恒电流或恒定电流，简称为直流（Direct Current），记为 DC 或 dc。直流电流要用大写字母 I 表示。

$$I=\frac{Q}{t} \tag{1-1-2}$$

直流电流 I 与时间 t 的关系在 I-t 坐标系中为一条与时间轴平行的直线，如图 1-1-3（a）所示。

方向不随时间变化，但大小随时间改变的直流电叫作脉动直流电，如图 1-1-3（b）所示。

如果电流的大小及方向均随时间变化，则称为交流电流。大小及方向均随时间按正弦规律作周期性变化的电流称为正弦交流电流，简称交流（Alternating Current），记为 AC 或 ac，如图 1-1-3（c）所示。交流电流的瞬时值要用小写字母 i 或 i（t）表示。

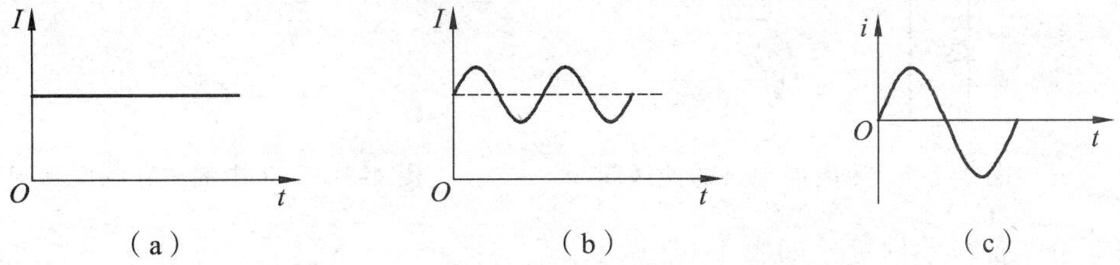

图 1-1-3　稳恒直流电流、脉动电流与交流电流

例 1-1-1　某导体在 5 min 内均匀通过的电荷量为 4.5 C，则导体中的电流是多少毫安？

解：

$$I=\frac{Q}{t}=\frac{4.5}{5\times 60}=0.015\ (\mathrm{A})=15\ (\mathrm{mA})$$

3. 电流密度

在实际工作中，有时要选择导线的粗细（横截面），这就涉及电流密度这一概念。

电流密度是指，当电流在导体的截面上均匀分布时，该电流与导体横截面面积的比值，用字母 J 表示。其数学表达式为

$$J=\frac{I}{S} \tag{1-1-3}$$

式中，当电流用 A 作单位，横截面面积用 mm^2 作单位时，电流密度的单位是 $\mathrm{A/mm}^2$。

选择合适的导线横截面面积就是使导线的电流密度在允许的范围内，保证用电安全。导线允许的电流密度随导体横截面面积的不同而不同。例如，1 mm^2、2.5 mm^2 铜导线的 J 取 6 $\mathrm{A/mm}^2$，而 120 mm^2 铜导线的 J 取 2.3 $\mathrm{A/mm}^2$。当导线中通过的电流超过允许值时，导线将过热，甚至着火引发事故。

例 1-1-2　某照明电路需要通过 21 A 的电流，应采用多粗的铜导线？（设 $J=6\ \mathrm{A/mm}^2$）

解：因为　$J=\dfrac{I}{S}$

所以　$S=\dfrac{I}{J}=\dfrac{21}{6}=3.5\ (\mathrm{mm}^2)$

4. 电　路

电流经过的路径称为电路。电路通常由电源、负载、控制器件和连接导线组成，如图 1-1-4 所示。

电源（供能元件）：为电路提供电能的设备和器件（如电池、发电机等）。

负载（耗能元件）：也称用电器，是使用（消耗）电能的设备和器件（如灯泡等）。

控制器件：控制电路工作状态的器件或设备（如开关等）。

连接导线：用于将电气设备和元器件按一定方式连接起来（如各种铜、铝电缆线等）。

用国家统一规定的符号来表示电路连接情况的图形称为电路原理图，简称电路图。图 1-1-5 就是图 1-1-4 所示电路的电路图。

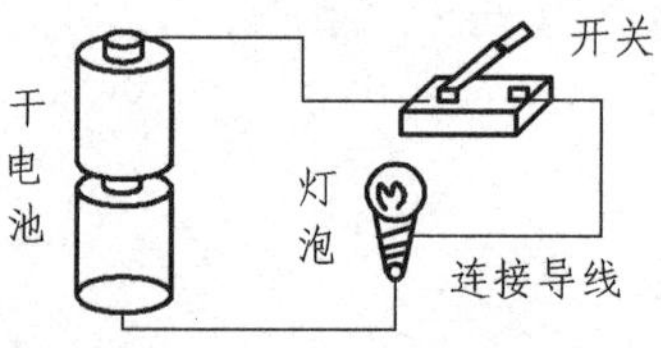

图 1-1-4　手电筒电路的接线图

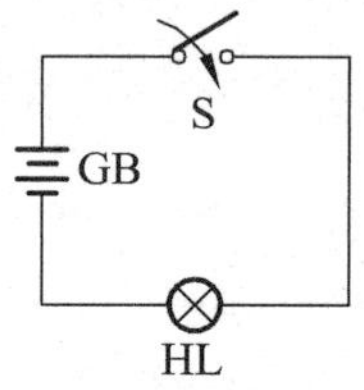

图 1-1-5　手电筒电路的电路图

电路常用设备与元件符号如表 1-1-2 所示。

表 1-1-2　部分电工图形符号

图形符号	名称	图形符号	名称	图形符号	名称
	开关		电阻器		接机壳
	电池		电位器		接地
G	发电机		电容器		端子
	线圈	A	电流表		连接导线 不连接导线
	铁心线圈	V	电压表		熔断器
	抽头线圈		二极管		灯

电路的功能主要有两类：一类是进行能量的转换、传输和分配，另一类是实现信息的传递和处理。

电路通常有三种工作状态：

（1）通路（闭路）：电源与负载接通，电路中有电流通过，电气设备或元器件获得一定的电压和电功率，进行能量转换。

（2）开路（断路）：电路中没有电流通过，又称为空载状态。

（3）短路（捷路）：电源两端的导线直接相连接，输出电流过大。这对电源来说属于严重过载，如没有保护措施，电源或电器会被烧毁或发生火灾，所以通常要在电路或电气设备中安装熔断器、保险丝等保险装置，以避免发生短路时出现不良后果。

二、电位与电压

1. 电　位

生活实践告诉人们，水总是由高处往低处流，高处的水位高，低处的水位低。与此类似，电路中各点均有一定的电位，在外电路中电流是从高电位流向低电位。另外，在讲高度时，总有一个计算高度的起点，通常以海平面作为基准参考面。在电路中讲电位也必须有一个计算电位的起点，这个点叫作参考点。通常把参考点的电位规定为零，因此参考点又被称为零电位点。电位的文字符号用带下标的字母 V 表示，如 V_A 即表示 A 点的电位。

一般选大地作为参考点（零电位点）。在电子仪器和设备中又常把金属外壳或电路的公共接点的电位规定为零电位。零电位的符号有三种："⏚"表示接大地，"⊥"或"⊥"表示接机壳或公共接点。

电位的单位为伏特（V），简称伏。必须特别注意，电路中任意点电位的大小与参考点的选择有直接关系，例如在图 1-1-6 中，如以 A 点为参考点，则 $V_A = 0\ \text{V}$，$V_B = 3\ \text{V}$，$V_C = 9\ \text{V}$；如以 B 点为参考点，则 $V_B = 0$，$V_A = -3\ \text{V}$，$V_C = 6\ \text{V}$。

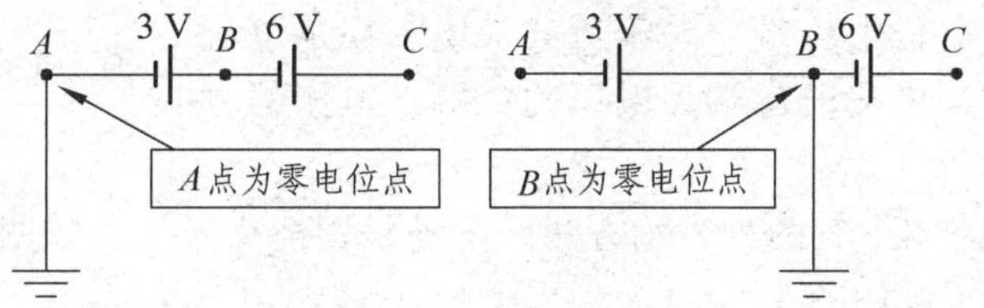

图 1-1-6　电位的参考点

闭合电路中各点电位的高低是靠电源的作用而形成的。如果没有电源的作用，就不成其为闭合电路，也就不存在高电位和低电位的概念。正如自来水供水系统中是水泵的作用把水从水平面提升到高处一样。

在电子电路中，为了使电路简明，常常将电源省略不画，而在电源端用电位（或电动势）的极性和数值标出。图 1-1-7 所示电路表示 A 点接电源 E_1 的正极，故用"$+E_1$"（也可用"$+V_1$"）表示，C 点接另一电源 E_2 的负极，故用"$-E_2$"表示。如画出完整电路图，则如右图所示。

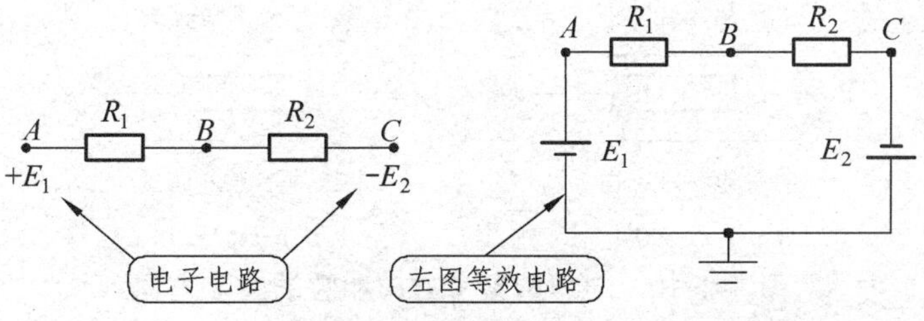

图 1-1-7　电子电路图中的电源表示法及等效电路图

2. 电压（电位差）

水位差是形成水流的原因，同样电位差是形成电流的原因。当然水流和电流在本质上是两种不同的运动形式。

电路中某两点之间的电位差称为电压，即

$$U_{AB}=V_A-V_B \tag{1-1-4}$$

电压是衡量电场力做功本领大小的物理量。两点之间的电压在数值上等于电场力将单位正电荷从一点移到另一点时所做的功，即

$$U=\frac{W}{Q} \tag{1-1-5}$$

如图 1-1-8 示，在电场中若电场力将点电荷 Q 从 A 点移动到 B 点，所做的功为 W_{AB}，则功 W_{AB} 与电荷 Q 的比值就是 A、B 两点之间的电压。若电场力将 1 C 的电荷从 A 点移动到 B 点，所做的功是 1 J，则 A、B 两点之间的电压大小就是 1 V。除伏特以外，常用的电压单位还有千伏（kV）、毫伏（mV）和微伏（μV）。

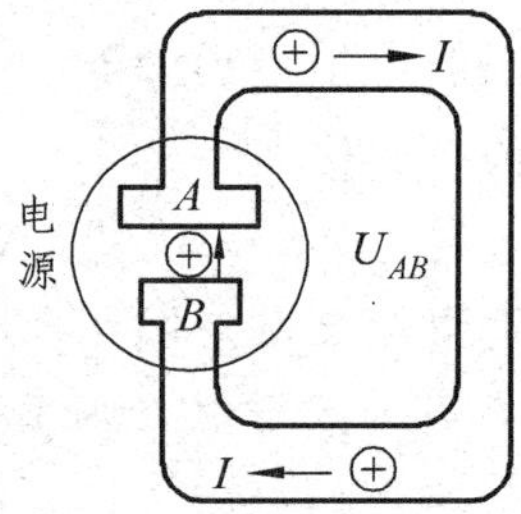

图 1-1-8　电源中电场力做功

电压和电流一样，不仅有大小，而且有方向。电压的方向规定为由高电位端指向低电位端。对于负载来说，规定电流流入端为电压的正端，电流流出端为电压的负端，电压的方向为由正端指向负端。

电压的方向在电路图中有两种表示方法，一种是用箭头表示，如图 1-1-9（a）所示；另一种是用极性符号表示，如图 1-1-9（b）所示。

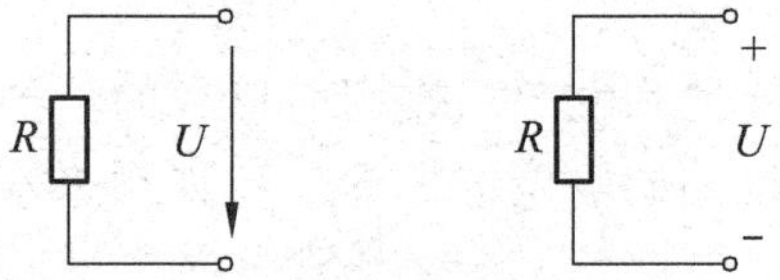

（a）　（b）

图 1-1-9　电压的方向

在分析电路时往往难以确定电压的实际方向，此时可任意假设电压的参考方向，再根据计算所得值的正、负来确定电压的实际方向，如图 1-1-10 所示。

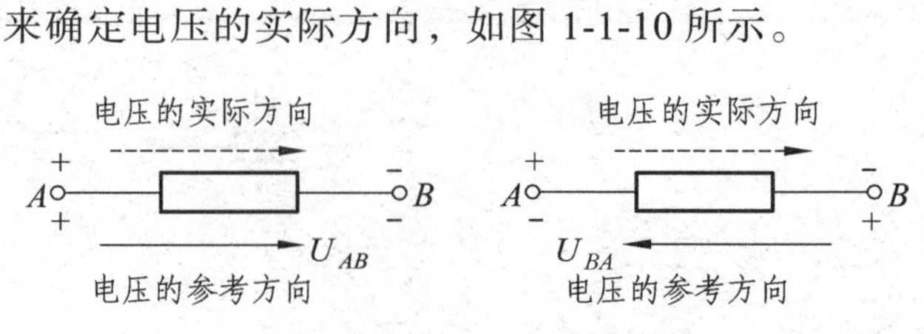

（a）$U>0$　（b）$U<0$

图 1-1-10　电压的参考方向和它的实际方向

对于一段电路或一个元件，电压参考方向和电流参考方向可以独立地任意指定。但是为

了方便起见，我们常采用关联参考方向。

关联参考方向，就是电流参考方向应与电压的参考方向一致，即在外电路中，电流应从高电位端流向低电位端，如图 1-1-11（a）所示。这样在电路图上就只需要标出电流的参考方向或电压的参考极性中任一种就可以了，如图 1-1-11（b）、（c）所示。

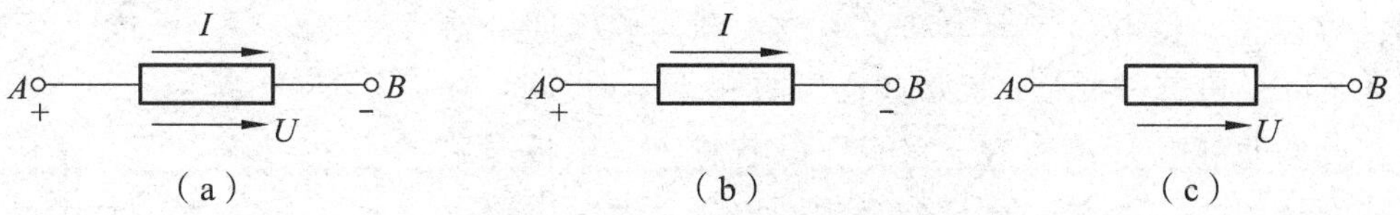

图 1-1-11 电流与电压的关联参考向

电路中任意两点之间的电压大小，可用电压表（伏特表）进行测量，如图 1-1-12 所示。测量时应注意以下几点：

（1）对交、直流电压应分别采用交流电压表和直流电压表进行测量。

（2）电压表必须跨接（并联）在被测电路的两端。

（3）直流电压表的表壳接线柱上标明的“+”“−”记号，应和被测两点的电位相一致，即正端（+）接高电位，负端（−）接低电位，不能接错，否则指针要反转，并有可能使电压表损坏。

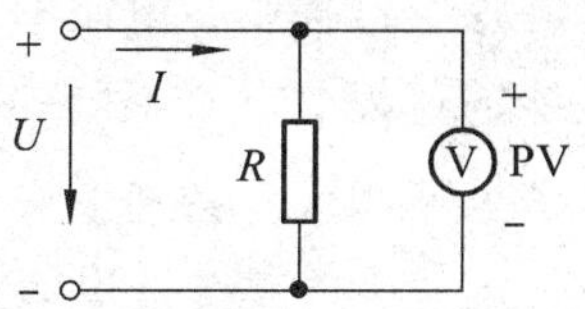

图 1-1-12 电压的测量

（4）应合理选择电压表的量程，其方法和电流表相同。

应该注意：电位具有相对性，即电路中某点的电位值随参考点位置的改变而改变；而电位差具有绝对性，即任意两点之间的电位差值与电路中参考点的位置选取无关。此外，电位有正负之分，当某点的电位大于参考点（零电位）电位时，称其为正电位，反之称其为负电位。例如在图 1-1-6 中，若以 A 点为参考点，则 $U_{CA}=V_C-V_A=9\text{ V}-0\text{ V}=9\text{ V}$；若以 B 点为参考点，则 $U_{CA}=V_C-V_A=6\text{ V}-(-3)\text{ V}=9\text{ V}$。

三、电源与电动势

1. 电　源

我们知道，在自然状态下，水的流动总是从高水位处流向低水位处。同样，在电场力的作用下，正电荷总是从高电位移向低电位。对带有正、负电荷的两个极板（带电体）来说，如果只有电场力对电荷的作用，那么由于电荷的不断移动和正、负电荷的不断中和，势必改变电荷的分布；随着时间的推移，正、负极板间的电荷将很快减少，其间的电场也迅速减弱。因此，处于电场内的导体中的电流只能持续短暂的一瞬。

为了维持导体中的电流，就必须有一个能保持正、负极板间有一定电场的装置，这个装置就是电源（如发电机、电池等）。

电源是把其他形式的能量转换成电能的装置。

电源的种类很多，如把化学能转换成电能的干电池或蓄电池，把太阳能转化成电能的光电池，把机械能转化成电能的发电机，等等。电源正极电位高，负极电位低，接通负载后，外电路中电流从高电位流向低电位；在电源内部电流则从负极流向正极。

2. 电动势

在电场力的作用下，正电荷总是由高电位经过负载移动到低电位，如图 1-1-13 所示。当正电荷由极板 A 经外电路移到极板 B 时，与极板 B 上的负电荷中和，使 A、B 极板上聚集的正、负电荷数量减少，两极板间电位差随之减小，电流也随之减小，直至正、负电荷完全中和，电流中断。要保证电路中有持续不断的电流，A、B 极板间必须有一个与电场力 F_2 的方向相反的非静电力 F_1 存在，它能把正电荷从 B 极板源源不断地移到 A 极板，保证 A、B 两极板间电压不变，电路中才能有持续不变的电流。这种存在于电源内部的非静电力性质的力 F_1 叫作电源力。

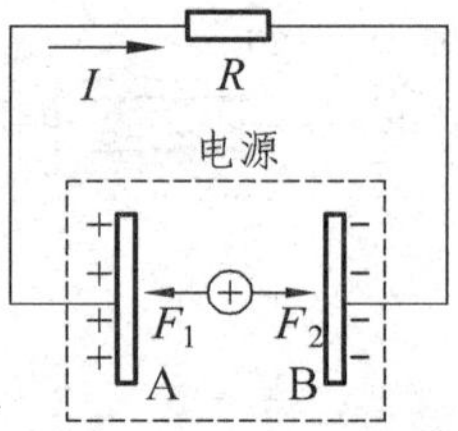

图 1-1-13　含有电源的电路

在电源内部，电源力不断把正电荷从低电位移到高电位。在这个过程中，电源力要反抗电场力做功，这个做功过程就是电源将其他形式的能转换成电能的过程。对于不同的电源，电源力在移动同一数量的电荷时所做的功是不同的，因而将其他形式的能量转换成电场能量的数量也是不同的。

为了衡量不同电源转换能量的本领，我们把在电源力的作用下，将单位正电荷从电源负极（低电位）移向正极（高电位）所做的功，叫作这个电源的电动势，用符号 E 表示。即

$$E=\frac{W}{q} \tag{1-1-6}$$

式中　W——电源力移动正电荷所做的功，单位是焦耳（J）；

q——电源力移动的电荷量，单位是库仑（C）；

E——电源电动势，单位是伏特（V）。

由于电源内部的电源力是由负极指向正极，因此电源电动势的方向规定为由电源的负极（低电位）指向正极（高电位）。因此，在电动势的方向上电位是逐渐升高的。图 1-1-14（a）、（b）分别给出了直流电动势的两种图形符号。

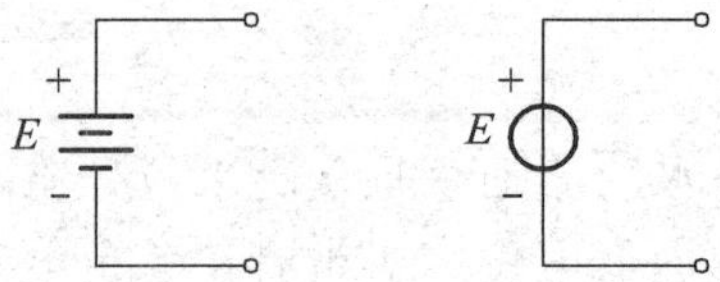

图 1-1-14　直流电动势的图形符号

在电源内部，电源力移动正电荷形成电流，电流的方向是从负极指向正极；在电源外部，电场力移动正电荷形成电流，电流方向是从正极指向负极。

对于一个电源来说，既有电动势，又有端电压。电动势只存在于电源内部，而端电压则是加在外电路两端的电压，其方向由正极指向负极。

一般情况下，电源的端电压总是低于电源内部的电动势，只有当电源开路时，电源的端电压才与电源的电动势相等。

应当特别指出的是，电动势与电压是两个物理意义不同的物理量。电动势存在于电源内部，是衡量电源力做功本领的物理量；电压存在于电源的内、外部，是衡量电场力做功本领的物理量。电动势的方向是从负极指向正极，即电位升高的方向；电压的方向是从正极指向负极，即电位降低的方向。但电压和电动势的单位都是伏特（V）。

练习一

一、填空题

1. 规定________定向运动的方向为电流方向。金属导体中自由电子的定向运动方向与电流方向是________的。

2. 通过一个电阻的电流是 5 A，经过 3 min，通过这个电阻横截面的电荷量是______。

3. 自然界中只有_____、_____两种电荷。同种电荷互相_____，异种电荷互相_____。

4. 若 3 min 通过导体横截面的电荷量是 1.8 C，则导体中的电流是______A。

5. 导体中的电流为 0.5 A，在________min 时，通过导体横截面的电荷量为 12 C。

6. 在电路中，a、b 两点的电位分别为 V_a、V_b，则 a、b 两点间的电压 $U_{ab}=$________。

7. 电位是________值，它的大小随__________的改变而改变，电位的单位是________。电压是_________值。

8. 把___________的能量转换成_____能的设备叫电源。在电源内部电源力把正电荷从电源的________极移到电源的_______极。

9. 在电源外部，电流由_______极流向_______极，是_______力做功；在电源内部，电流由______极流向______极，是_______力做功。

二、计算题

1. 一盏电灯中流过的电流是 100 mA，为多少安培？5 min 内通过它的电量是多少？

2. 在图 1-1-15 所示的电路中，已知 $V_A=9$ V，$V_B=-6$ V，$V_C=5$ V，$V_D=0$ V，试求 U_{AB}、U_{BC}、U_{AC}、U_{BD} 各为多少？

3. 在图 1-1-16 中，分别求出以 B 点和 C 点为参考点时，A、B、C 三点的电位及 U_{AB}、U_{BC} 的大小。

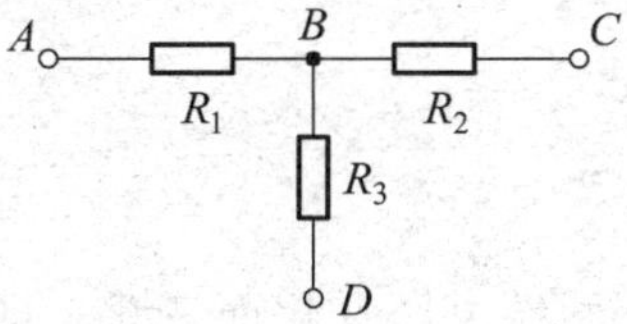

图 1-1-15

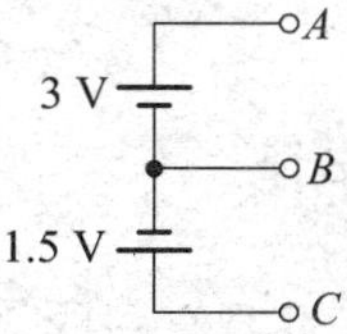

图 1-1-16

4. 在电源内部，电源力做了 12 J 的功，将 8 C 的正电荷由负极移到正极，则该电源的电动势应为多少？若要将 12 C 的正电荷由负极移到正极，那么电源力要做多大的功？

三、问答题

1. 电路由哪几部分组成？各部分的作用是什么？

2. 什么是直流电流？什么是交流电流？

第二节　电阻和欧姆定律

一、电阻的定义

当电流通过金属导体时，做定向运动的自由电子会与金属中的带电粒子发生碰撞。可见，导体对电荷的定向运动有阻碍作用。导体对电流的阻力小，说明它的导电能力强；导体对电流的阻力大，说明它的导电能力差。

电阻是反映导体对电流所起阻碍作用大小的物理量。

电阻用字母 R 或 r 表示。电阻的单位是欧姆，简称欧，用字母Ω表示。

当导体两端的电压是 1 V，导体内通过的电流是 1 A 时，这段导体的电阻就是 1 Ω。除欧姆外，常用的电阻单位还有千欧（kΩ）和兆欧（MΩ）。

导体电阻的大小可用电阻计（欧姆表）进行测量。测量时要注意：

（1）切断电路上的电源，如图 1-2-1（a）所示。

（2）使被测电阻的一端断开，如图 1-2-1（b）所示。

（3）避免将人体电阻接入测量电路。如图 1-2-2 所示即将人体电阻接入了测量电路，是错误的测量方法。

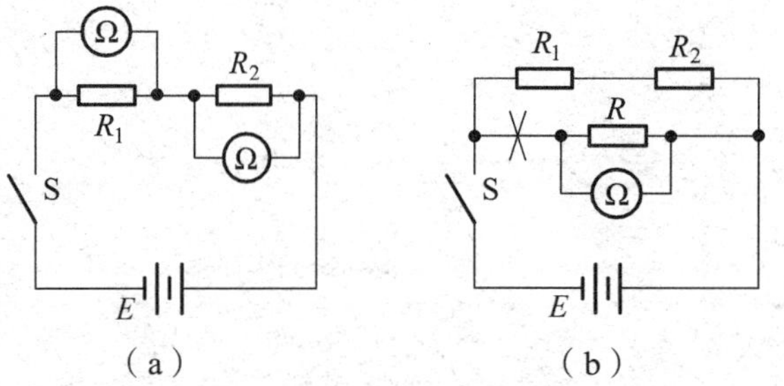

图 1-2-1　用欧姆表测量电阻

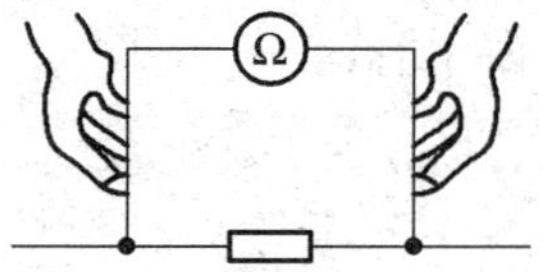

图 1-2-2　人体电阻接入了测量电路

二、电阻定律

导体的电阻是客观存在的，它的大小不随导体两端电压变化而变化。即使没有电压，导体仍然有电阻。在温度一定时，一个导体电阻的大小，主要由两种因素决定：一是导体所用材料的导电性能，二是导体的尺寸。

实验证明，在一定的温度下，同一种材料的导体，其电阻与导体的长度成正比，与导体的横截面面积成反比。这就是电阻定律。该定律的数学表达式为

$$R = \rho \frac{L}{S} \tag{1-2-1}$$

式中的ρ是与导体材料性质有关的物理量，称为电阻率或电阻系数。电阻率通常是指在 20 °C 时，长 1 m 而横截面面积是 1 mm^2 的某种材料的电阻值。当 L、S、R 的单位符号分别是 m、m^2、Ω 时，ρ 的单位符号是 Ω · m。表 1-2-1 列出了几种常用材料的电阻率及电阻温度系数。

表 1-2-1 几种常用材料的电阻率和电阻温度系数（20 °C）

用 途	材料名称	电阻率ρ/（Ω · m）	平均电阻温度系数α/（1/°C）
导电材料	银	1.6×10^{-8}	0.003 8
	铜	1.7×10^{-8}	0.004 0
	铝	2.9×10^{-8}	0.004 2
	低碳钢	12×10^{-8}	0.006 0
	铁	$(13\sim30)\times10^{-8}$	0.006 0
电阻材料	锰铜	42×10^{-8}	0.000 005
	康铜	49×10^{-8}	0.000 005
	镍铬合金	110×10^{-8}	0.000 13
	铁铬铝合金	140×10^{-8}	0.000 05

由表 1-2-1 可知，除贵重金属银之外，铜、铝的电阻率小，是理想的导电材料，所以被广泛地用来绕制各种电气设备的线圈，制作各种导线等。而康铜、锰铜等合金材料的电阻率比铜、铝大得多，因此是制作电阻丝的好材料，如线绕电阻、可变电阻器、电阻箱和电烙铁心等元件或设备。

例 1-2-1 计算横截面面积为 5 mm^2，长度为 200 m 的铜导线和康铜线的电阻。

解： 查表 1-2-1 得，铜的电阻率$\rho=1.7\times10^{-8}$ Ω · m，康铜的电阻率$\rho=49\times10^{-8}$ Ω · m，根据电阻定律可以算出：

$$R_{铜}=\frac{\rho L}{S}=1.7\times10^{-8}\times\frac{200}{5\times10^{-6}}=0.68\ (\Omega)$$

$$R_{康铜}=\frac{\rho L}{S}=49\times10^{-8}\times\frac{200}{5\times10^{-6}}=19.6\ (\Omega)$$

电阻的倒数叫作电导，用 G 表示，单位为西门子。即

$$G=\frac{1}{R} \tag{1-2-2}$$

材料的导电性能越好，其电阻越小，电导越大。

导体的电阻大小还与温度有关，一般金属导体的电阻随温度升高而增大，而碳和电解质溶液的电阻，将随温度升高而减小。即在不同温度下，同一导体的电阻也不同，它们的关系可用下式计算：

$$R_2=R_1[1+\alpha(t_2-t_1)] \tag{1-2-3}$$

式中，R_1 为导体对应于温度 t_1 时的电阻；R_2 为导体对应于温度 t_2 时的电阻；α 为导体的电阻

温度系数，见表 1-2-1。电阻温度系数是当温度上升（或下降）1 °C 时，所增加（或减少）的电阻与原来电阻的比值，单位是 1/ °C。

工程上广泛采用公式（1-2-3）来测量电机、变压器的温升。

例 1-2-2 某电动机在未运转时测得其线圈（铜线）的电阻 $R_1 = 3.7\ \Omega$，此时周围的环境温度为 $t_1 = 20\ °C$，电动机通电运转 1 h 后，由于电动机发热而使温度上升，测得此时的电阻 $R_2 = 4.5\ \Omega$，求此时电动机线圈的温度及温升。

解： 由表 1-2-1 可知，铜的电阻温度系数 $\alpha = 0.004/°C$，由

$$R_2 = R_1[1+\alpha(t_2 - t_1)]$$

得

$$t_2 = \frac{R_2 - R_1}{\alpha R_1} + t_1 = \frac{4.5 - 3.7}{0.004 \times 3.7} + 20 = 74\ (°C)$$

则线圈的温升

$$t_2 - t_1 = 74 - 20 = 54\ (°C)$$

三、部分电路欧姆定律

部分电路欧姆定律的内容是：在不包含电源的电路中，流过导体的电流与这段导体两端的电压成正比，与导体的电阻成反比。即

$$I = \frac{U}{R} \tag{1-2-4}$$

式中 I——导体中的电流，A；

U——导体两端的电压，V；

R——导体的电阻，Ω。

欧姆定律揭示了电路中电流、电压、电阻三者之间的联系，是电路分析的基本定律之一，实际应用非常广泛。

例 1-2-3 已知某 100 W 的白炽灯在电压为 220 V 时正常发光，此时通过的电流是 0.455 A，试求该灯泡工作时的电阻。

解： 由

$$I = \frac{U}{R}$$

得

$$R = \frac{U}{I} = \frac{220}{0.455} \approx 484\ (\Omega)$$

例 1-2-4 在一根导体两端加 12 V 电压时，测得通过它的电流为 0.3 A，求这个导体的电阻。当加在这个导体两端的电压变为 240 V 时，其电阻为多少？通过它的电流是多少？

解：（1）求 R：

$$R = \frac{U}{I} = \frac{12}{0.3} = 40\ (\Omega)$$

（2）当加 240 V 电压时，电阻值不变，还是 40 Ω。

（3）当加 240 V 电压时，通过它的电流为

$$I' = \frac{U}{R} = \frac{240}{40} = 6\ (\text{A})$$

四、全电路欧姆定律

全电路是指内电路和外电路组成的闭合电路的整体，如图 1-2-3 所示。图中的虚线框代表一个电源的内部电路，称为内电路。电源内部一般都是有电阻的，这个电阻称为内电阻，简称内阻，用符号 r 或者 R_0 表示。内电阻也可以不单独画出，而在电源符号旁边注明内电阻的数值。

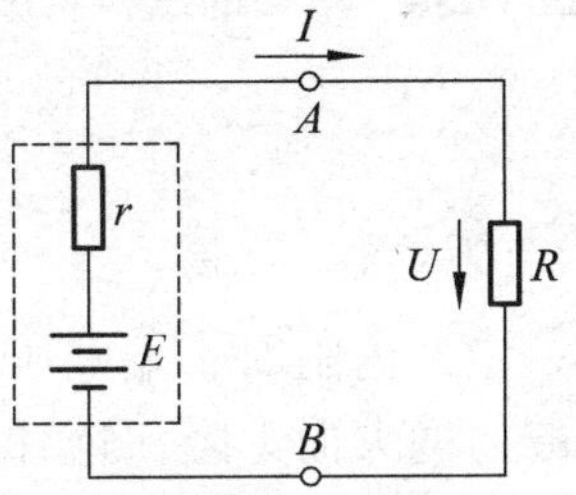

图 1-2-3　全电路

全电路欧姆定律的内容是：在全电路中电流强度与电源的电动势成正比，与整个电路的内、外电阻之和成反比。其数学表达式为

$$I = \frac{E}{R + r} \tag{1-2-5}$$

式中　E——电源的电动势，V；

R——外电路（负载）电阻，Ω；

r——内电路电阻，Ω；

I——电路中的电流，A。

由式（1-2-5）可得到

$$E = IR + Ir = U_{外} + U_{内} \tag{1-2-6}$$

式中，$U_{内}$是电源内阻的电压降；$U_{外}$是电源向外电路输出的电压，也称电源的端电压。因此，全电路欧姆定律又可以表述为：电源电动势在数值上等于闭合电路中内、外电路电压降的代数和。

五、电路的三种状态

前面已经提过电路的三种状态，下面将根据全电路欧姆定律，分析电路在三种不同的状态下，电源端电压与输出电流之间的关系。

1. 通　路

如图 1-2-4 所示，开关 S 接通“1”号位置，电路处于通路状态。电路中的电流为

$$I=\frac{E}{R+r}$$

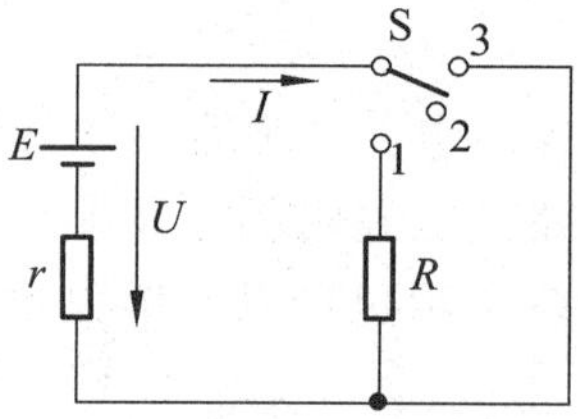

图 1-2-4　电路的三种状态

端电压与输出电流的关系为

$$U_{外}=E-U_{内}=E-Ir \quad (1\text{-}2\text{-}7)$$

式（1-2-7）表明，当电源具有一定的内阻时，端电压总是小于电源电动势；当电源电动势和内阻一定时，端电压随输出电流的增大而下降。这种电源端电压随输出（负载）电流的变化关系，称为电源的外特性。其关系曲线称为电源的外特性曲线，如图 1-2-5 所示。

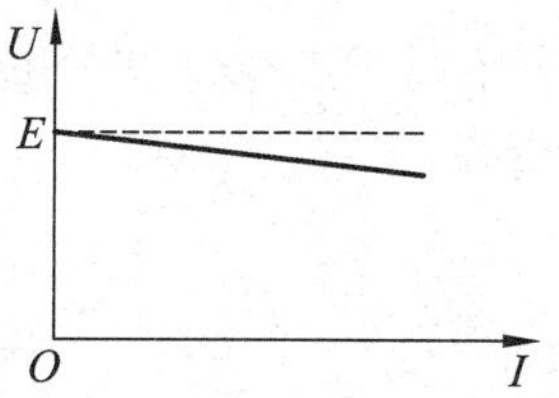

图 1-2-5　电源的外特性

通常把通过大电流的负载称为大负载，把通过小电流的负载称为小负载。这样，由外特性曲线可知：若电源的内阻为一定值，则电路接大负载时，端电压下降较多；电路接小负载时，端电压下降较少。

2. 开路（断路）

在图 1-2-4 中，开关 S 接通“2”号位置，电路处于开路状态。在开路状态下，负载电阻 $R\to\infty$ 或电路中某处的连接导线断线，则电路中的电流 $I=0$，内阻压降 $U_{内}=I\times r=0$，$U_{外}=E-I\times r=E$，即电源的开路电压等于电源电动势。

3. 短　路

图 1-2-4 中，开关 S 接通“3”号位置，电源被短接，电路中短路电流 $I_{短}=E/r$。由于电源内阻一般都很小，所以 $I_{短}$ 极大，此时，电源对外输出电压 $U=E-I_{短}\times r=0$。

短路电流极大，不仅会损坏导线、电源和其他电气设备，甚至还会引起火灾，因此，短路是严重的故障状态，必须严格禁止，避免发生。在电路中常串接保护装置，如熔断器等，

以便在电路发生短路故障时能自动切断电路，起到安全保护作用。

在电路的三种状态下各物理量的关系如表 1-2-2 所示。

表 1-2-2　在电路的三种状态下各物理量的关系

电路状态	电　流	电　压	电源消耗功率	负载功率
断路	$I=0$	$U=E$	$P_E=0$	$P_L=0$
通路	$I=\dfrac{E}{R+r}$	$U=E-Ir$	$P_E=EI$	$P_L=UI$
短路	$I=I_{短}=\dfrac{E}{r}$	$U=0$	$P_E=I_{短}^2r$	$P_L=0$

例 1-2-5　如图 1-2-6 所示，不计电压表和电流表内阻对电路的影响，求开关在不同位置时，电压表和电流表的读数各为多少。

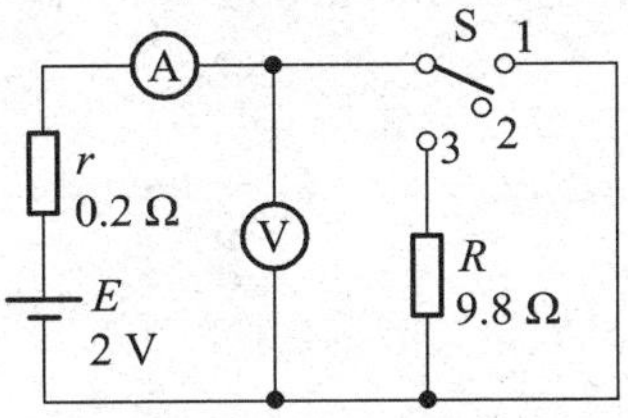

图 1-2-6　例 1-2-5 图

解：（1）开关接“1”号位置：电路处于短路状态，电压表的读数为零；电流表中流过短路电流

$$I_{短}=\frac{E}{r}=\frac{2}{0.2}=10\ (\text{A})$$

（2）开关接“2”号位置：电路处于断路状态，电压表的读数为电源电动势的数值，即 2 V；电流表中无电流流过，即 $I_{断}=0$ A。

（3）开关接“3”号位置：电路处于通路状态，电流表的读数

$$I=\frac{E}{R+r}=\frac{2}{9.8+0.2}=0.2\ (\text{A})$$

电压表的读数

$$U=IR=0.2\times9.8=1.96\ (\text{V})$$

练习二

一、填空题

1. 导体对电流的__________叫导体的电阻。当温度一定时，导体的电阻决定于导体的________、________和________等因素，其计算公式为______________。

2. 把一定长度导线的直径减半，其电阻值将变为原来的________倍。

3. 部分电路欧姆定律的内容是____，其数学表达式为______________________。

4. 全电路欧姆定律的内容是____，其数学表达式为________________________。

5. 图 1-2-7 示出了三个电阻的电流随电阻两端电压变化的曲线，由曲线可知_______的阻值最大，________的阻值最小。

6. 电源电动势 $E=4.5$ V，内阻 $r=0.5$ Ω，负载电阻 $R=4$ Ω，则电路中电流 $I=$_______A，电源端电压 $U=$_______V。

二、计算题

1. 一根铝导线长 100 m，横截面面积为 1 mm^2，这根导线的电阻是多大？

2. 电源的电动势 $E=2$ V，与 $R=9$ Ω的负载电阻连接成闭合回路，测得电源两端的电压为 1.8 V，求电源的内阻 r_0。

3. 图 1-2-8 所示电路中，$R_1=14$ Ω，$R_2=29$ Ω，当开关 S 与"1"接通时，电路中的电流为 1 A，当开关 S 与"2"接通时，电路中的电流为 0.5 A，求电源的电动势 E 和内阻 r。

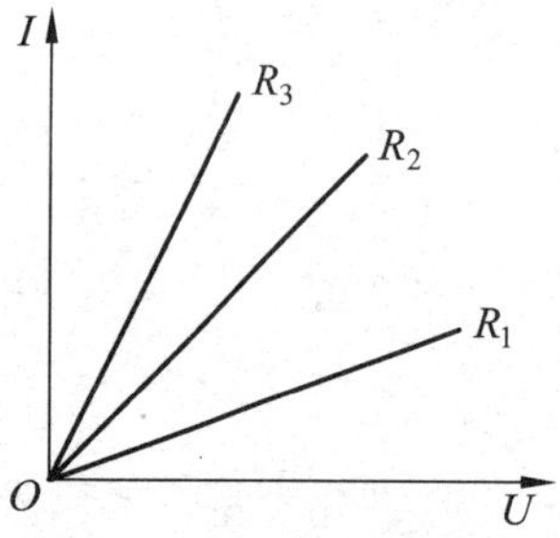

图 1-2-7

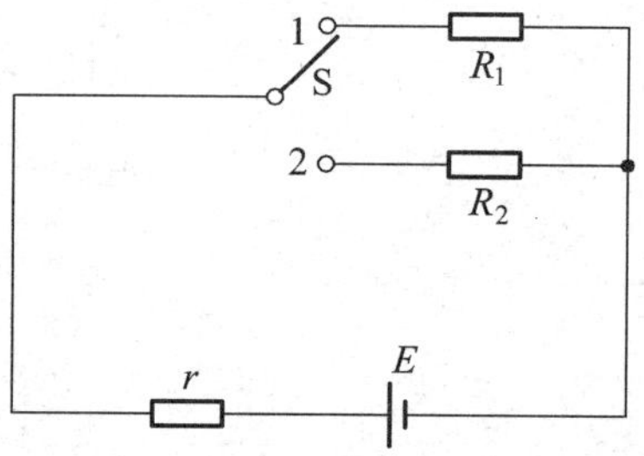

图 1-2-8

第三节　电功和电功率

一、电　功

一个闭合的电路中，存在着能量的转换：电源把其他形式的能量转换为电能；电动机在端电压的作用下转动，电炉在端电压的作用下发热，又分别把电能转换成机械能、热能等。

电流通过负载所做的功，叫作电功，用字母 W 表示。这说明电功是由电能获得的，而电能的消耗又通过电流做功表现出来，电能和电功是同一事物的两种形态。因此，我们用电流做功的大小来度量电能的消耗。

电功的大小与加在负载两端的电压和通过负载的电流有关，根据公式 $I=\dfrac{Q}{t}$，$U=\dfrac{W}{Q}$，$I=\dfrac{U}{R}$，可得到电功的数学表达式：

$$W=UQ=IUt=I^2Rt=\frac{U^2t}{R} \tag{1-3-1}$$

式中 U——加在负载上的电压，V；

I——流过负载的电流，A；

R——电阻，Ω；

t——时间，s；

W——电功，J；

Q——电量，C。

电功的 SI 单位是焦耳（J），简称焦。在实际工作中，其常用的单位是千瓦时（kW·h），也称“度”。“千瓦时”与“焦耳”的换算关系为

$$1\ \text{kW}\cdot\text{h} = 3.6\times10^6\ \text{J}$$

二、电功率

电流在单位时间内所做的功，称为电功率，简称功率，用字母 P 表示。其数学表达式为

$$P=\frac{W}{t} \tag{1-3-2}$$

在上式中，若电功 W 的单位是焦耳（J），时间 t 的单位为秒（s），则电功率 P 的单位是焦耳/秒（J/s）。焦耳/秒又称瓦特，简称瓦，用字母 W 表示。在实际工作中，电功率的常用单位还有千瓦（kW）、毫瓦（mW）等。根据式（1-3-2）可得到电功率的常见计算公式：

$$P=IU=I^2R=\frac{U^2}{R} \tag{1-3-3}$$

由式（1-3-3）可知：

（1）当负载电阻一定时，由 $P=I^2R=\frac{U^2}{R}$ 可知，电功率与电流的平方或电压的平方成正比。

（2）当流过负载的电流一定时，由 $P=I^2R$ 可知，电功率与电阻成正比。因串联电路中流过同一电流，所以串联电阻的功率与各电阻的阻值成正比。

（3）当加在负载两端的电压一定时，由 $P=\frac{U^2}{R}$ 可知，电功率与电阻成反比。因并联电路中各电阻两端的电压相等，所以各电阻的功率与各电阻的阻值成反比。

三、电流的热效应

当电流通过导体时，导体由于具有一定的电阻而发热，使电能转变成热能，这种现象叫作电流的热效应。

实验证明，电流通过导体所产生的热量，和电流的平方、导体电阻及通过电流的时间成正比，这叫作焦耳-楞次定律。其数学表达式为

$$Q=I^2Rt \tag{1-3-4}$$

式中 Q——热量，J；

I——电流，A；

R——电阻，Ω；

t——时间，s。

电流的热效应有利也有弊。利用这一现象可制成许多电器，如电灯、电炉、电烙铁、电熨斗等。但热效应会使导线发热、电气设备温度升高等，若温度超过规定值，会加速绝缘材料的老化变质，从而引起导线漏电或短路，甚至烧毁设备。为此，人们对各种用电设备都规定有一定的电压、电流或功率值。这些规定的数值叫作用电设备的额定值。如灯泡上所标注的“220 V/100 W”，就是它的额定值。一般元器件和设备的额定值都标在其明显位置。

四、电气设备的额定值

为了保证电气设备和电路元件能够长期安全地正常工作，人们规定了额定电压、额定电流、额定功率等额定值。

额定电压——电气设备或元器件在正常工作条件下允许施加的最大电压。

额定电流——电气设备或元器件在正常工作条件下允许通过的最大电流。

额定功率——在额定电压和额定电流下消耗的功率，即允许消耗的最大功率。

额定工作状态——电气设备或元器件在额定功率下的工作状态，也称满载状态。

轻载状态——电气设备或元器件在低于额定功率时的工作状态。轻载时电气设备不能得到充分利用或根本无法正常工作。

过载（超载）状态——电气设备或元器件在高于额定功率时的工作状态。过载时电气设备很容易被烧坏或造成严重事故。

轻载和过载都是不正常的工作状态，一般是不允许出现的。

例 1-3-1 阻值为 100 Ω、额定功率为 1 W 的电阻两端所允许加的最大电压为多少？允许流过的电流又是多少？

解： 由 $P=\dfrac{U^2}{R}=I^2R$ 得

$$U=\sqrt{PR}=\sqrt{1\times100}=10\text{（V）}$$

$$I=\sqrt{\frac{P}{R}}=\sqrt{\frac{1}{100}}=0.1\text{（A）}$$

练习三

一、填空题

1. 某导体的电阻是 1 Ω，通过它的电流是 1 A，那么在 1 min 内通过导体横截面的电量是_______C，电流做的功是_______J，产生的热量是_______J，它消耗的功率是_______。

2. 电流流过导体产生的热量跟__________、____________和____________成正比。这个规律叫____________定律。

3. 电流在______内所做的功叫电功率。额定值为“220 V，40 W”的白炽灯，灯丝的热电阻为________Ω。如果把它接到 110 V 的电源上，它实际消耗的功率为_______。

二、计算题

1. 一个灯泡接在电压是 220 V 的电路中，通过灯泡的电流是 0.5 A，通电时间是 1 h，它消耗了多少电能？合多少度电？

2. 已知某电阻丝的长度为 2 m，横截面面积为 1 mm^2，流过的电流为 3 A。求该电阻丝在 1 min 内发出的热量。（该电阻丝$\rho = 1.2\times10^{-6}\ \Omega\cdot\text{m}$）

第四节 电路中电位的计算及电路的简化

一、电位的计算

电路中每一点电位的变化反映了电路工作状态的变化，检测电路中各点的电位是分析电路和维修电器的重要手段。要确定电路中某点的电位，必须先确定零电位点（参考点）。电路中任意一点对零电位点的电压，就是该点的电位。下面通过例题，总结出电路中各点电位的计算方法和步骤。

例 1-4-1 在图 1-4-1 所示电路中，$V_d = 0$，$E_1 = 10$ V、$E_2 = 13$ V、$R_1 = 1\ \Omega$、$R_2 = 2\ \Omega$、$R_3 = 3\ \Omega$及 $I_1 = 1$ A、$I_2 = 2$ A、$I_3 = 3$ A 均为已知量，求 a、b、c 三点的电位。

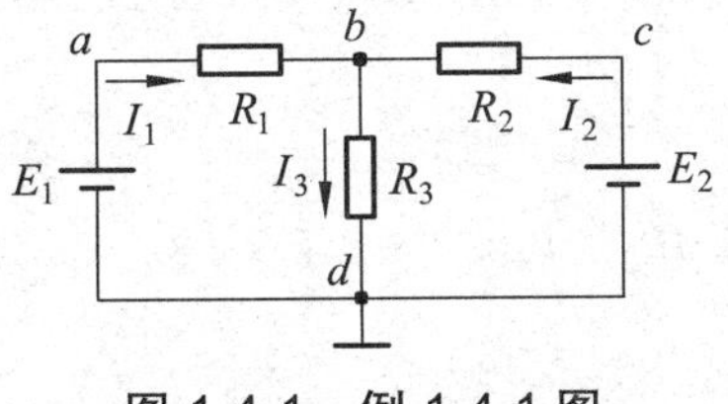

图 1-4-1 例 1-4-1 图

解： 由于 $V_d = 0$，$U_{ad} = V_a - V_d = E_1 = 10$ V，所以

a 点电位 $V_a = U_{ad} + V_d = E_1 = 10$（V）

b 点电位 $V_b = U_{bd} = I_3R_3 = 3\times3 = 9$（V）

c 点电位 $V_c = U_{cd} = E_2 = 13$（V）

以上求 a、b、c 三点的电位是分别通过三条最简单路径得到的。路径的选择是任意的，选择路径 bad 时：

$$V_b = U_{ba} + U_{ad} = -I_1R_1 + E_1 = -1\times1 + 10 = 9\ (\text{V})$$

选择路径 bcd 时：

$$V_b = U_{bc} + U_{cd} = -I_2R_2 + E_2 = -2\times2 + 13 = 9\ (\text{V})$$

三个路径表达式不同，但结果是相等的。

通过以上分析，可归纳出电路中各点电位的计算方法和步骤：

（1）确定电路中的零电位点（参考点）。

（2）计算电路中某点 a 的电位，就是计算 a 点与参考点 d 之间的电压 U_{ad}，在 a 点与 d 点之间，选择一条捷径（元件最少的简捷路径），a 点电位即为此路径上全部电压的代数和。

（3）列出选定路径上全部电压代数和方程，确定该点电位。

例 1-4-2 在图 1-4-2 所示电路中，$R_1 = 4\ \Omega$、$R_2 = 2\ \Omega$、$R_3 = 1\ \Omega$，$E_1 = 6\ \text{V}$、$E_2 = 3\ \text{V}$，求电路中 A、B、C 点的电位。

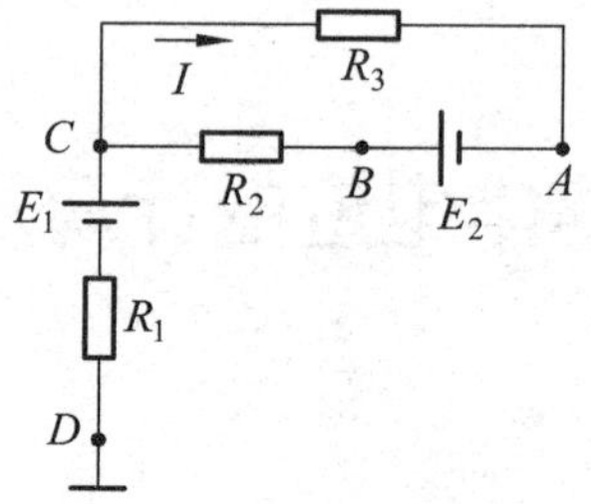

图 1-4-2 例 1-4-2 图

解： 图中标明 D 点接地，则 $V_D = 0$。闭合回路中只有电动势 E_2，则

$$I = \frac{E_2}{R_2 + R_3} = \frac{3}{2+1} = 1\ (\text{A})$$

选 $C \rightarrow D$ 路径，计算 C 点电位：R_1 中没有电流，故

$$V_C = E_1 = 6\ (\text{V})$$

选 $B \rightarrow C$ 路径，计算 B 点电位：

$$V_B = U_{BC} + V_C = IR_2 + V_C = 1 \times 2 + 6 = 8\ (\text{V})$$

选 $A \rightarrow B$ 路径，计算 A 点电位：

$$V_A = U_{AB} + V_B = -E_2 + V_B = -3 + 8 = 5\ (\text{V})$$

二、借助电位概念简化电路

为了使电路图清晰明了，可借助电位的概念将“闭口”形电路，画为“开口”形电路。其方法是：

（1）设参考点。

（2）整理电路：把纯 R 支路移到一边，把电源电动势 E 移到和参考点相接处。

（3）去掉 E，在端点上标 E 的大小和正、负极。

例 1-4-3 借助电位概念简化图 1-4-3 所示电路。

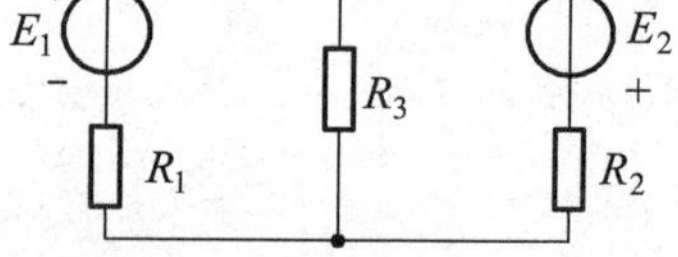

图 1-4-3 例 1-4-3 图

解： 简化过程如图 1-4-4 所示。

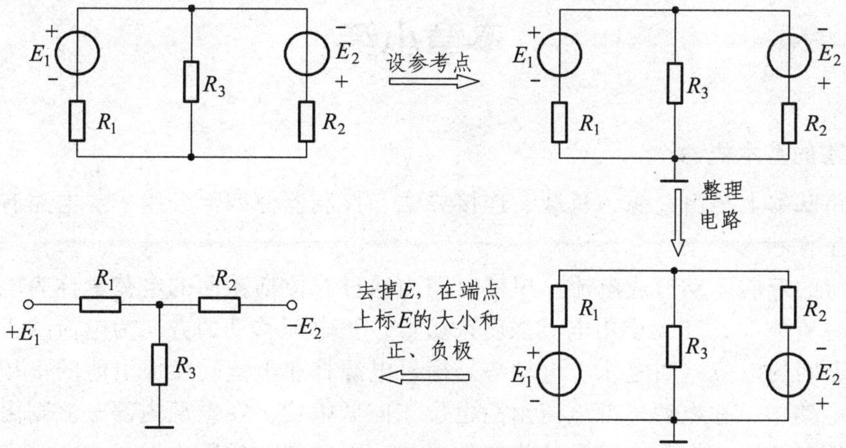

图 1-4-4 简化过程

练习四

一、填空题

在图 1-4-5 所示电路中，$U_{AO}=2$ V，$U_{BO}=-7$ V，$U_{CO}=-3$ V，则 $V_A=$____，$V_B=$____，$V_C=$____。

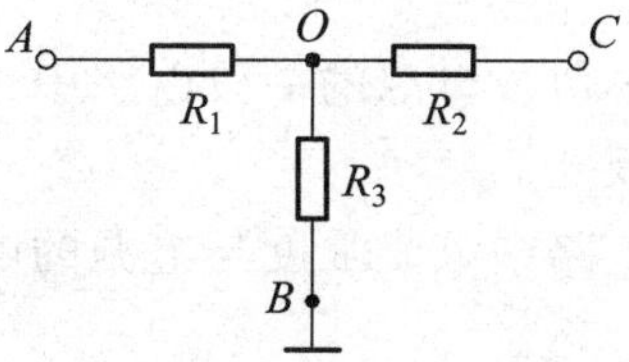

图 1-4-5

二、计算题

计算图 1-4-6 所示电路中 A 点电位 V_A。

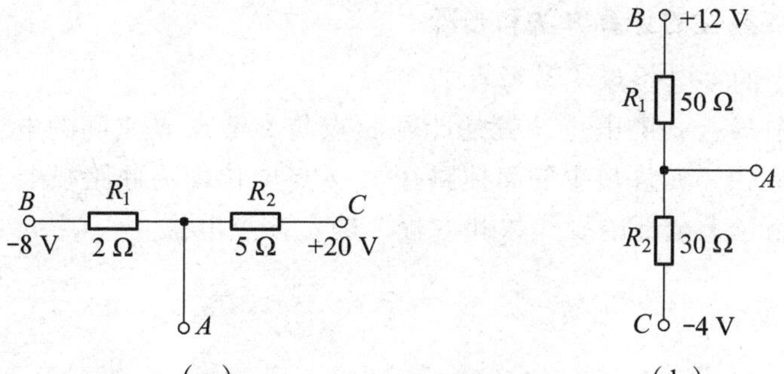

图 1-4-6

本章小结

一、电路的基本概念

（1）电路基本上是由电源、负载、连接导线、控制器件四部分组成。电路有通路、断路和短路三种工作状态。

（2）电荷的定向运动形成电流。单位时间内通过导体横截面的电荷量称为电流强度。电流既有大小也有方向，其大小用电流强度来衡量，正电荷移动的方向为电流的正方向。

（3）两点间的电位差叫电压。电动势是衡量电源将非电能转换成电能的本领的物理量。一个完整的电路中，在电源外部电流由高电位流向低电位，在电源内部电流则由低电位流向高电位。电压的实际方向是由高电位指向低电位。电动势的实际方向习惯上规定为从电源的负极指向正极，或是从低电位指向高电位。

（4）参考方向是事先假定的电压或电流的方向，与实际方向既可能相同也可能相反。当参考方向与实际方向相同时，电压或电流为正值，否则为负值。

（5）导体的电阻反映了导体对电流的阻碍作用。电阻的大小由导体自身的性质决定，与外加的电压、电流无关。

（6）电功率是反映电路中电流做功快慢的物理量。

二、电路的基本定律

（1）部分电路欧姆定律：在不包含电源的一段电路中，流过导体的电流与这段导体两端的电压成正比，与导体的电阻成反比。

（2）全电路欧姆定律：在全电路中电流强度与电源的电动势成正比，与整个电路的内、外电阻之和成反比。

（3）电阻定律：在温度不变的情况下，同一材料的电阻跟它的长度成正比，跟它的横截面面积成反比。

（4）焦耳-楞次定律：电流通过导体所产生的热量，和电流的平方、导体电阻及通过电流的时间成正比。

三、电路中各点电位的计算方法和步骤

（1）确定电路中的零电位点（参考点）。

（2）计算电路中某点 a 的电位，就是计算 a 点与参考点 d 之间的电压 U_{ad}，在 a 点与 d 点之间，选择一条捷径（元件最少的简捷路径），a 点电位即为此路径上全部电压的代数和。

（3）列出选定路径上全部电压代数和方程，确定该点电位。

第二章　直流电路

第一节　电阻的串联、并联与混联

一、电阻的串联及应用

两个或两个以上电阻依次相连，中间无分支的连接方式叫作电阻的串联。图 2-1-1（a）所示即两个电阻的串联，图（b）是图（a）的等效图。

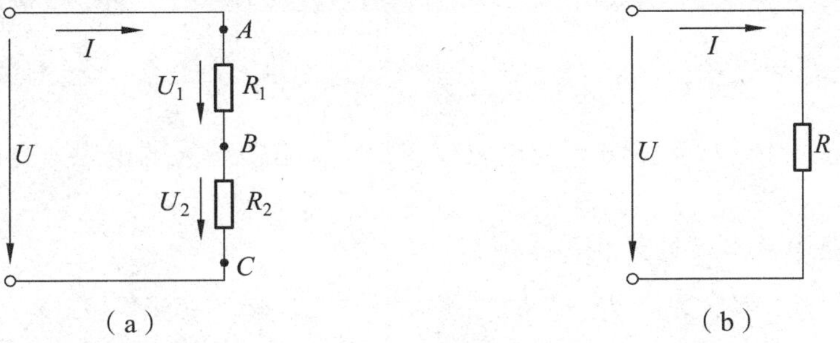

图 2-1-1　两个电阻的串联

1. 电阻串联电路的特点

（1）串联电路中流过每个电阻的电流都相等。

当电阻串联电路接通电源后，整个闭合电路中都有电流通过。由于电阻串联电路中没有分支，电荷也不可能积累在电路中任何一个地方，所以在任何相等的时间内，通过电路任一截面的电荷数必然相同，即串联电路中电流处处相等。当有 n 个电阻串联时，则

$$I = I_1 = I_2 = \cdots = I_n \qquad (2\text{-}1\text{-}1)$$

（2）电路两端的总电压等于各电阻两端的分电压之和。

在图 2-1-1（a）中，由电压与电位的关系可得

$$U_1 = V_A - V_B,\quad U_2 = V_B - V_C$$

两式相加得

$$U_1 + U_2 = V_A - V_B + V_B - V_C = V_A - V_C = U_{AC} = U$$

当有 n 个电阻串联时，则

$$U = U_1 + U_2 + \cdots + U_n \qquad (2\text{-}1\text{-}2)$$

（3）总电阻等于各串联电阻之和。

在图 2-1-1（a）中，由欧姆定律可知 $U = IR$，$U_1 = IR_1$，$U_2 = IR_2$，又因

$$U = U_1 + U_2 = I(R_1 + R_2) = IR$$

所以

$$R = R_1 + R_2$$

R 是 R_1、R_2 的等效电阻，其意义是用 R 代替 R_1、R_2 后，不影响电路的电流和电压。

当有 n 个电阻串联时，则

$$R = R_1 + R_2 + \cdots + R_n \tag{2-1-3}$$

当 n 个相同的电阻 R_0 串联时，有 $R = nR_0$。

（4）在串联电路中，电压的分配与电阻成正比。由于串联电路中的电流处处相等，所以

$$I = \frac{U_1}{R_1} = \frac{U_2}{R_2} = \frac{U}{R} \tag{2-1-4}$$

式（2-1-4）表明，在串联电路中，电压的分配与电阻成正比。即阻值越大的电阻所分配到的电压越大，反之电压越小。这个结论是串联电路性质的重要推论，用途较广。如在已知串联电路的总电压 U 及电阻 R_1、R_2 时，用式（2-1-4）和 $R = R_1 + R_2$，可得出分压公式：

$$U_1 = \frac{R_1}{R_1 + R_2}U\text{，}\quad U_2 = \frac{R_2}{R_1 + R_2}U \tag{2-1-5}$$

（5）在串联电路中，功率的分配与电阻成正比。即阻值越大的电阻所分配到的功率越大，反之功率越小。

由于串联电路中的电流处处相等，所以

$$I^2 = \frac{P_1}{R_1} = \frac{P_2}{R_2} = \frac{P}{R} \tag{2-1-6}$$

2. 电阻串联的应用

电阻串联的应用很广泛，在实际工作中常见的有：

（1）用多个电阻串联来获得阻值较大的电阻。

（2）采用几个电阻构成分压器，使同一电源能供给几种不同的电压。如图 2-1-2 所示，由 $R_1 \sim R_4$ 构成的分压器，可使电源输出四种不同数值的电压。

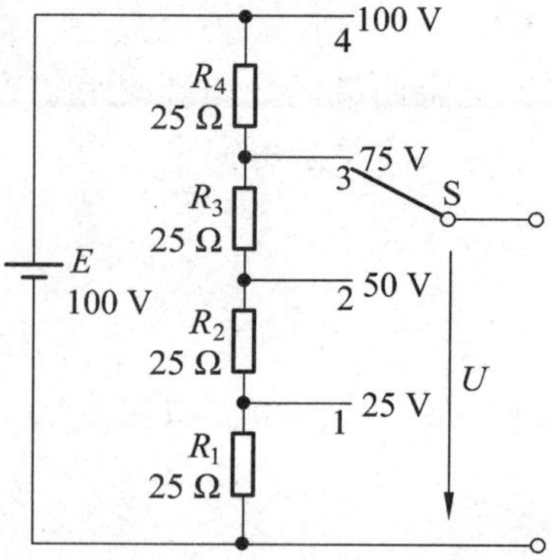

图 2-1-2 电阻分压器

（3）利用串联电阻的方法来限制和调节电路中电流的大小。例如，在初中物理课中曾做过用滑动变阻器来改变电流强度的实验，就是一例。

（4）在电工测量中广泛应用串联电阻的方法来扩大电表测量电压的量程，如图 2-1-3 所示。

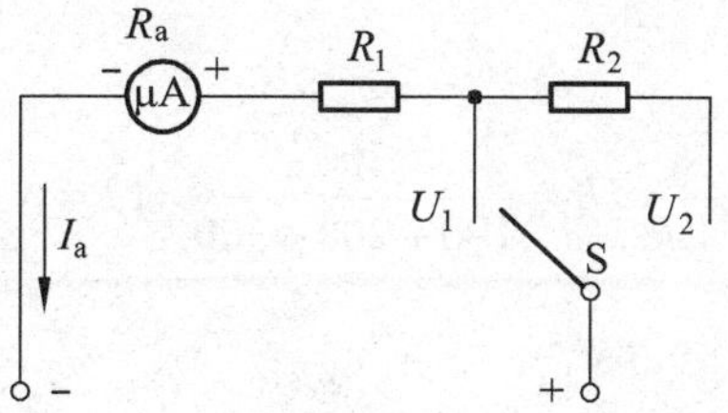

图 2-1-3　串联电阻扩大电压表的量程

例 2-1-1　三个电阻 R_1、R_2、R_3 组成的串联电路中，$R_1 = 1\ \Omega$，$R_2 = 3\ \Omega$，R_2 两端的电压 $U_2 = 6\ \text{V}$，总电压 $U = 18\ \text{V}$，求电路中的电流 I 与电阻 R_3。

解： 根据欧姆定律得

$$I_2 = U_2/R_2 = 6/3 = 2\ (\text{A})$$

由于串联电路中电流处处相等，所以

$$I = I_2 = 2\ \text{A}$$

根据欧姆定律，可求得电路的总电阻 R 为

$$R = U/I = 18/2 = 9\ (\Omega)$$

由于串联电路总电阻等于各串联电阻之和，所以

$$R_3 = R - R_1 - R_2 = 9 - 1 - 3 = 5\ (\Omega)$$

例 2-1-2　在图 2-1-4 所示电路中，$R_1 = 100\ \Omega$，$R_2 = 200\ \Omega$，$R_3 = 300\ \Omega$，输入电压 $U_i = 12\ \text{V}$，试求输出电压 U_o 的变化范围。

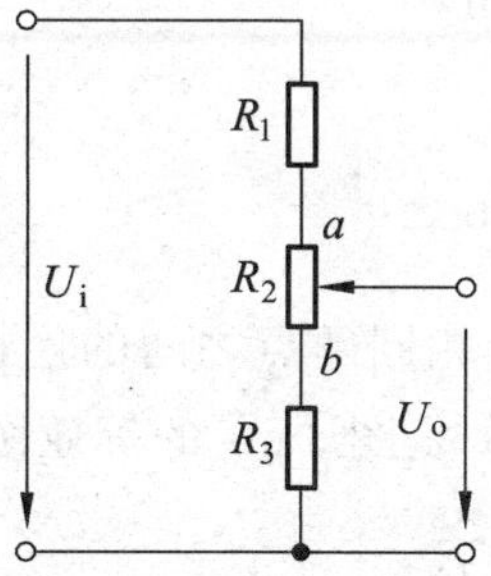

图 2-1-4　例 2-1-2 图

分析： 这是一个电压在一定范围内连续可调的电位器，在电位器 R_2 上下各串联一个电阻，则总电阻 $R = R_1 + R_2 + R_3$。当触点在 a 处时，输出电压是（$R_2 + R_3$）两端的电压；当触点在 b 处时，输出电压是 R_3 两端的电压。

解： 触点在 a 处时，由分压公式得

$$U_{oa}=\frac{R_2+R_3}{R_1+R_2+R_3}U_i=\frac{200+300}{100+200+300}\times 12=10\ \text{(V)}$$

触点在 b 处时，由分压公式得

$$U_{ob}=\frac{R_3}{R_1+R_2+R_3}U_i=\frac{300}{100+200+300}\times 12=6\ \text{(V)}$$

故输出电压 U_o 的变化范围是 10 ~ 6 V。

例 2-1-3 图 2-1-3 是 500 型万用表测量直流电压的部分电路图。图中仅画出两个量程，其中 $U_1=10$ V，$U_2=250$ V。已知表头的等效内阻 $R_a=3$ kΩ，允许流过的最大电流为 $I_a=50$ μA，试求各串联电阻的阻值。

解： 因为表头是一只微安表，根据欧姆定律可知该表所能测量的最大电压为

$$U_a=I_aR_a=50\times 10^{-6}\times 3\times 10^{3}=0.15\ \text{(V)}$$

显然，要用这只表头来测量大于 0.15 V 的电压，就会把表头烧坏。为了扩大量程，最方便的办法就是串接电阻。根据已学知识，各串联电阻阻值的求解步骤如下：

因 $U_{R1}=U_1-U_a$

而 $U_a=I_aR_a$，$U_{R1}=I_aR_1$

则 $I_aR_1=U_1-I_aR_a$

所以

$$R_1=\frac{U_1-I_aR_a}{I_a}=\frac{10-50\times 10^{-6}\times 3\times 10^{3}}{50\times 10^{-6}}=197\ (\text{k}\Omega)$$

又 $U_{R2}=I_aR_2=U_2-U_1$

则

$$R_2=\frac{U_2-U_1}{I_a}=\frac{250-10}{50\times 10^{-6}}=4.8\ (\text{M}\Omega)$$

二、电阻的并联及应用

两个或两个以上电阻接在电路中相同两点之间的连接方式，叫作电阻的并联。图 2-1-5（a）所示即两个电阻的并联，图（b）是图（a）的等效图。

图 2-1-5 两个电阻的并联

1. 电阻并联电路的特点

（1）各电阻两端的电压相等。

由于并联电路中的各个电阻都接在电路中相同的两点之间，如图 2-1-5（a）所示，所以每个电阻两端的电压就是这两点间的电位差，因此各并联电阻两端的电压相同。若有 n 个电阻并联，则

$$U = U_1 = U_2 = \cdots = U_n \tag{2-1-7}$$

（2）电路中的总电流等于各电阻中的电流之和。

由于做定向运动的电荷不会停留在电路中任何一个地方，所以流入 a 点的电流，始终等于从 b 点流出的电流，即 $I = I_1 + I_2$，如图 2-1-5（a）所示。若有 n 个电阻并联，则

$$I = I_1 + I_2 + \cdots + I_n \tag{2-1-8}$$

（3）并联电路的总电阻的倒数等于各并联电阻的倒数之和。

在如图 2-1-5 所示电路中，由欧姆定律得

$$I = U/R，I_1 = U/R_1，I_2 = U/R_2$$

又 $$I = I_1 + I_2$$

则 $$U/R = U/R_1 + U/R_2$$

即 $$\frac{1}{R} = \frac{1}{R_1} + \frac{1}{R_2}$$

若有 n 个电阻并联，则

$$\frac{1}{R} = \frac{1}{R_1} + \frac{1}{R_2} + \cdots + \frac{1}{R_n} \tag{2-1-9}$$

若有 n 个相同的电阻值 R_0 并联，则总电阻 R 为

$$R = R_0/n$$

若是两个电阻并联，则总电阻 R 为

$$R = \frac{R_1 R_2}{R_1 + R_2} \tag{2-1-10}$$

（4）各支路电流和电阻成反比。

在并联电路中，由于各电阻两端电压相同，所以

$$U = I_1 R_1 = I_2 R_2$$

上式表明，在并联电路中，各支路电流和电阻成反比。即电阻小的支路通过的电流大，电阻大的支路通过的电流小。这个结论是并联电路性质的重要推论，也有较广泛用途。如在已知并联电路的总电流 I 和电阻 R_1、R_2 时，流过每个电阻的电流可用分流公式计算，即

$$I_1 = \frac{R_2}{R_1 + R_2} I，\quad I_2 = \frac{R_1}{R_1 + R_2} I \tag{2-1-11}$$

（5）各电阻消耗的功率跟它的阻值成反比。

在并联电路中，由于各电阻两端电压相同，所以

$$U^2 = P_1R_1 = P_2R_2 \tag{2-1-12}$$

上式表明，在并联电路中，各电阻消耗的功率和它的电阻值成反比。即阻值小的电阻消耗的功率大，阻值大的电阻消耗的功率小。

2. 电阻并联的应用

电阻并联的应用也非常广泛，在实际工作中常见的有：

（1）凡是工作电压相同的负载几乎全是并联，例如工厂中的各种电动机、电炉，以及各种照明灯具都是并联使用。这是因为负载在并联状态下工作时，它们两端的电压完全相同，任何一个负载的工作情况都不影响其他负载，也不受其他负载的影响（指电源的容量足够大），因此人们就可以根据不同需要启动或停止并联使用的各个负载。

（2）用并联电阻来获得某一较小电阻，如用两个 100 Ω电阻并联可得到一个 50 Ω的电阻。

（3）在电工测量中，广泛应用并联电阻的方法来扩大电表测量电流的量程，如图 2-1-6 所示。

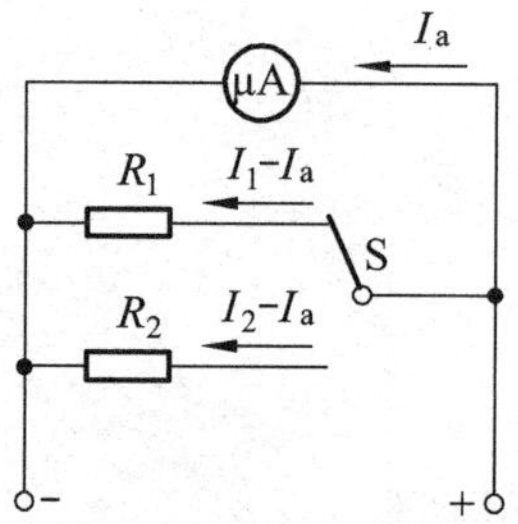

图 2-1-6 并联电阻扩大电流表的量程

例 2-1-4 在两个电阻并联电路中，$R_1 = 200\ \Omega$，通过 R_1 的电流 $I_1 = 0.2$ A，通过整个并联电路的总电流 $I = 0.8$ A，求：R_2 和通过 R_2 的电流 I_2。

解： 在并联电路中，总电流等于各电阻中的电流之和，即 $I = I_1 + I_2$，则

$$I_2 = I - I_1 = 0.8 - 0.2 = 0.6\ (\text{A})$$

由欧姆定律得

$$U = I_1R_1 = 0.2 \times 200 = 40\ (\text{V})$$

$$R_2 = U/I_2 = 40/0.6 \approx 66.7\ (\Omega)$$

例 2-1-5 某微安表的内阻 $R_a = 3\ 750\ \Omega$，允许流过的最大电流为 $I_a = 40\ \mu\text{A}$。现要用此微安表制作一个有两个量程的直流电流表，各量程的最大电流分别为 $I_1 = 500$ mA，$I_2 = 50\ \mu\text{A}$，各分流电阻值应为多大？

解： 因为此微安表的最大电流仅为 40 μA，要用它来测量大于 40 μA 的电流，必然要把电表烧坏。为扩大量程，最常见的办法是并联电阻，让流过微安表的最大电流等于 40 μA，其余电流都从并联的电阻中流过。

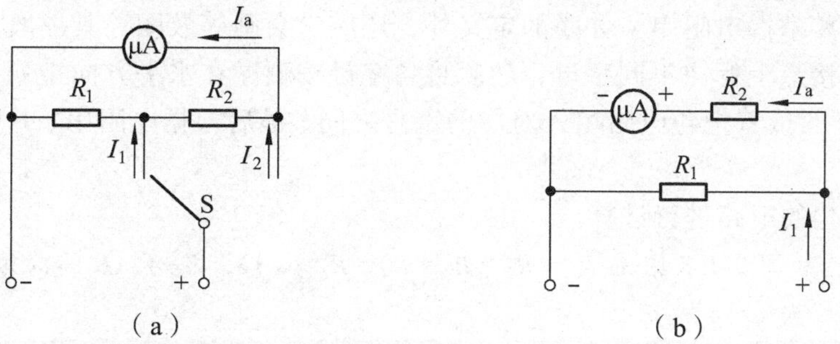

图 2-1-7　环形分流器

并联电阻的方式有两种。图 2-1-6 所示电路很容易为大家所想到。由于电阻是和电表并联，所以各电阻的端电压相等，而电表两端的电压为 $U_a=I_aR_a$，流过各分流电阻的电流分别为 I_1-I_a，I_2-I_a，所以各分流电阻值分别等于

$$R_1=\frac{I_aR_a}{I_1-I_a}=\frac{40\times10^{-6}\times3750}{500\times10^{-3}-40\times10^{-6}}=0.3\ (\Omega)$$

$$R_2=\frac{I_aR_a}{I_2-I_a}=\frac{40\times10^{-6}\times3\ 750}{50\times10^{-6}-40\times10^{-6}}=15\ (\text{k}\Omega)$$

在实际工作中，大多数万用表都采用图 2-1-7 所示的环形分流器（也叫闭路抽头式分流器）来扩大测量电流的量程。由图 2-1-7（a）可知，当使用最小量程 $I_2=50\ \mu\text{A}$ 时，全部分流电阻串联后再与微安表并联，则可用上述方法先求出它们的总电阻为

$$R=R_1+R_2=\frac{I_aR_a}{I_2-I_a}=\frac{40\times10^{-6}\times3\ 750}{(50-40)\times10^{-6}}=15\ (\text{k}\Omega)$$

当采用量程 I_1 时，图 2-1-7（a）可等效为图（b），此时 R_2 和 R_a 串联后再与 R_1 并联，根据分流公式

$$I_a=\frac{R_1}{R_1+R_2+R_a}I_1=\frac{R_1}{R+R_a}I_1$$

得
$$R_1=\frac{(R+R_a)I_a}{I_1}=\frac{(15\times10^3+3\ 750)\times40\times10^{-6}}{500\times10^{-3}}=1.5\ (\Omega)$$

所以
$$R_2=R-R_1=15\ \text{k}\Omega-1.5\ \Omega=14\ 998.5\ (\Omega)$$

三、电阻的混联

既有电阻串联又有电阻并联的电路叫作电阻的混联电路，如图 2-1-8 所示。混联电路的串联部分具有串联电路的性质，并联部分具有并联电路的性质。

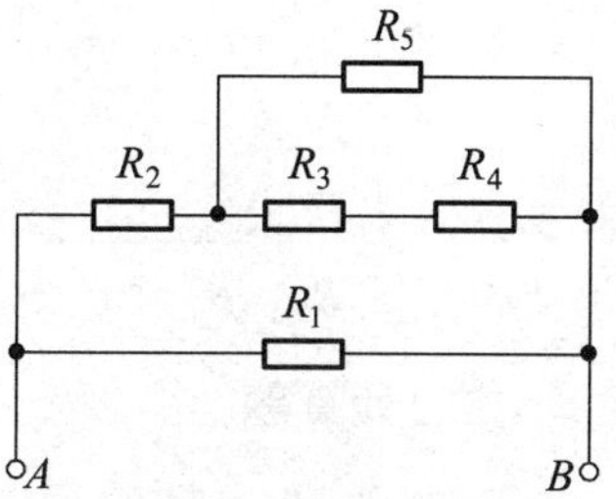

图 2-1-8　混联电阻

计算混联电路的等效电阻，步骤大致如下：

（1）把电路整理和简化成容易看清的串联或并联关系。要做

到这一点，除了要掌握电阻串、并联的定义外，还应学会画等效图。其一般方法是：先在电路中各电阻的连接点上标注不同字母，然后将各字母按顺序在水平方向排列（待求端的字母应放在最两端），紧接着把各电阻填入对应的字母之间，最后根据电阻串、并联的定义依次画出等效电路。

（2）根据简化的电路进行计算。

例 2-1-6 已知图 2-1-8 中的 $R_1=R_2=R_3=R_4=R_5=1\ \Omega$，求 A、B 间的等效电阻 R_{AB}。

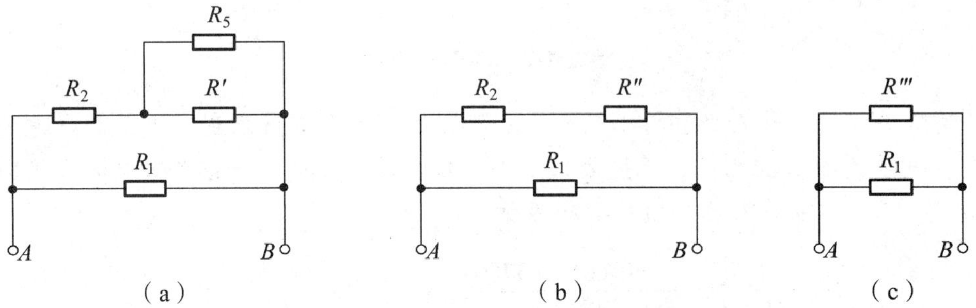

图 2-1-9 图 2-1-8 所示电路的等效图

解： 先按照上述方法画出如图 2-1-9 所示的一系列等效电路，然后进行计算。

由图 2-1-9（a）得 $R'=R_3+R_4=2\ (\Omega)$

由图 2-1-9（b）得 $R''=R_5 // R'=\dfrac{1\times 2}{1+2}=\dfrac{2}{3}\ (\Omega)$

由图 2-1-9（c）得 $R'''=R_2+R''=1+\dfrac{2}{3}=\dfrac{5}{3}\ (\Omega)$

于是 A、B 间的等效电阻为

$$R_{AB}=R_1 // R'''=\frac{1\times 5/3}{1+5/3}=\frac{5}{8}\ (\Omega)$$

练习一

一、填空题

1. 在电阻串联电路中：流过每个电阻的电流______；电路两端的总电压等于各电阻两端的分电压______；总电阻等于各串联电阻______；电压的分配与电阻成______；功率的分配与电阻成______。在已知串联电路的总电压 U 及电阻 R_1、R_2 时，分压公式为 $U_1=$________，$U_2=$________。

2. 在电阻并联电路中：各电阻两端的电压______；总电流等于各______中的电流之和；总电阻的倒数等于各并联电阻的倒数____；若是两个电阻并联，则总电阻 $R=$______；各支路电流和电阻成______；各支路消耗的功率跟它的阻值成______。在已知并联电路的总电流 I 和电阻 R_1、R_2 时，分流公式为 $I_1=$__________，$I_2=$__________。

二、计算题

1. 电阻 $R_1=10\ \Omega$，$R_2=20\ \Omega$，串联后接到 $U=60\ \text{V}$ 的直流电源上。求：（1）电路中的电流 I；（2）各电阻上的电压降；（3）各电阻上消耗的功率。

2. 在图 2-1-10 所示电路中，$R_1=10\ \Omega$，$R_2=20\ \Omega$，输入电压 $U_1=30\ V$，求输出电压 U_2。

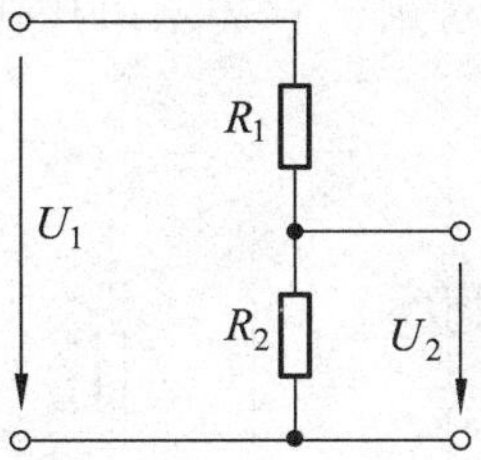

图 2-1-10

3. 在图 2-1-11 所示电路中，$U=30\ V$，$R_1=30\ \Omega$，总电流 $I=3\ A$，求：R_2、I_1、I_2。

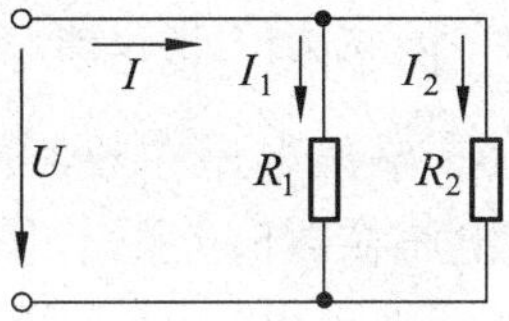

图 2-1-11

4. 在一根均匀电阻丝两端加上一定电压后，通过的电流是 0.6 A，把这根电阻丝对折并拧在一起后，再接到原来的电路中，求此时通过电阻丝的电流。

5. 在图 2-1-12 所示电路中，已知 $R_1=R_2=R_3=R_4=6\ \Omega$，求 R_{AB}。

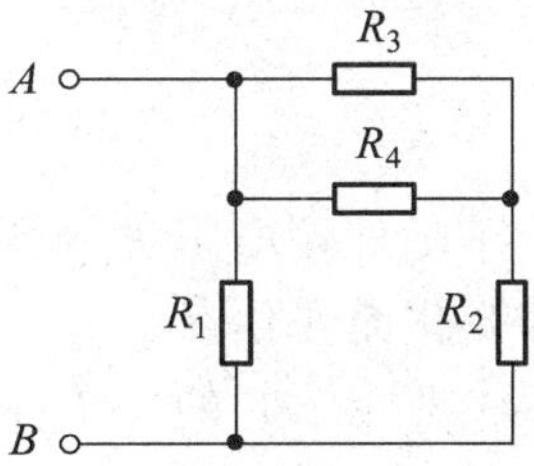

图 2-1-12

第二节　电压源与电流源

发电机、电池都是实际的电源。任何一个实际的电源，都可以用两种不同的形式来表示：一种是以电压的形式来表示，称为电压源；一种是以电流的形式来表示，称为电流源。

一、电压源

具有恒定不变的电动势和内电阻的电源，称为电压源，通常用一个电动势 E 和内电阻 R_0 相串联来表示，如图 2-2-1（a）所示。图 2-2-1（b）表示电压源与电路相连接。从图 2-2-1（b）可以看出，电压源的输出电压 U 与输出电流 I 之间的函数关系是

$$U = E - IR_0 \quad (2\text{-}2\text{-}1)$$

电压源的外特性如图 2-2-1（c）所示，它表示电压源的端电压与输出电流之间的关系。

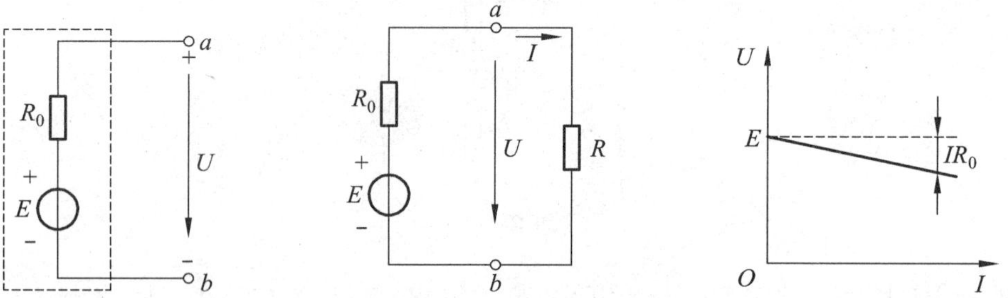

（a）符号　（b）电压源与负载 R 相连接　（c）外特性

图 2-2-1　电压源

当电压源开路时，输出电流 $I = 0$，输出电压在数值上等于电源的电动势，即 $U = E$。

当电压源接上任意负载时，输出电压在数值上小于电源的电动势，相差的是内阻压降 IR_0。外电路电阻 R 减小，输出电流 I 增加，输出电压 U 下降。

当电压源被短路时，外接电阻 $R = 0$，输出电压 $U = 0$，电动势全部作用于内电阻 R_0 上，此时电流 $I_S = E/R_0$。I_S 被称为短路电流。

从电压源的外特性可以看出：内电阻 R_0 越小，在输出电流发生变化时，输出电压的变化就越小，或者说输出电压越稳定；当内电阻 $R_0 = 0$ 时，则输出电压为一常数，即 $U = E$。

我们把内电阻等于零的电压源称为理想电压源，或称恒压源。这样我们可以将电压源看成恒压源与内电阻相串联。

理想电压源的特点是：

（1）电源两端的电压是恒定的，不随外接电阻 R 的变化而变化。

（2）输出电流 I 随外接电阻 R 的变化而变化。

理想电压源的符号如图 2-2-2（a）所示。它的外特性是在 U-I 平面坐标系中与横轴（电流轴）平行的一条直线，如图 2-2-2（b）所示。

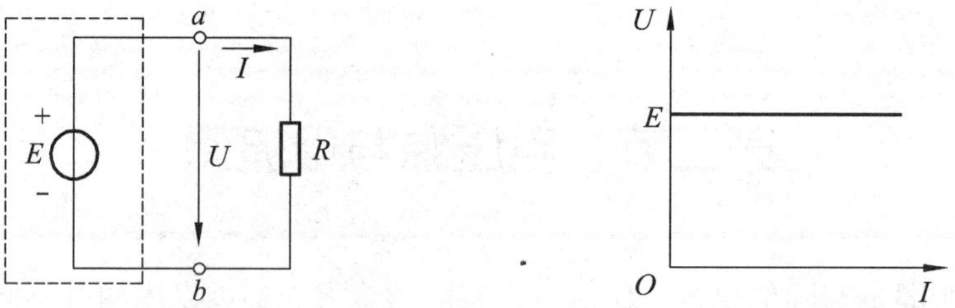

（a）符号　（b）外特性

图 2-2-2　理想电压源

理想电压源空载时，输出电流 $I = 0$；短路时，输出电流 $I = \infty$。这说明，在实际应用中，当电压源短路时，电源将产生很大的短路电流，应该避免。

在现实中，如果一个电源的内电阻 R_0 远比负载电阻 R 小，则内电阻压降 IR_0 远小于输出电压 U，即输出电压 U 与电源电动势 E 基本相等，这种电压源就可以被认为是一种理想的电压源，如通常用的稳压电源。

二、电流源

在分析和计算电路时，除了用电压源外，还常用电流源。电流源和电压源不同，它提供恒定不变的电流 I_S。这种电源通常用恒定电流 I_S 和内电阻 R_0 相并联来表示，如图 2-2-3（a）所示。

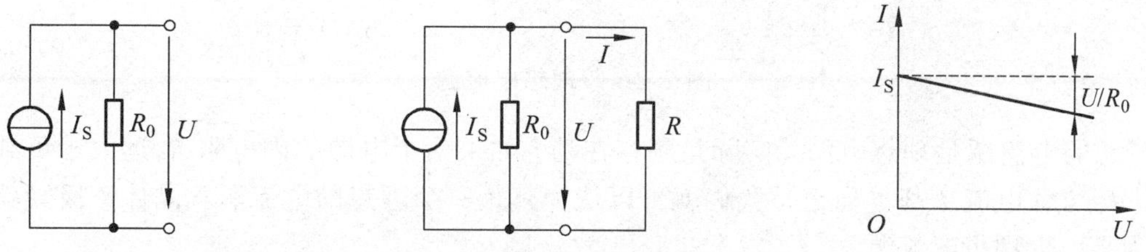

（a）符号 （b）电流源与负载 R 联结 （c）外特性

图 2-2-3 电流源

电流源可以说是一种能“产生”电流的装置，例如光电池在一定照度的光线照射下，就能激发出电流。光电池若接上负载 R，如图 2-2-3（b）所示，就能够向外电路提供一定的电流。激发电流与照度成正比。然而光激发的电流不能全部流向外电路，其中一部分电流在光电池内部流动而损耗，或者说，一部分能量消耗在内电阻 R_0 上。

从图 2-2-3（b）中可以看出，电流源的输出电流与输出电压的函数关系是

$$I = I_S - \frac{U}{R_0} \quad \text{或} \quad U = I_S R_0 - IR_0 \tag{2-2-2}$$

电流源的外特性如图 2-2-3（c）所示。

当电流源短路时，输出电压 $U = 0$，输出电流 $I = I_S$。

当电流源接上任意负载时，电流源的电流 I_S 不能全部输送至外电路，有一部分通过内电阻 R_0。当外电路电阻 R 增大时，电流源的输出电压增高，而输出电流随之减小。

电流源空载时，输出电流 $I = 0$，电流源电流 I_S 全部通过内电阻 R_0，这时输出电压 $U = I_S R_0$。

由图 2-2-3（b）可知，内电阻 R_0 越大，输出电压变化时，输出电流的变化就越小，即输出电流越稳定。当内电阻 R_0 等于无穷大时，则输出电流为一常数，即 $I = I_S$。我们把内电阻为无穷大的电流源称为理想电流源，或称恒流源。

理想电流源的特点是：

（1）输出电流是恒定的，即 $I = I_S$，与输出电压无关。

（2）输出电压随外接电阻 R 的变化而变化。

理想电流源的符号如图 2-2-4（a）所示。它的外特性是在 U-I 平面坐标系中与纵轴（电压轴）平行的一条直线，如图 2-2-4（b）所示。

理想电流源在短路时，输出电压 $U = 0$；空载时，输出电压 $U = \infty$。这说明，在实际应用中，当电流源开路时，其两端电压很高，应避免出现这种情况。

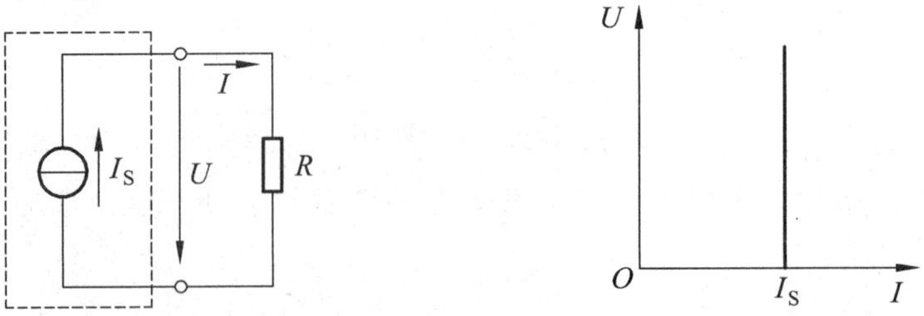

（a）符号　　（b）外特性

图 2-2-4　理想电流源

理想的电流源是理想电源，实际是不存在的。如果一个电源的内电阻 R_0 远大于负载电阻 R，则 $I \approx I_S$，电流 I 基本稳定，我们就可以认为其是一个理想的电流源。晶体三极管就可以被认为是一个理想电流源。

三、两种实际电源模型之间的等效变换

一个实际的电源既可用电压源表示，也可用电流源表示，因此它们之间可以进行等效变换，如图 2-2-5 所示。

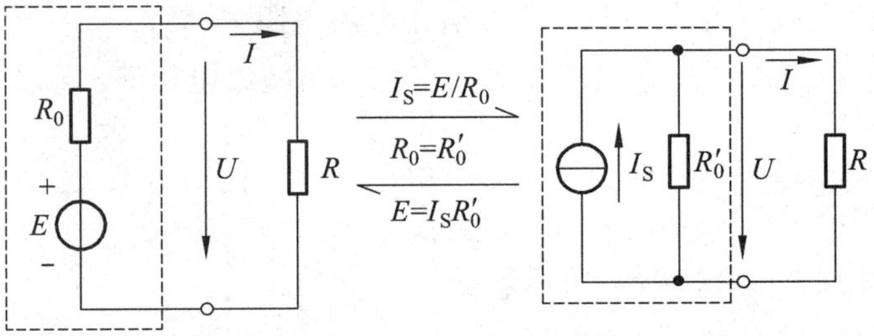

图 2-2-5　电压源与电流源的等效变换

电压源的输出电压 U 与输出电流 I 之间的函数关系是

$$U = E - IR_0$$

电流源的输出电压 U 与输出电流 I 之间的函数关系是

$$U = I_S R_0' - IR_0'$$

可见，只要满足 $E = I_S R_0'$ 或 $I_S = E / R_0'$，且两种电源模型的内阻相等，即 $R_0 = R_0'$，对外电路而言，电压源与电流源之间就能等效变换。在图 2-2-5 所示电压源与电流源的等效变换电路中，电压源与电流源对外电路等效的条件是

$$\begin{cases} E = I_S R_0' \text{ 或 } I_S = \dfrac{E}{R_0'} \\ R_0 = R_0' \end{cases} \tag{2-2-3}$$

在进行电源的等效变换时，应注意以下几点：

（1）电压源和电流源的等效变换只针对外电路，对内电路是不等效的。

（2）把电压源变换为电流源时，I_S 的方向应与电压源对外电路输出的电流方向保持一致，电流源中的并联电阻与电压源的内电阻相等。

（3）把电流源变换为电压源时，E 的方向应与电流源对外电路输出电流的方向保持一致，电压源中的内电阻与电流源中的并联电阻相等。

（4）恒压源和恒流源之间不能进行等效变换。

进行电压源和电流源的等效变换时，不一定仅限于电源的内电阻。只要在恒压源电路上串联有电阻，或在恒流源的两端并联有电阻，则两者均可进行等效变换。

运用电压源和电流源等效变换的方法，可把多电源并联的复杂电路化简为简单电路，使计算简便。

例 2-2-1 如图 2-2-6（a）所示，设电路中的 $E_1 = 18$ V，$E_2 = 15$ V，$R_1 = 12\ \Omega$，$R_2 = 10\ \Omega$，$R_3 = 15\ \Omega$，求各电流值。

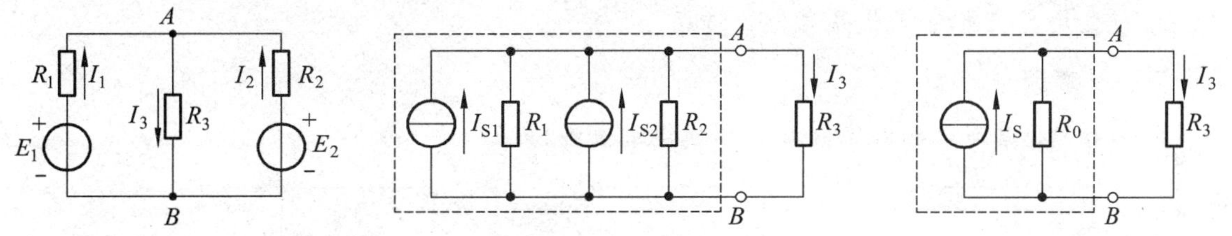

（a）复杂电路　　（b）两电流源并联　　（c）简单电路

图 2-2-6 例 2-2-1 图

解： 首先把图 2-2-6（a）中的两个电压源分别等效变换为电流源，如图 2-2-6（b）所示。然后再把两个电流源合并，化简为一个简单电源，如图 2-2-6（c）所示。由于

$$I_{S1} = \frac{E_1}{R_1} = \frac{18}{12} = \frac{3}{2}\ (\text{A}),\quad I_{S2} = \frac{E_2}{R_2} = \frac{15}{10} = \frac{3}{2}\ (\text{A})$$

则

$$I_S = I_{S1} + I_{S2} = \frac{3}{2} + \frac{3}{2} = 3\ (\text{A})$$

$$R_0 = R_1 // R_2 = \frac{R_1 \times R_2}{R_1 + R_2} = \frac{12 \times 10}{12 + 10} = \frac{60}{11}\ (\Omega)$$

根据分流公式可得外电路中的电流

$$I_3 = \frac{R_0}{R_0 + R_3} I_S = \frac{60/11}{60/11 + 15} \times 3 \approx 0.8\ (\text{A})$$

$$U_{AB} = R_3 I_3 = 15 \times 0.8 = 12\ (\text{V})$$

根据 U_{AB} 及图 2-2-6（a），可求得

$$I_1 = \frac{E_1 - U_{AB}}{R_1} = \frac{18 - 12}{12} = 0.5\ (\text{A})$$

$$I_2 = \frac{E_2 - U_{AB}}{R_2} = \frac{15 - 12}{10} = 0.3\ (\text{A})$$

练习二

一、填空题

1. 理想电压源的内阻 $R_0=$____________，理想电流源的内阻 $R_0=$____________。

2. 电压源的输出电压 U 与输出电流 I 之间的函数关系是____________________，电流源的输出电压 U 与输出电流 I 之间的函数关系是____________________。

3. 电压源等效变换为电流源时，$I_S=$_______________，内阻 R_0 数值_______________，由串联改为____________。

4. 电压源与电流源的等效变换只对__________等效，对__________则不等效。

二、综合题

1. 分别画出理想电压源和电流源的图形符号。

2. 理想电压源和电流源各有什么特点？

三、计算题

1. 将图 2-2-7 所示的电压源等效变换成电流源。

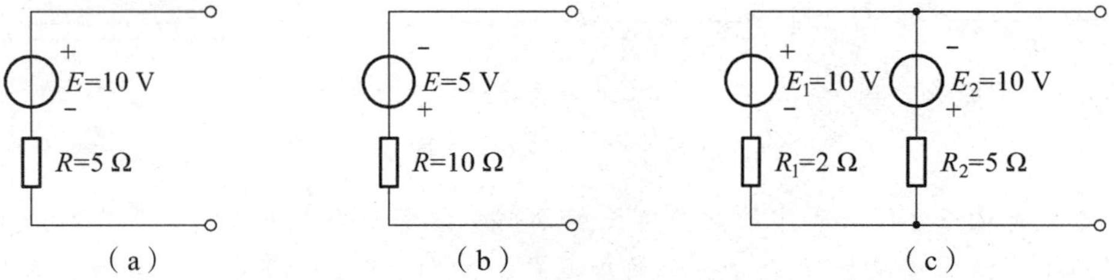

图 2-2-7

2. 将图 2-2-8 所示的电流源等效变换成电压源。

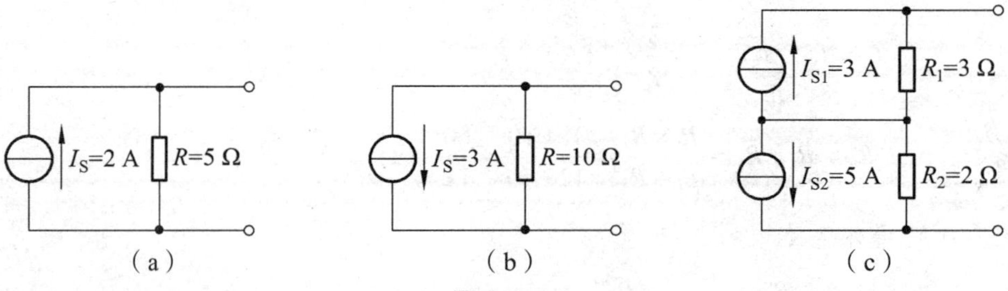

图 2-2-8

3. 在图 2-2-9 所示电路中，已知 $E_1=17\text{ V}$，$r_1=1\ \Omega$，$E_2=34\text{ V}$，$r_2=2\ \Omega$，$R=5\ \Omega$，试用电压源与电流源等效变换的方法求通过 R 的电流 I。

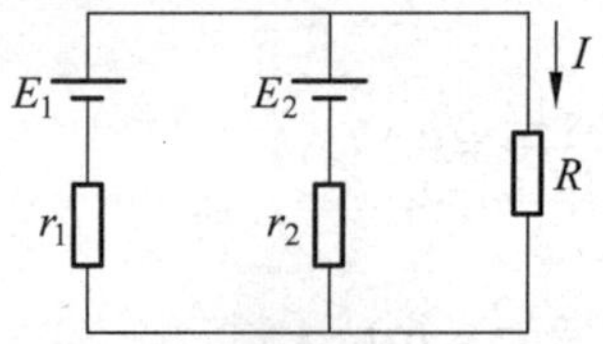

图 2-2-9

第三节　基尔霍夫定律

一、常用电路名词

现以图 2-3-1 所示电路为例说明常用电路名词。

1. 支　路

电路中具有两个端钮且通过同一电流的无分支电路称为支路。如图 2-3-1 所示电路中的 *ED*、*AB*、*FC* 均为支路。该电路的支路数目为 $b = 3$。

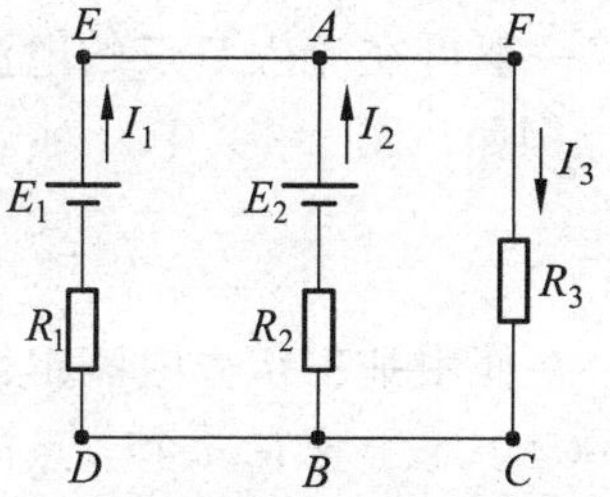

图 2-3-1　示例电路

2. 节　点

电路中三条或三条以上支路的联结点称为节点。如图 2-3-1 所示电路的节点为 *A*、*B* 两点。该电路的节点数目为 $n = 2$。

3. 回　路

电路中任一闭合的路径称为回路。如图 2-3-1 所示电路中的 *CDEFC*、*AFCBA*、*EABDE* 路径均为回路。该电路的回路数目为 $l = 3$。

4. 网　孔

不含有分支的闭合回路称为网孔。如图 2-3-1 所示电路中的 *AFCBA*、*EABDE* 回路均为网孔。该电路的网孔数目为 $m = 2$。

5. 网　络

在电路分析范围内，网络是指包含元件较多的电路。

二、基尔霍夫电流定律（KCL，又称节点电流定律）

1. 基尔霍夫电流定律的表述

基尔霍夫电流定律的第一种表述：在任何时刻，电路中流入任一节点中的电流之和，恒等于从该节点流出的电流之和，即

$$\sum I_{流入} = \sum I_{流出} \tag{2-3-1}$$

例如，图 2-3-2 中，对于节点 *A* 有

$$I_1 + I_3 = I_2 + I_4 + I_5$$

基尔霍夫电流定律的第二种表述：在任何时刻，电路中任一节点上的各支路电流代数和恒等于零，即

$$\sum I=0 \tag{2-3-2}$$

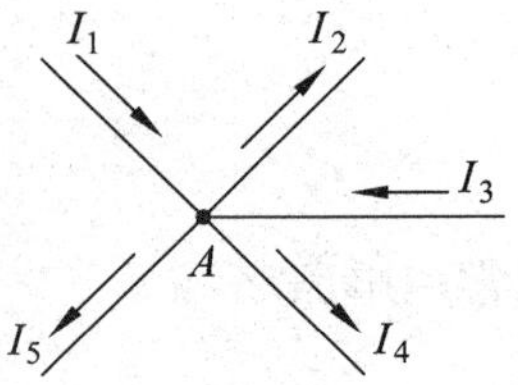

图 2-3-2 电流定律的举例说明

一般可在流入节点的电流前面取“+”号，在流出节点的电流前面取“-”号，反之亦可。例如，图 2-3-2 中，对于节点 A 有

$$I_1-I_2+I_3-I_4-I_5=0$$

在使用基尔霍夫电流定律时，必须注意：

（1）对于含有 n 个节点的电路，只能列出 $n-1$ 个独立的电流方程。

（2）列节点电流方程时，需考虑电流的参考方向，然后再带入电流的数值。

为了分析电路的方便，通常需要在所研究的一段电路中事先选定（即假定）电流流动的方向，叫作电流的参考方向，通常用“→”表示。

电流的实际方向可根据数值的正、负来判断：当 I 为正值时，表明电流的实际方向与所标定的参考方向一致；当 I 为负值时，则表明电流的实际方向与所标定的参考方向相反。

2. 基尔霍夫电流定律的应用举例

（1）对于电路中任意假设的封闭面来说，基尔霍夫电流定律仍然成立。图 2-3-3 所示电路中，对于封闭面 S 来说，有 $I_1+I_2=I_3$。

（2）对于网络（电路）之间的电流关系，仍然可由基尔霍夫电流定律判定。图 2-3-4 中，流入 B 电路中的电流必等于从该电路中流出的电流。

（3）若两个网络之间只有一根导线相连，那么这根导线中一定没有电流通过。

（4）若一个网络只有一根导线与地相连，那么这根导线中一定没有电流通过。

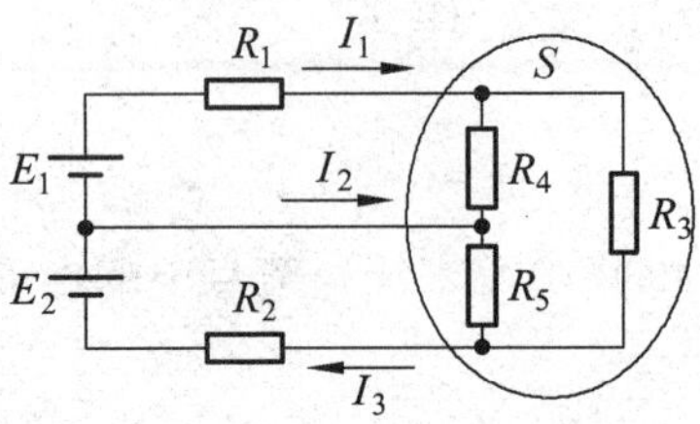

图 2-3-3 电流定律的应用举例（1）

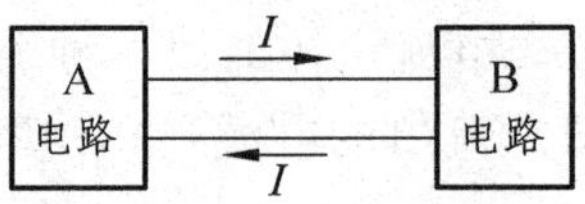

图 2-3-4 电流定律的应用举例（2）

例 2-3-1 如图 2-3-5 所示电桥电路，已知 $I_1=25$ mA，$I_3=16$ mA，$I_4=12$ A，试求其余电阻中的电流 I_2、I_5、I_6。

解：在节点 a 上：$I_1=I_2+I_3$，则 $I_2=I_1-I_3=25-16=9$（mA）

在节点 d 上：$I_1=I_4+I_5$，则 $I_5=I_1-I_4=25-12=13$（mA）

在节点 b 上：$I_2=I_6+I_5$，则 $I_6=I_2-I_5=9-13=-4$（mA）

电流 I_2 与 I_5 均为正数，表明它们的实际方向与图中所标定的参考方向相同；I_6 为负数，表明它的实际方向与图中所标定的参考方向相反。

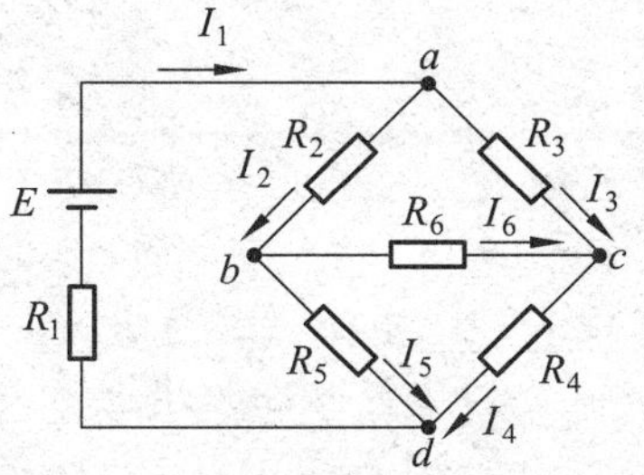

图 2-3-5 电桥电路

三、基尔霍夫电压定律（KVL，又称回路电压定律）

1. 基尔霍夫电压定律的表述

在任何时刻，沿着电路中的任一回路绕行，回路中各段电压的代数和恒等于零，即

$$\sum U=0 \tag{2-3-3}$$

以图 2-3-6 所示电路为例，沿着回路 $abcdea$ 绕行，有

$$U_{ac}=U_{ab}+U_{bc}=R_1I_1+E_1$$

$$U_{ce}=U_{cd}+U_{de}=-R_2I_2-E_2$$

$$U_{ea}=R_3I_3$$

$$U_{ac}+U_{ce}+U_{ea}=0$$

即

$$R_1I_1+E_1-R_2I_2-E_2+R_3I_3=0$$

也可写成

$$R_1I_1-R_2I_2+R_3I_3=-E_1+E_2$$

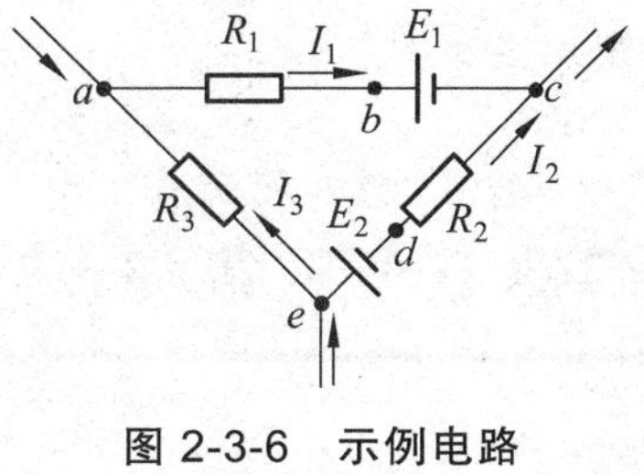

图 2-3-6 示例电路

对于电阻电路来说，任何时刻，在任一闭合回路中，各段电阻上的电压降代数和等于各电源电动势的代数和，即

$$\sum RI=\sum E \tag{2-3-4}$$

2. 利用 $\sum RI=\sum E$ 列回路电压方程的原则

（1）标出各支路电流的参考方向并选择回路绕行方向（既可沿着顺时针方向绕行，也可沿着反时针方向绕行）。

（2）电阻元件的端电压为 $\pm RI$，当电流 I 的参考方向与回路绕行方向一致时，取“+”号，反之取“-”号。

（3）电源电动势为 $\pm E$，当电源电动势的标定方向与回路绕行方向一致时，取“+”号，反之应取“-”号。

练习三

一、填空题

1. 基尔霍夫电流定律又称作________定律，其内容为：在任何时刻，电路中流入任一节点中的电流______，恒等于从该节点______的电流之和，其数学表达式为__________。

2. 基尔霍夫电压定律又称作________定律，其内容为：对于电阻电路来说，任何时刻，在任一闭合回路中，各段电阻上的_____降代数和等于各电源_________的代数和，其数学表达式为__________。电阻元件的端电压为 $\pm RI$，当电流 I 的参考方向与回路绕行方向一致时，取____号；反之，取____号。电源电动势为 $\pm E$，当电源电动势的标定方向与回路绕行方向一致时，取____号，反之应取_____号。

3. 应用基尔霍夫定律计算出其支路电流是正值，表明该支路电流的_____方向与标定的参考方向相同；支路电流是负值，表明该支路电流的实际方向与标定的______方向相反。

二、计算题

1. 电路如图 2-3-7 所示，已知 $I_1 = 1$ A，$I_2 = 3$ A，$I_5 = 9$ A，求：I_3、I_4、I_6。

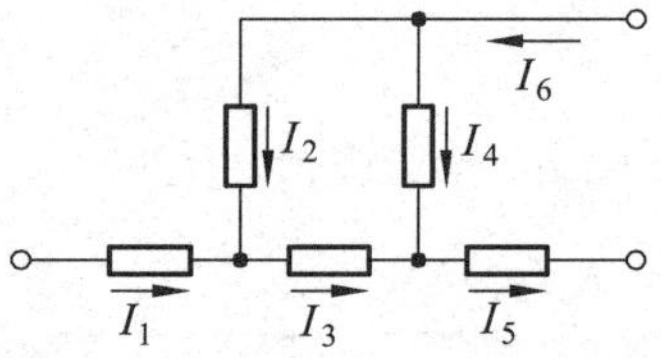

图 2-3-7

2. 在图 2-3-8 所示电路中，各电流参考方向已标明。已知 $I_1 = I_2 = 2$ A，$I_B = 5$ A，$I_C = 7$ A，$E_1 = 2$ V，$E_2 = 3$ V，$R_1 = R_2 = R_4 = 1\ \Omega$。求：$R_3$ 与各支路电压 U_{AB}、U_{BC}、U_{CD}、U_{DA}。

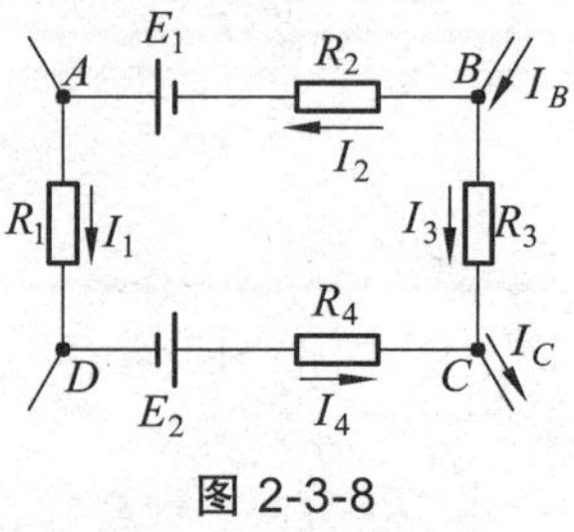

图 2-3-8

第四节　支路电流法

以各支路电流为未知量，应用基尔霍夫定律列出节点电流方程和回路电压方程，解出各支路电流，从而可确定各支路（或各元件）的电压及功率，这种解决电路问题的方法叫作支路电流法。

对于具有 b 条支路、n 个节点的电路，可列出 $n-1$ 个独立的电流方程和 $b-(n-1)$个独立的电压方程。

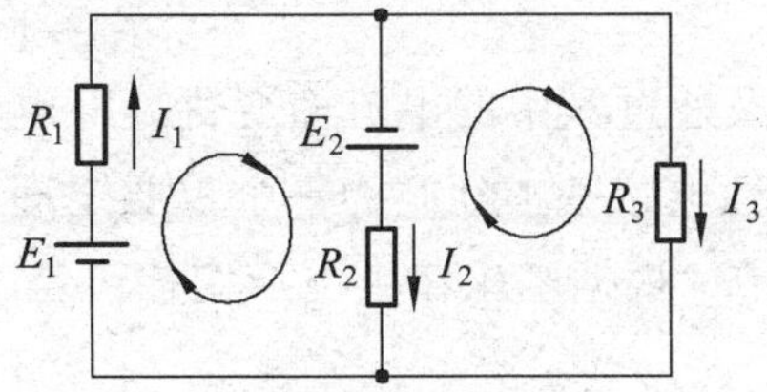

图 2-4-1　例题 2-3-2 图

例 2-4-1　如图 2-4-1 所示电路，已知 $E_1=42\text{ V}$，$E_2=21\text{ V}$，$R_1=12\ \Omega$，$R_2=3\ \Omega$，$R_3=6\ \Omega$，试求：各支路电流 I_1、I_2、I_3。

解： 该电路支路数 $b=3$、节点数 $n=2$，所以应列出 1 个节点电流方程和 2 个回路电压方程。

① $I_1=I_2+I_3$　　（任一节点）

② $R_1I_1+R_2I_2=E_1+E_2$　　（网孔 1）

③ $R_3I_3-R_2I_2=-E_2$　　（网孔 2）

代入已知数据，解得：$I_1=4\text{ A}$，$I_2=5\text{ A}$，$I_3=-1\text{ A}$。

电流 I_1 与 I_2 均为正数，表明它们的实际方向与图中所标定的参考方向相同；I_3 为负数，表明它的实际方向与图中所标定的参考方向相反。

应用支路电流法求各支路电流的步骤如下：

（1）任意标出各支路的电流参考方向和回路的绕行方向。

（2）根据节点电流定律列独立的节点电流方程。

（3）根据回路电压定律列独立的回路电压方程。

（4）代入已知数，解联立方程组求出各支路电流。

练习四

一、填空题

应用支路电流法求各支路电流的步骤如下：

（1）任意标出各支路____的参考方向和回路的____方向。

（2）根据 KCL 列独立的节点______方程。

（3）根据 KVL 列独立的回路______方程。

（4）代入已知数，解联立方程组求出各____电流。

二、计算题

在图 2-4-2 所示电路中，已知 $R_1=R_2=1\ \Omega$、$R_3=4\ \Omega$，$E_1=18\text{ V}$、$E_2=9\text{ V}$。求：I_1、I_2、I_3。

图 2-4-2

第五节 叠加定理

电路的参数不随外加电压及通过其中的电流而变化，即电压和电流成正比的电路，叫作线性电路。叠加定理是反映线性电路基本性质的一个重要定理。

在图 2-5-1（a）所示电路中，根据基尔霍夫电压定律可得

$$I(R_1+R_2+R_3)=E_1-E_2$$

即

$$I=\frac{E_1-E_2}{R_1+R_2+R_3}$$

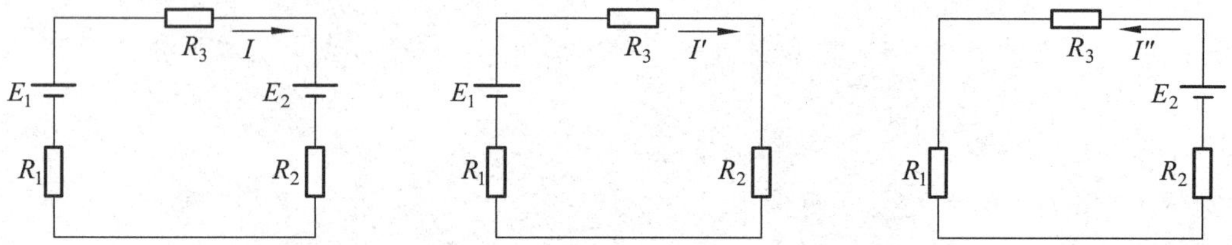

（a）（b）（c）

图 2-5-1 叠加定理示例电路

在图 2-5-1（b）所示电路中，E_1 单独作用（E_2 置零），电路中电流

$$I'=\frac{E_1}{R_1+R_2+R_3}$$

在图 2-5-1（c）所示电路中，E_2 单独作用（E_1 置零），电路中电流

$$I''=\frac{E_2}{R_1+R_2+R_3}$$

显然，$I=I'-I''$，这说明图 2-5-1（a）所示电路中的电流 I，可以看成 E_1 单独作用时产生的电流 I' 与 E_2 单独作用时产生的电流 I'' 合成的结果。

在线性电路中，因为电流正比于电动势，所以当复杂电路中有几个电动势同时作用时，任意一条支路中所通过的电流，都可以看成是由电路中各个电动势单独作用时分别在该支路中所产生的电流的代数和。

求解复杂电路时，可将其化解成几个简单电路来研究，然后将计算结果叠加，求得原来电路中的电流、电压。

叠加定理：在有多个电动势的线性电路中，任意一条支路的电流等于电路中各个电动势单独作用在该电路时，该电路各部分电阻（包括电源内阻）不变情况下，在该支路中所产生的电流的代数和。在考虑各个电动势单独作用时，其余电动势为零，即除去其余电动势并用

短路代替，电路内所有的电阻值（包括电源的内电阻）则保持不变。

例 2-5-1 在图 2-5-2（a）所示电路中，$E_1 = 12\ \text{V}$，$E_2 = 6\ \text{V}$，$R_1 = R_2 = R_3 = 2\ \Omega$，用叠加定理求各支路电流 I_1、I_2 和 I_3。

解：

（1）将复杂电路分解成几个简单电路，有几个电动势就分解为几个具有单一电动势的简单电路，并标出电流参考方向，如图（b)、图（c）所示。

（2）对简单电路进行分析、计算，求出单一电动势作用时的各支路电流。

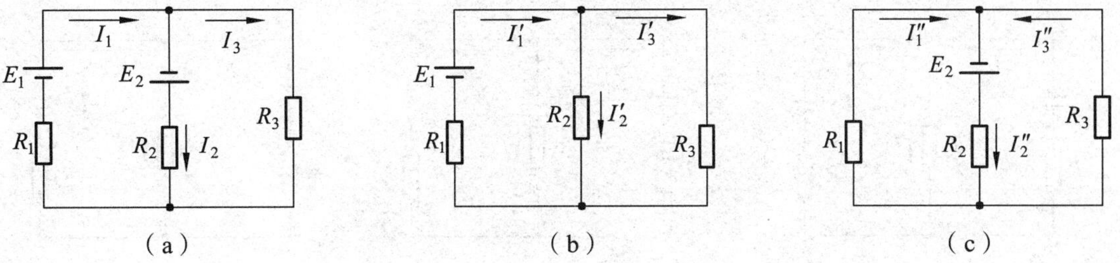

图 2-5-2 例 2-5-1 图

在图（b）中，E_1 单独作用时

$$I_1' = \frac{E_1}{R_1 + R_2 // R_3} = \frac{E_1}{R_1 + \dfrac{R_2 R_3}{R_2 + R_3}} = \frac{12}{2 + \dfrac{2\times 2}{2+2}} = 4\ (\text{A})$$

应用分流公式求出

$$I_2' = \frac{R_3}{R_2 + R_3} I_1' = \frac{2}{2+2} \times 4 = 2\ (\text{A})$$

$$I_3' = I_1' - I_2' = 4 - 2 = 2\ (\text{A})$$

在图（c）中，E_2 单独作用时

$$I_2'' = \frac{E_2}{R_2 + R_1 // R_3} = \frac{E_2}{R_2 + \dfrac{R_1 R_3}{R_1 + R_3}} = \frac{6}{2 + \dfrac{2\times 2}{2+2}} = 2\ (\text{A})$$

应用分流公式求出

$$I_1'' = \frac{R_3}{R_1 + R_3} I_2'' = \frac{2}{2+2} \times 2 = 1\ (\text{A})$$

$$I_3'' = I_2'' - I_1'' = 2 - 1 = 1\ (\text{A})$$

（3）应用叠加原理求 E_1、E_2 共同作用时各支路电流：

$$I_1 = I_1' + I_1'' = 4 + 1 = 5\ (\text{A})$$

$$I_2 = I_2' + I_2'' = 2 + 2 = 4\ (\text{A})$$

$$I_3 = I_3' - I_3'' = 2 - 1 = 1\ (\text{A})$$

叠加定理不仅是线性电路的一个重要定理，而且是一个具有普遍意义的定理。在一个系统中，当原因和结果之间满足线性关系时，则这个系统中几个原因共同作用所产生的结果就等于每个原因单独作用时所产生的结果的总和。所以，凡是能用一次方程来描述其相互关系的物理量都具有可叠加性。

特别应当指出的是，叠加定理只适用于线性电路，只能用来计算电流和电压，不能用来计算功率。

例 2-5-2 在图 2-5-3 所示电路中，已知 $E_1 = 18$ V，$E_2 = 15$ V，$R_1 = 12\ \Omega$，$R_2 = 10\ \Omega$，$R_3 = 15\ \Omega$，用叠加定理计算各电流值。

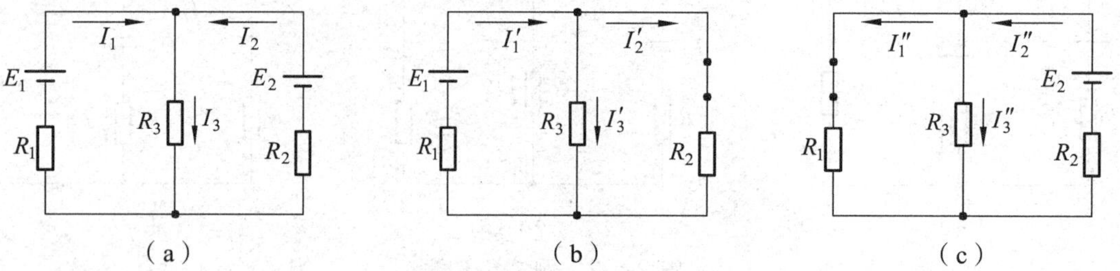

图 2-5-3 例 2-5-2 图

解： 用叠加定理计算该电路时，可把该电路看成是两个电源单独作用的电路相叠加，如图 2-5-3（b）、（c）所示。

由图（b）可求得

$$I_1' = \frac{E_1}{R_1 + (R_2 // R_3)} = \frac{18}{12 + \dfrac{10\times 15}{10+15}} = \frac{18}{12+6} = 1\ (\text{A})$$

$$I_2' = \frac{R_3}{R_2 + R_3} I_1' = \frac{15}{10+15} \times 1 = 0.6\ (\text{A})$$

$$I_3' = \frac{R_2}{R_2 + R_3} I_1' = \frac{10}{10+15} \times 1 = 0.4\ (\text{A})$$

由图（c）可求得

$$I_2'' = \frac{E_2}{(R_1 // R_3) + R_2} = \frac{15}{\dfrac{12\times 15}{12+15} + 10} = 0.9\ (\text{A})$$

$$I_1'' = \frac{R_3}{R_1 + R_3} I_2'' = \frac{15}{12+15} \times 0.9 = 0.5\ (\text{A})$$

$$I_3'' = \frac{R_1}{R_1 + R_3} I_2'' = \frac{12}{12+15} \times 0.9 = 0.4\ (\text{A})$$

根据以上计算可求得

$$I_1 = I_1' - I_1'' = 1 - 0.5 = 0.5\ (\text{A})$$
$$I_2 = I_2'' - I_2' = 0.9 - 0.6 = 0.3\ (\text{A})$$
$$I_3 = I_3' + I_3'' = 0.4 + 0.4 = 0.8\ (\text{A})$$

上例是含有几个电压源的复杂电路。在应用叠加定理分析含有几个电流源的复杂电路时，可把该复杂电路中的电流看成是由几个电流源单独作用时的电流相叠加。对于暂不考虑的恒流源，应令其处于断路状态。

综上所述，应用叠加定理计算复杂电路，有时要多次地计算串联和并联电阻，所以解题过程并不简便，但叠加定理表达了线性电路的基本性质。在分析和论证一些电路时，常要用到叠加定理，例如在电子电路中应用叠加定理来分析经过线性化以后的晶体管电路等。

练习五

一、填空题

1. 叠加定理只适用于______电路，只能用来计算______和______，不能用来计算______。

2. 叠加定理的内容是____。

二、计算题

1. 在图 2-5-4 所示电路中，已知 $E_1=E_2=17$ V，$R_1=2\ \Omega$，$R_2=1\ \Omega$，$R_3=5\ \Omega$，用叠加定理求各支路电流 I_1、I_2 和 I_3。

2. 在图 2-5-5 所示电路中，已知 $E_1=12$ V，$R_1=6\ \Omega$，$E_2=15$ V，$R_2=3\ \Omega$，$R_3=2\ \Omega$，试用叠加定理求流过 R_3 的电流 I_3 及 R_3 两端的电压 U_3。

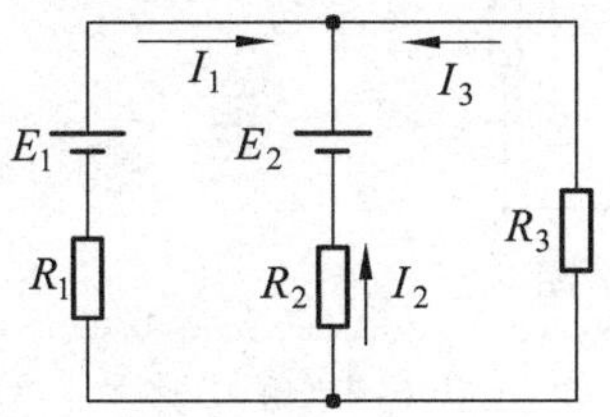

图 2-5-4

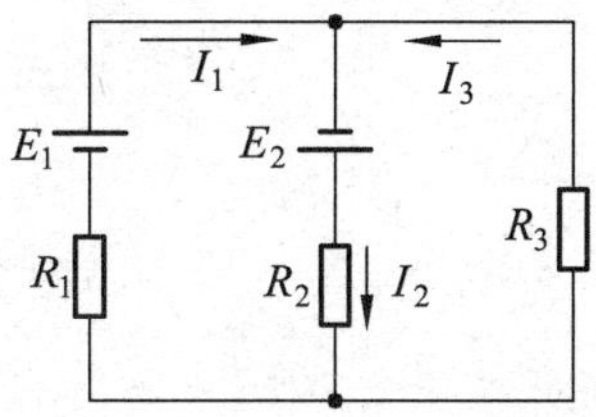

图 2-5-5

第六节 戴维南定理

任何具有两个引出端的电路，都可叫作二端网络。若网络中有电源，称为有源二端网络；若网络中无电源，称为无源二端网络，如图 2-6-1 所示。

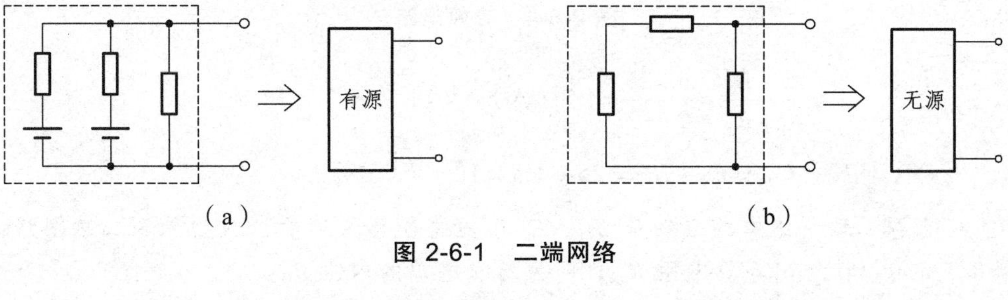

图 2-6-1 二端网络

一个无源二端网络，可以用一个等效电阻 R 来代替；一个有源二端网络，可以用一个等效电压源 E_0 和内阻 R_0 来代替。

任何一个复杂电路，都可把所研究支路以外的部分看成一个有源二端网络，并将其用一个等效电压源 E_0 和内阻 R_0 来代替，这样就能化简电路，避免了烦琐的计算。

戴维南定理：任何一个线性有源二端网络，对外电路而言，都可以用一个等效电源代替。等效电源的电动势 E_0，等于有源二端网络两端点间的开路电压；等效电源的内阻 R_0，等于在该有源二端网络中，将电动势用短路代替置零后，所得无源二端网络两端点间的等效电阻，如图 2-6-2 所示。

图 2-6-2　戴维南定理

例 2-6-1　在图 2-6-3 所示电路中，已知 $E_1=5\ \text{V}$，$R_1=8\ \Omega$，$E_2=25\ \text{V}$，$R_2=12\ \Omega$，$R_3=2.2\ \Omega$。试用戴维南定理，求通过 R_3 的电流 I_3 及 R_3 两端的电压 U_3。

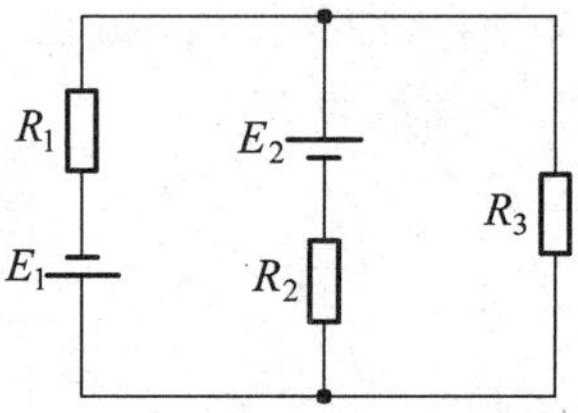

图 2-6-3　例 2-6-1 图

解：（1）断开待求支路，分离出有源二端网络，如图 2-6-4（a）所示。计算出开路电压 U_{ab}，即为所求等效电源的电动势 E_0。

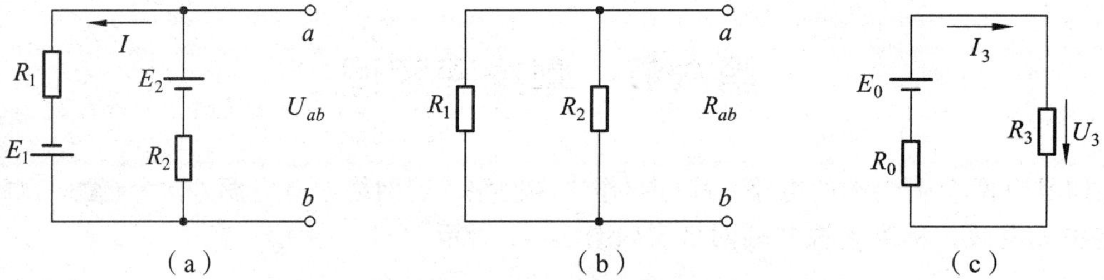

图 2-6-4　等效电路

$$I=\frac{E_1+E_2}{R_1+R_2}=\frac{5+25}{8+12}=1.5\ (\text{A})$$

$$E_0=U_{ab}=E_2-IR_2=25-1.5\times 12=7\ (\text{V})$$

（2）将有源二端网络中的电动势 E_1、E_2 用短路代替置零后，成为无源二端网络，如图 2-6- 4（b）所示。计算出等效电阻 R_{ab}，即为所求电源的内阻 R_0。

$$R_0=R_{ab}=\frac{R_1\times R_2}{R_1+R_2}=\frac{8\times 12}{8+12}=4.8\ (\Omega)$$

（3）将所求得的等效电源 E_0 和 R_0 与待求支路的电阻 R_3 连接，形成等效简化电路，如图 2-6-4（c）所示。计算支路电流 I_3 和电压 U_3。

$$I_3=\frac{E_0}{R_0+R_3}=\frac{7}{4.8+2.2}=1\text{（A）}$$

$$U_3=I_3\times R_3=1\times 2.2=2.2\text{（V）}$$

通过以上分析，可总结出应用戴维南定理求某一支路电流或电压的方法和步骤：

（1）断开待求支路，将电路分为待求支路和有源二端网络两部分。

（2）求出有源二端网络两端点间的开路电压 U_{ab}，即为等效电源电动势 E_0。

（3）将有源二端网络中各电动势用短路代替置零，计算无源二端网络的等效电阻 R_{ab}，即为等效电源的内阻 R_0。

（4）将等效电源与待求支路连接，形成等效简化电路，根据已知条件求解。

应用戴维南定理解题时，应注意：

（1）等效电源电动势 E_0 的方向与有源二端网络开路时的端电压极性一致。

（2）等效电源只对外电路等效，对内电路不等效。

练习六

一、填空题

1. 二端网络中有______，称为有源二端网络；二端网络中没有______，称为无源二端网络。

2. 戴维南定理：任何一个线性有源二端网络，对外电路而言，可以用一个______代替。等效电源的电动势 E_0，等于有源二端网络两端点间的_______；等效电源的内阻 R_0，等于在该有源二端网络中，将电动势用________置零后，所得无源二端网络两端点间的等效电阻。

二、计算题

在图 2-6-5 所示电路中，已知 $E_1=12$ V，$R_1=6\ \Omega$，$E_2=15$ V，$R_2=3\ \Omega$，$R=2\ \Omega$，用戴维南定理求出 I、U。

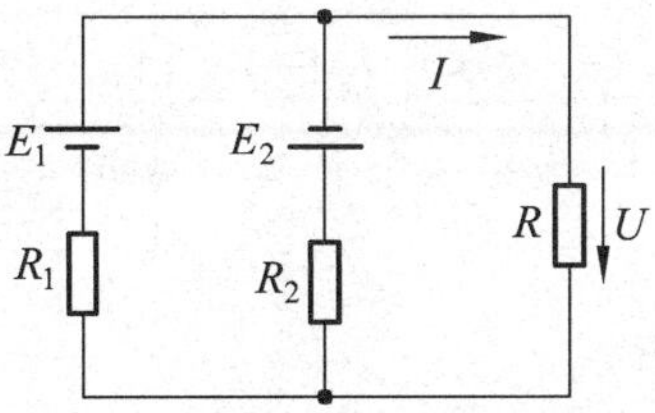

图 2-6-5

第七节　节点电压法

对于一个支路较多的复杂电路，用支路电流法求解时，需要列写较多的方程式，造成了解题过程的烦琐。如在图 2-7-1 所示电路中有 6 条支路、3 个节点，如果用支路电流法求这 6

条支路的电流大小，就需要列 2 个节点电流方程和 4 个回路电压方程。为了适当地减少方程式的数目，从而简化分析和计算的步骤，我们引入节点电压法。

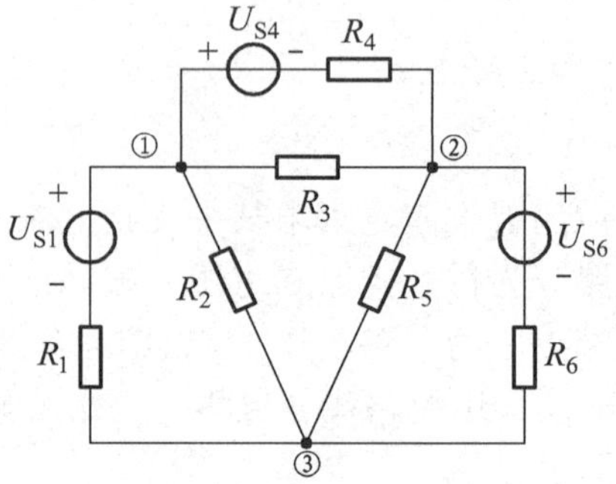

图 2-7-1 示例电路

所谓节点电压，就是指两个节点之间的电压。节点电压法是以节点电压为求解电路的未知量，根据基尔霍夫电流定律和欧姆定律列出关于节点电压的电路方程，从而进行复杂电路求解的方法。这种方法适用于结构复杂、非平面、独立回路选择麻烦，以及节点数少、回路多的电路。

下面以图 2-7-1 为例来说明如何列节点电压方程。

首先从所有节点中找出一个作为参考电位点，而任意一个节点上的电位都可看作是该点与参考点之间的节点电压。如选择节点③为参考点，则节点①与节点③之间的电压 U_1、节点②与节点③之间的电压 U_2 都是节点电压。假设各条支路的电流方向如图 2-7-2（a）所示。

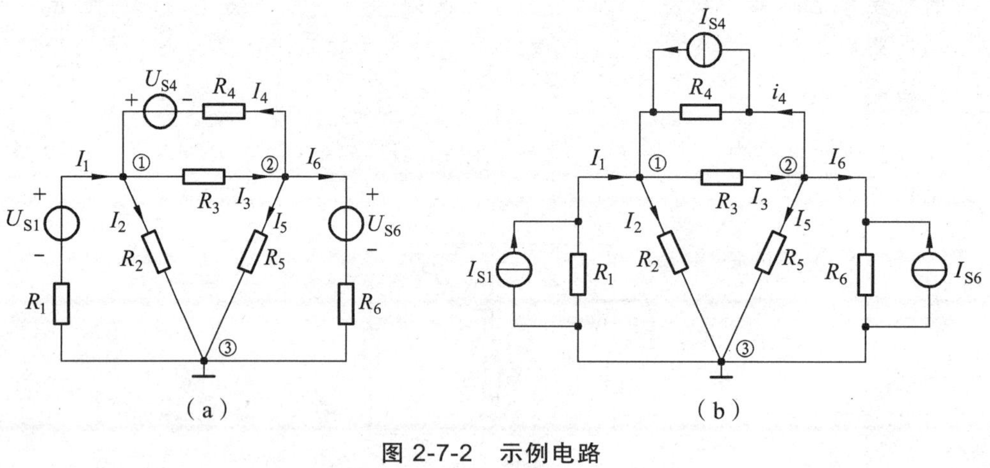

图 2-7-2 示例电路

在图 2-7-2（a）所示电路中，有

$$
\begin{aligned}
&I_1=\frac{U_{S1}-U_1}{R_1},\ I_2=\frac{U_1}{R_2},\ I_3=\frac{U_1-U_2}{R_3}\\
&I_4=\frac{U_{S4}-(U_1-U_2)}{R_4},\ I_5=\frac{U_2}{R_5},\ I_6=\frac{U_2-U_{S6}}{R_6}
\end{aligned}
\tag{2-7-1}
$$

根据基尔霍夫电流定律可分别列出节点①与节点②的节点电流方程为

$$\begin{cases}-I_1+I_2+I_3-I_4=0\\-I_3+I_4+I_5+I_6=0\end{cases}\tag{2-7-2}$$

将式（2-7-1）代入式（2-7-2）后，经整理可得式（2-7-3）和式（2-7-4）：

$$\left(\frac{1}{R_1}+\frac{1}{R_2}+\frac{1}{R_3}+\frac{1}{R_4}\right)U_1-\left(\frac{1}{R_3}+\frac{1}{R_4}\right)U_2=\frac{U_{S1}}{R_1}+\frac{U_{S4}}{R_4}\tag{2-7-3}$$

$$-\left(\frac{1}{R_3}+\frac{1}{R_4}\right)U_1+\left(\frac{1}{R_3}+\frac{1}{R_4}+\frac{1}{R_5}+\frac{1}{R_6}\right)U_2=\frac{U_{S4}}{R_4}+\frac{U_{S6}}{R_6}\tag{2-7-4}$$

根据电流源与电压源等效的条件，可将图 2-7-2（a）等效为图 2-7-2（b）。

令

$$\frac{1}{R_1}+\frac{1}{R_2}+\frac{1}{R_3}+\frac{1}{R_4}=G_{11},\ -\left(\frac{1}{R_3}+\frac{1}{R_4}\right)=G_{12},\ \frac{U_{S1}}{R_1}+\frac{U_{S4}}{R_4}=I_{S11}$$

令

$$-\left(\frac{1}{R_3}+\frac{1}{R_4}\right)=G_{21},\ \frac{1}{R_3}+\frac{1}{R_4}+\frac{1}{R_5}+\frac{1}{R_6}=G_{22},\ \frac{U_{S4}}{R_4}+\frac{U_{S6}}{R_6}=I_{S22}$$

则由式（2-7-3）和式（2-7-4）分别得到式（2-7-5）和（2-7-6）：

$$\begin{cases}G_{11}U_1+G_{12}U_2=I_{s11} & (2\text{-}7\text{-}5)\\G_{21}U_1+G_{22}U_2=I_{s22} & (2\text{-}7\text{-}6)\end{cases}$$

在式（2-7-5）和（2-7-6）中：

G_{11}、G_{22} 分别是连接到节点①、②的各支路电导（电阻的倒数称为电导）的总和，并分别称为节点①、②的自电导。自电导等于连接于本节点的所有支路的电导之和，恒为正值。

G_{12}、G_{21} 是连接到节点①和节点②之间的（即相邻节点与本节点之间）公共支路上的电导之和，称为节点①和节点②的互电导（或共电导）。互电导总是取负值。

方程式右边的 I_{S11}、I_{S22} 分别是汇集到本节点上的所有已知电流源或等效电流源流入节点①、②的电流代数和（仍然约定指向节点的电流取正，背离节点的电流取负）。

通过以上分析，可总结出用节点电压法求解电路的步骤：

（1）选择参考点，标在电路图中。

任意选择电路中某一节点作为参考节点，其余节点与此参考节点间的电压称为对应的节点电压。节点电压的参考极性均以所对应节点为正极性端，以参考节点为负极性端。如图 2-7-3 所示的电路，选节点 4 为参考节点，则其余三个节点电压分别为 U_{n1}、U_{n2}、U_{n3}。

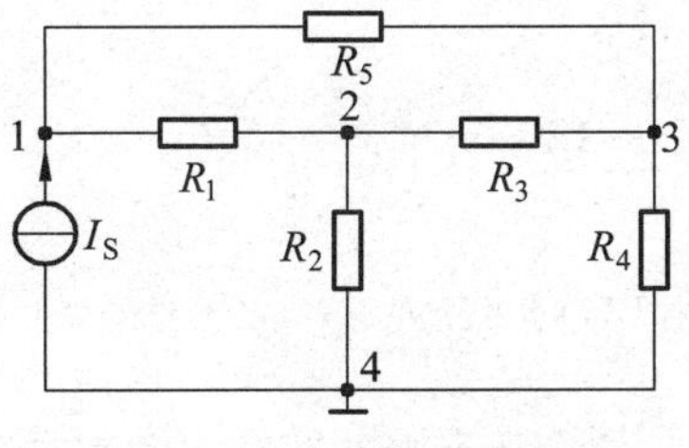

图 2-7-3 选择参考点

（2）根据 KCL 列出关于节点电压的电路方程。

一般可先算出各节点的自电导、互电导及汇集到本节点的已知电流代数和，然后直接代入节点电流方程。

（3）将方程式联立求解，得出各节点电压。

（4）选取各支路电流的参考方向，根据欧姆定律找出其他待求量与各节点电压的关系进而求解。

注意：

（1）自电导一定为正，互电导一定为负。

（2）方程右边流入节点的电流为正，流出节点的电流为负。

（3）电路中有电压源支路时：

① 只有一个电压源支路，把参考节点选在电压源支路的一端，以充分利用已知电压。

② 有两个以上电压源支路时，对于跨接于两个独立节点之间的电压源支路，一定要假设电流。或者将电压源与电阻的串联等效成电流源与电阻的并联。

（4）电路中含有受控源支路时，一定要写补充方程，即控制量与节点电压的关系式。

例 2-7-1 试用节点电压法求图 2-7-4 所示电路中各支路的电流。

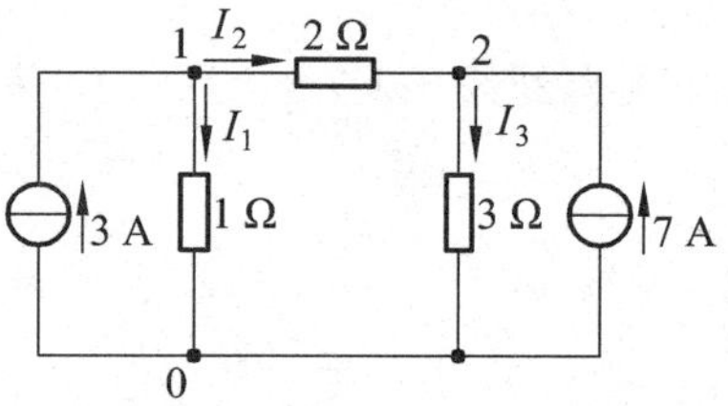

图 2-7-4 例 2-7-1 图

解： 取节点 0 为参考节点，节点 1、2 的节点电压为 U_1、U_2，列出节点方程，得

$$\begin{cases}\left(\frac{1}{1}+\frac{1}{2}\right)U_1-\frac{1}{2}U_2=3\\ -\frac{1}{2}U_1+\left(\frac{1}{2}+\frac{1}{3}\right)U_2=7\end{cases}$$

解之得

$$U_1=6\ \text{V},\ U_2=12\ \text{V}$$

取各支路电流的参考方向，如图 2-7-4 所示。根据支路电流与节点电压的关系，有

$$I_1=\frac{U_1}{1}=\frac{6}{1}=6\ (\text{A})$$

$$I_2=\frac{U_1-U_2}{2}=\frac{6-12}{2}=-3\ (\text{A})$$

$$I_3=\frac{U_2}{3}=\frac{12}{3}=4\ (\text{A})$$

例 2-7-2 试用节点电压法求图 2-7-5 所示电路中各支路的电流。

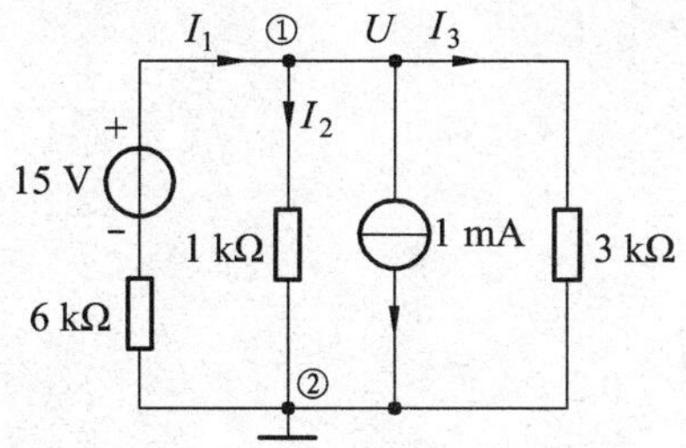

图 2-7-5 例 2-7-2 图

解：取节点②为参考点，则节点电压方程为

$$\left(\frac{1}{6\times10^3}+\frac{1}{1\times10^3}+\frac{1}{3\times10^3}\right)U=\frac{15}{6\times10^3}-1\times10^{-3}$$

求得

$$U=1\ \text{V}$$

根据支路电流与节点电压的关系，可得

$$I_1=\frac{15-U}{6\times10^3}=\frac{15-1}{6\times10^3}=2.33\ (\text{mA})$$

$$I_2=\frac{U}{1\times10^3}=\frac{1}{1\times10^3}=1\ (\text{mA})$$

$$I_3=\frac{U}{3\times10^3}=\frac{1}{3\times10^3}=0.333\ (\text{mA})$$

例 2-7-3 用节点电压法求图 2-7-6（a）所示电路中各电阻上的电流。

解：首先可根据电源的等效变换，将图 2-7-6（a）等效为图 2-7-6（b）的形式，然后选定 C 点为电路参考点，应用节点电压法分别对 A、B 两点列方程。

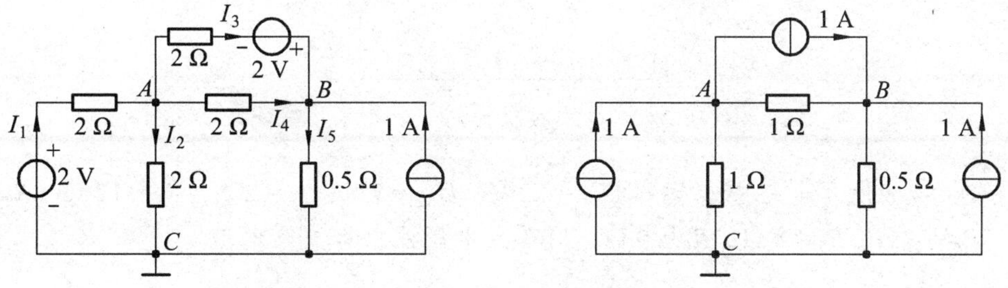

（a）　　　　（b）

图 2-7-6 例 2-7-3 图

$$\begin{cases}\left(\dfrac{1}{1}+\dfrac{1}{1}\right)U_A-\dfrac{1}{1}U_B=1-1 & (\text{节点A})\\ \left(\dfrac{1}{1}+\dfrac{1}{0.5}\right)U_B-\dfrac{1}{1}U_B=1+1 & (\text{节点B})\end{cases}$$

解方程组，可求得

$$\begin{cases} U_A = 0.4\ \text{V} \\ U_B = 0.8\ \text{V} \end{cases}$$

根据欧姆定律可求得

$$I_2 = \frac{U_A}{R_{AC}} = \frac{0.4}{2} = 0.2\ (\text{A})$$

$$I_4 = \frac{U_A - U_B}{R_{AB}} = \frac{0.4 - 0.8}{2} = -0.2\ (\text{A})$$

$$I_5 = \frac{U_B}{R_{BC}} = \frac{0.8}{0.5} = 1.6\ (\text{A})$$

再根据 KVL 可求得

$$\begin{cases} I_1 = \dfrac{2 - 0.4}{2} = 0.8\ (\text{A}) \\ I_3 = \dfrac{2 + 0.4 - 0.8}{2} = 0.8\ (\text{A}) \end{cases}$$

练习七

1. 对图 2-7-7 所示电路列写节点电压方程。

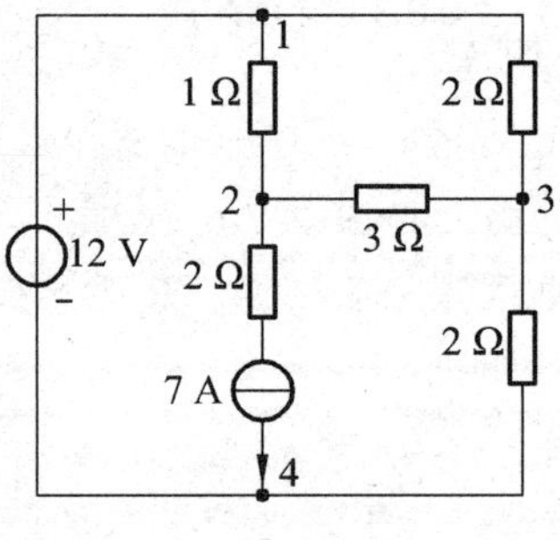

图 2-7-7

2. 在图 2-7-8 所示电路中，已知 $U_{S1} = 12$ V，$U_{S2} = 7$ V，$I_S = 2$ A，$R_1 = 12\ \Omega$，$R_2 = 10\ \Omega$，$R_3 = 2\ \Omega$，$R_4 = 4\ \Omega$，$R_5 = 8\ \Omega$，$R_6 = 5\ \Omega$，用节点电压法求各支路电流。

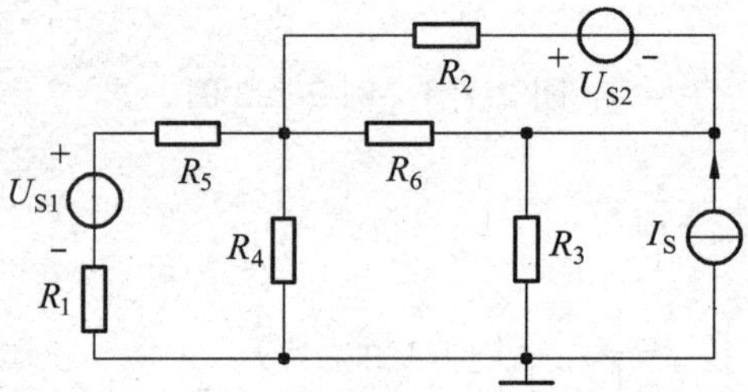

图 2-7-8

第八节 Y形与△形电阻网络

一、电阻的Y形联结与△形联结

1. 电阻的Y形联结

将三个电阻的一端连在一起，另一端分别与外电路的三个节点相连，就构成Y形联结，称为星形联结，如图2-8-1（a）所示。Y形联结也称为T形联结。

2. 电阻的△形联结

将三个电阻首尾相连，形成一个三角形，三角形的三个顶点分别与外电路的三个节点相连，就构成△形联结，称为三角形联结，如图2-8-1（b）所示。△形联结也称为Π形联结。

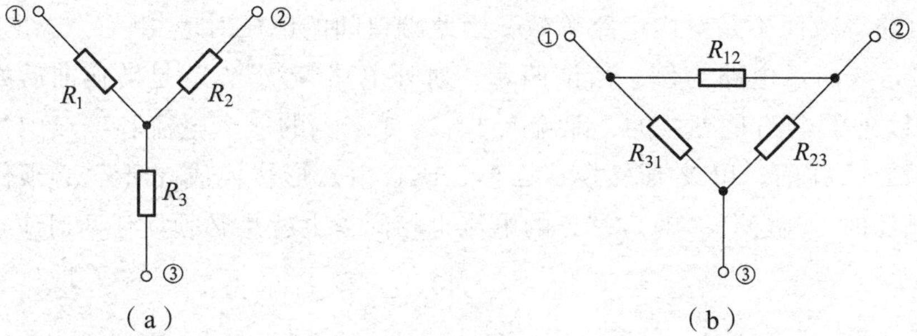

图2-8-1 Y形联结与△形联结

二、Y形和△形电阻网络的等效互换

在图2-8-2（a）所示电路中，各电阻之间既非串联又非并联，而是△-Y联结结构，其中R_1、R_2、R_5（或R_3、R_4、R_5）为△形联结，R_1、R_5、R_4（或R_2、R_3、R_5）为Y形联结。如果Y形、△形联结可以相互等值变换，则能简化电路的分析。

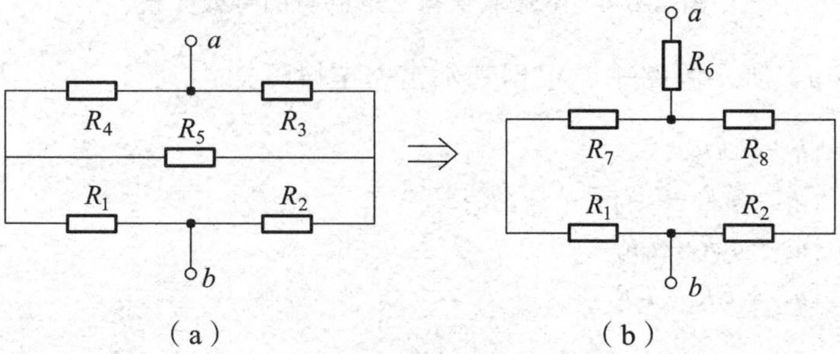

图2-8-2 △形联结变换为Y形联结

如图 2-8-2（b）所示，当将 R_3、R_4、R_5 组成的△形联结变成由 R_6、R_7、R_8 组成的 Y 形联结时，则 ab 间的等值电阻为

$$R_{ab}=R_6+(R_1+R_7)//(R_2+R_8)$$

在分析电路时，如果能将其中包括的△形联结中的某三个电阻，如图 2-8-3（a）中的 R_{12}、R_{31}、R_{23}，在保持对外部电路等值的条件下等效转换为 Y 形联结中的三个电阻，如图 2-8-3（b）中的 R_1、R_2、R_3，那么就可使电路变得简单而易于分析。

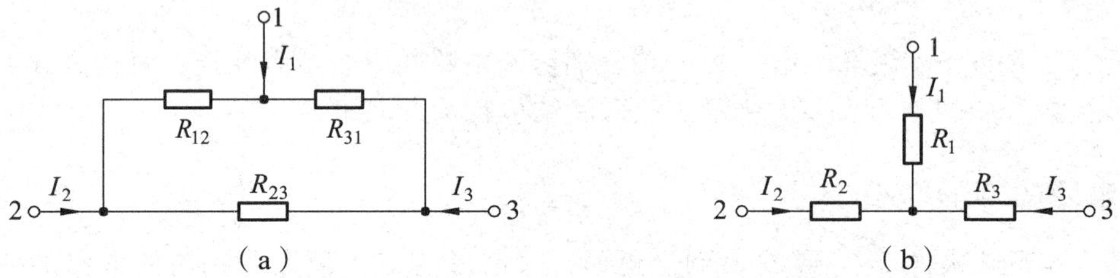

图 2-8-3　△形联结变换为 Y 形联结

如何实现△形联结的电阻和 Y 形联结的电阻之间的等效转换呢？根据等效转换的概念，等效是对外电路等效而不是对内电路等效，因此端口间的电压对应相等，端钮上的电流对应相等。以图 2-8-3 所示电路为例，所谓两者“对外电路等效”，就是转换前后的两种电路对 1、2、3 三点以外的电路是等效的，即流入 1、2、3 三点的三个电流和三点中每两点间的电压在转换前后是一样的。由 Y 形转换成△形，或者由△形转换成 Y 形，必须使任意两对应端加相同的电压时，流经任一对应端点的电流也相同，也就是必须使任两对应点间的电阻值相同。

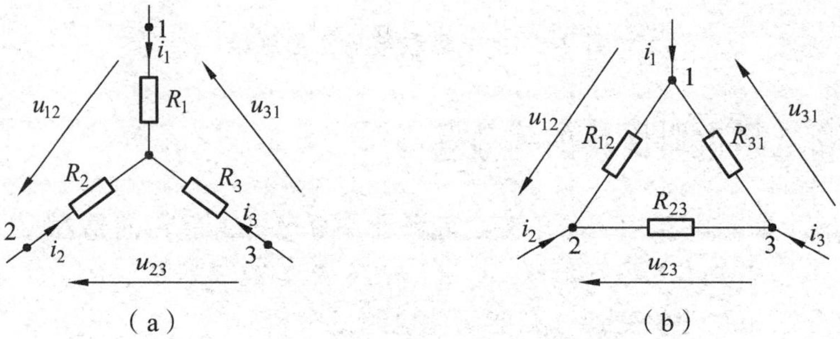

图 2-8-4　Y 形联结与△形联结的等效变换

在如图 2-8-4（a）所示电路中，根据基尔霍夫定律可知：

$$\begin{cases}i_1+i_2+i_3=0\\u_{12}=i_1R_1-i_2R_2\\u_{31}=i_3R_3-i_1R_1\\u_{23}=i_2R_2-i_3R_3\end{cases}\qquad(2\text{-}8\text{-}1)$$

在如图 2-8-4（b）所示电路中，根据基尔霍夫定律可知：

$$\begin{cases} i_1 = \dfrac{u_{12}}{R_{12}} - \dfrac{u_{31}}{R_{31}} \\ i_2 = \dfrac{u_{23}}{R_{23}} - \dfrac{u_{12}}{R_{12}} \\ i_3 = \dfrac{u_{31}}{R_{31}} - \dfrac{u_{23}}{R_{23}} \end{cases} \tag{2-8-2}$$

由式（2-8-1）可求得

$$\begin{cases} i_1 = \dfrac{u_{12}R_3 - u_{31}R_2}{R_1R_2 + R_2R_3 + R_3R_1} \\ i_2 = \dfrac{u_{23}R_1 - u_{12}R_3}{R_1R_2 + R_2R_3 + R_3R_1} \\ i_3 = \dfrac{u_{31}R_2 - u_{23}R_1}{R_1R_2 + R_2R_3 + R_3R_1} \end{cases} \tag{2-8-3}$$

根据“等效”的条件，对比式（2-8-2）和式（2-8-3）可得到由△形网络等效变换为 Y 形网络的条件是

$$R_1 = \frac{R_{31} \times R_{12}}{R_{12} + R_{31} + R_{23}}, \quad R_2 = \frac{R_{31} \times R_{23}}{R_{12} + R_{31} + R_{23}}, \quad R_3 = \frac{R_{12} \times R_{23}}{R_{12} + R_{31} + R_{23}} \tag{2-8-4}$$

由式（2-8-4）可看出，△形网络变换为 Y 形网络的一般表达式为

$$\text{Y形网络电阻} = \frac{\text{△形网络相邻电阻的乘积}}{\text{△形网络电阻之和}}$$

类似地，对比式（2-8-2）和式（2-8-3）可得到由 Y 形网络等效变换为△形网络的条件是

$$\begin{cases} R_{12} = \dfrac{R_1R_2 + R_2R_3 + R_3R_1}{R_3} \\ R_{23} = \dfrac{R_1R_2 + R_2R_3 + R_3R_1}{R_1} \\ R_{31} = \dfrac{R_1R_2 + R_2R_3 + R_3R_1}{R_2} \end{cases} \tag{2-8-5}$$

由式（2-8-5）可看出，Y 形网络变换为△形网络的一般表达式为

$$\text{△形网络电阻} = \frac{\text{Y形网络成对电阻的乘积之和}}{\text{相对Y形网络电阻}}$$

若△形网络的三个电阻相等，与这个△形网络等效的 Y 形网络的电阻也必定相等，且等于△形网络电阻的 $\frac{1}{3}$，即 $R_{\triangle} = 3R_{\mathrm{Y}}$ 或 $R_{\mathrm{Y}} = \frac{1}{3}R_{\triangle}$。

例 2-8-1 求如图 2-8-5 所示电路中的电流 I。

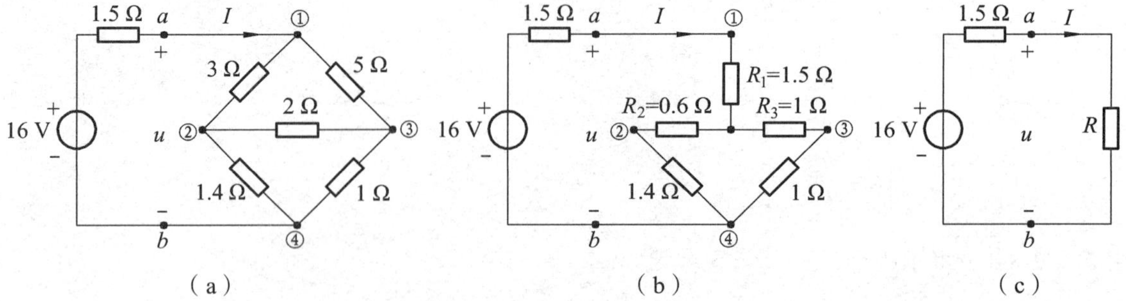

图 2-8-5　例 2-8-1 图

解： 将 3 Ω、5 Ω和 2 Ω三个电阻构成的△形网络等效变换为 Y 形网络，如图 2-8-5（b）所示。其电阻值由式（2-7-4）求得。

$$R_1 = \frac{3\times5}{3+2+5} = 1.5\ (\Omega),\ R_2 = \frac{3\times2}{3+2+5} = 0.6\ (\Omega),\ R_3 = \frac{2\times5}{3+2+5} = 1\ (\Omega)$$

再用电阻串联和并联公式，求出连接到电压源两端口的等效电阻，如图 2-8-5（c）所示。

$$R = 1.5 + \frac{(0.6+1.4)(1+1)}{0.6+1.4+1+1} = 2.5\ (\Omega)$$

最后求得

$$I = \frac{10}{R} = \frac{10}{2.5} = 4\ (\mathrm{A})$$

例 2-8-2　求图 2-8-6（a）所示电路的等效电阻 R_{ab}。

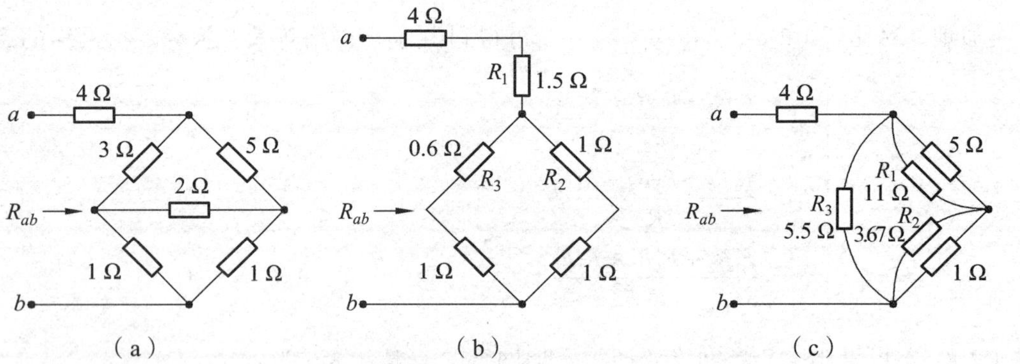

图 2-8-6　例 2-8-2 图

解： 将电路中的△形联结部分等效为 Y 形联结，如图 2-8-6（b）所示。其中：

$$R_1 = \frac{3\times5}{3+5+2} = 1.5\ (\Omega)$$

$$R_2 = \frac{2\times5}{3+5+2} = 1\ (\Omega)$$

$$R_3 = \frac{2\times3}{3+5+2} = 0.6\ (\Omega)$$

所以
$$R_{ab}=4+1.5+\frac{2\times1.6}{2+1.6}=5.5+0.89=6.39\ (\Omega)$$

另解：也可以将原电路图中的 1 Ω、2 Ω和 3 Ω三个 Y 形联结的电阻变换成△形联结，如图 2-8-6（c）所示。其中：

$$R_1=\frac{1\times2+2\times3+3\times1}{1}=11\ (\Omega)$$
$$R_2=\frac{1\times2+2\times3+3\times1}{3}=3.67\ (\Omega)$$
$$R_3=\frac{1\times2+2\times3+3\times1}{2}=5.5\ (\Omega)$$

所以
$$R_{ab}=4+\frac{5.5\times4.224}{5.5+4.224}=6.39\ (\Omega)$$

用两种方法求出的结果完全相等。

需要注意的是：

（1）△形网络与 Y 形网络的等效变换属于多端子电路的等效，在应用中，除了正确使用电阻变换公式计算各电阻值外，还必须正确连接各对应端子。

（2）等效是对外部（端钮以外）电路有效，对内不成立。

（3）等效电路与外部电路无关。

（4）等效变换的目的是简化电路，因此注意不要把本是串、并联的问题看作△形、Y 形结构进行等效变换，那样会使问题的计算更复杂。

练习八

1. 求图 2-8-7 所示含 Y 形电阻网络的电路中流过电压源的电流的大小。

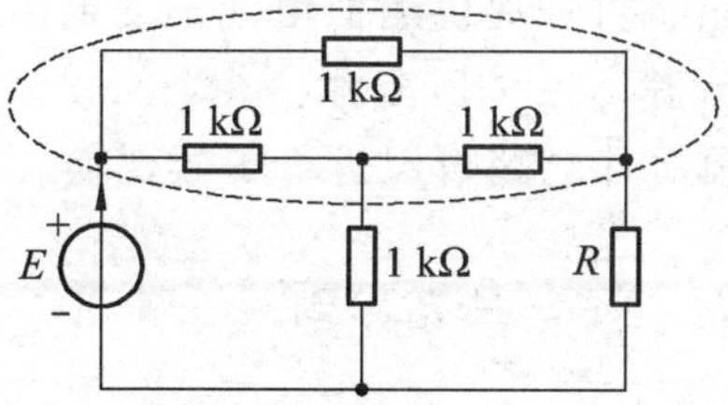

图 2-8-7

2. 电路如图 2-8-8 所示，利用电阻的 Y-△等效变换求：（1）电压 U；（2）U_{ab}。

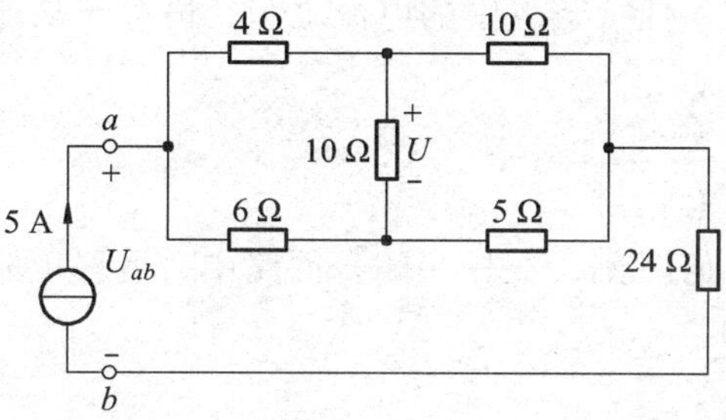

图 2-8-8

本章小结

一、电阻的串并联

1. 串联电路的特点

（1）流过每个电阻的电流都相等，即 $I = I_1 = I_2 = \cdots = I_n$。

（2）电路两端的总电压等于各电阻两端的分电压之和，即 $U = U_1 + U_2 + \cdots + U_n$。

（3）总电阻等于各串联电阻之和，即 $R = R_1 + R_2 + \cdots + R_n$。

（4）在串联电路中，电压的分配与电阻成正比。

（5）在串联电路中，功率的分配与电阻成正比。

2. 并联电路的特点

（1）各电阻两端的电压相等，即 $U = U_1 = U_2 = \cdots = U_n$。

（2）总电流等于各电阻中的电流之和，即 $I = I_1 + I_2 + \cdots + I_n$。

（3）总电阻的倒数等于各并联电阻的倒数之和，即 $\frac{1}{R} = \frac{1}{R_1} + \frac{1}{R_2} + \cdots + \frac{1}{R_n}$。若是两个电阻并联，则总电阻 $R = \frac{R_1 R_2}{R_1 + R_2}$。

（4）各支路电流和电阻成反比。

（5）各支路消耗的功率跟它的阻值成反比。

二、电压源和电流源

（1）凡具有恒定不变的电动势和内电阻的电源，则称为电压源。内电阻等于零的电压源称为理想电压源，或称恒压源。

（2）具有一定的内电阻，能够对外提供近似恒定不变电流的电源，称为电流源。内电阻为无穷大的电流源称为理想电流源，或称恒流源。

（3）实际的电压源和电流源对外电路可以进行等效变换。等效变换的条件是

$$E = I_S R_0 \text{ 或 } I_S = \frac{E}{R_0}，\text{且 } R_0 = R_0$$

三、基尔霍夫定律

1. 基尔霍夫电流定律（KCL）

在任何时刻，电路中流入任一节点中的电流之和，恒等于从该节点流出的电流之和，即

$$\sum I_{\text{流入}} = \sum I_{\text{流出}}$$

2. 基尔霍夫电压定律（KVL）

对于电阻电路来说，任何时刻，在任一闭合回路中，各段电阻上的电压降的代数和等于各电源电动势的代数和，即

$$\sum RI = \sum E$$

四、支路电流法

支路电流法是以支路电流为未知数，用基尔霍夫定律列出节点电流方程和回路电压方程，通过求解联立方程组来分析复杂电路的方法。

应用支路电流法求各支路电流的步骤如下：

（1）标出各支路的电流参考方向和回路的绕行方向。

（2）根据节点电流定律列独立的节点电流方程。

（3）根据回路电压定律列独立的回路电压方程。

（4）代入已知数，解联立方程组求出各支路电流。

五、叠加定理

当线性电路中有多个电源同时作用时，各支路的电流或电压等于各个电源单独作用时，在该支路产生的电流或电压的代数和。

六、戴维南定理

任何一个线性有源二端网络，对外电路而言，可以用一个等效电源代替。等效电源的电动势 E_0，等于有源二端网络两端点间的开路电压；等效电源的内阻 R_0，等于在该有源二端网络中，将电动势用短路代替置零后，所得无源二端网络两端点间的等效电阻。

七、用节点电压法求解电路的步骤

（1）选择参考点，标在电路图中。

任意选择电路中某一节点作为参考节点，其余节点与此参考节点间的电压称为对应的节点电压。节点电压的参考极性均以所对应节点为正极性端，以参考节点为负极性端。

（2）根据 KCL 列出关于节点电压的电路方程。

可先算出各节点的自电导、互电导及汇集到本节点的已知电流代数和，然后直接代入节点电流方程。

（3）将方程式联立求解，得出各节点电压。

（4）选取各支路电流的参考方向，根据欧姆定律找出其他待求量与各节点电压的关系进而求解。

八、Y 形与△形电阻网络的等效互换

$$\text{Y形网络电阻}=\frac{\text{△形网络相邻电阻的乘积}}{\text{△形网络电阻之和}}$$

$$\text{△形网络电阻}=\frac{\text{Y形网络成对电阻的乘积之和}}{\text{相对Y形网络电阻}}$$

第三章 电容器

电容器是电工和电子技术中的基本元件之一，其用途非常广泛。例如：在电力系统中，利用它可以提高系统的功率因数；在电子技术中，利用它可以起到滤波、耦合、调谐、旁路和选频等作用；在机械加工工艺中，利用它可以进行电火花加工等。

第一节 电容器与电容

一、电容器

电容器是构成电路的基本元件之一，简称电容。两个相互绝缘又靠得很近的导体就组成了一个电容器。这两个导体称为电容器的两个极板，中间的绝缘材料称为电容器的介质，如图 3-1-1 所示。

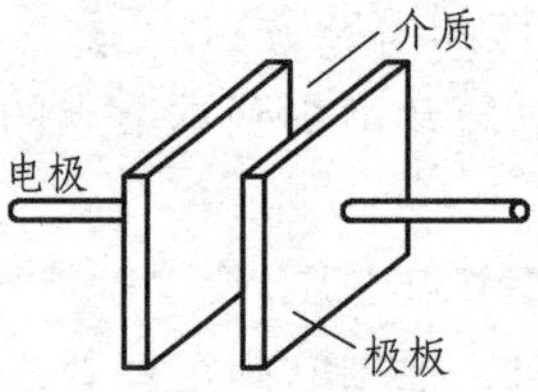

图 3-1-1 电容器的结构

电容器是储存和容纳电荷的装置，也是储存电场能量的装置。电容器每个极板上所储存的电荷的量叫电容器的电量。

将电容器两极板分别接到电源的正负极上，使电容器两极板分别带上等量异号电荷，这个过程叫电容器的充电过程。

电容器充电后，极板间有电场和电压。因此，电容器在储存了一定量电荷的同时也储存了电能。

充电后的电容器失去电荷的过程称为放电过程。用一根导线把电容器的两极板接通，两极板上的电荷相互中和，电容器就不带电了。电容器失去电荷的同时，也释放了它储存的电能。

由于电容器的两个极板之间是绝缘的，所以直流电不能通过电容器，电容器的这一特性称为“隔直”特性。

在电路中使用的电容器，切断电源后，电容器中仍有剩余电荷，因此，在检测电容器之前必须先将其放电，以免损坏测试设备，或对操作者造成电击。

电容器除人为制造的以外，还有在电路里和设备中自然形成的。例如，两根架空导线和其间的空气就形成了线间的分布电容，一般情况下可以忽略不计，但当输电线的电压很高和输电线很长时，就需考虑它的影响。又如，变压器绕组的每匝间、绕组与地（壳）之间都会形成电容，在研究变压器的过电压时需要考虑它们的作用。此外，在电子电路中，晶体管的电极之间，导线与机壳之间也存在电容，当电流频率很高时，它们的影响也是不容忽视的。

二、电 容

电容器的基本功能是储存电荷并产生电场。电容器储存电荷的能力如何表示呢？

如图 3-1-2 所示，如果将电容器的两个极板分别连接到直流电源正负极上，电容器的两极板间便有电压 U，在电场力的作用下，自由电子定向运动，使得 A 板带有正电荷，B 板带有等量的负电荷。电荷的移动直到两极板间的电压与电源电动势相等时为止。这样，在两个极板间的介质中建立了电场，电容器储存了一定量的电荷和电场能量。

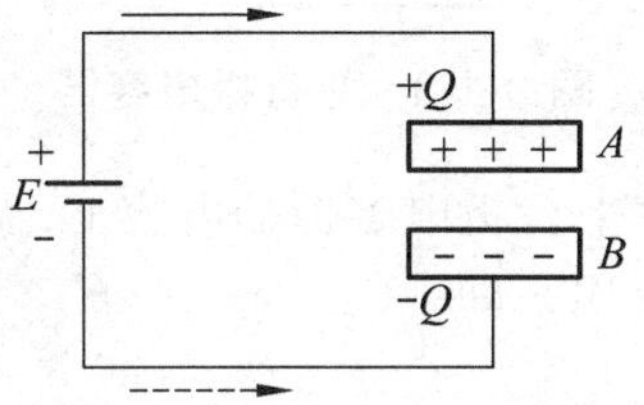

图 3-1-2　与电源相连的电容器

实验证明，对于某一电容器来说，当它的介质、几何尺寸确定后，电容器极板上所带的电量 Q 增加或减少时，两极板间的电压 U 也随之增大或减小，但 Q 与 U 的比值是一个恒定量；对于不同的电容器，Q/U 的值不同。由此可见，这个比值表征了电容器的特性。

我们把电容器任一极板上的带电量与两极板之间的电压的比值称为电容量，简称电容，用 C 表示。即

$$C=\frac{Q}{U} \tag{3-1-1}$$

式中　Q——任一极板上的电量，C；

　　U——两极板间的电压，V；

　　C——电容量，F。

电容在数值上等于电容器两极板间的电压为 1 V 时，电容器所带的电荷量。

电容反映了电容器储存电荷能力的大小，它只与电容器本身的性质有关，与电容器所带的电量及电容器两极板间的电压无关。

电容的 SI 单位是法拉（F），简称法。常用单位还有微法（μF）、皮法（pF），它们之间的关系为

$$1\ \text{F}=10^{6}\ \mu\text{F}=10^{12}\ \text{pF}$$

例 3-1-1 将一个电容为 6.8 μF 的电容器接到电动势为 1 000 V 的直流电源上，充电结束后，求电容器极板上所带的电量。

解： 根据 $C=\dfrac{Q}{U}$ 可得

$$Q=CU=6.8\times10^{-6}\times1\ 000=6.8\times10^{-3}\ (\mathrm{C})$$

三、平行板电容器的电容

平行板电容器是最常见的电容器，由两块平行靠近又相互绝缘的导体板（金属板）组成。其结构如图 3-1-3 所示。

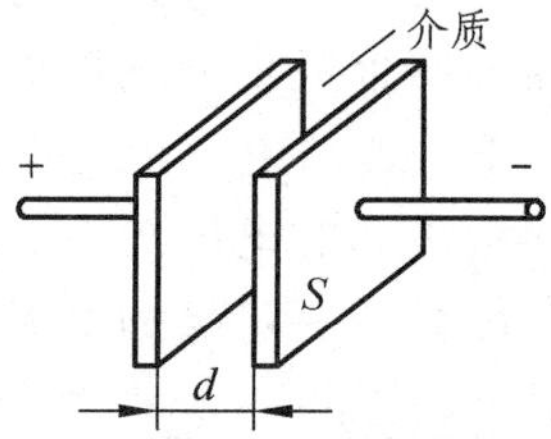

图 3-1-3 平行板电容器

由实验和理论推导可以得出：平行板电容器的电容 C，跟介电常数 ε 和两极板的正对面积 S 成正比，跟极板间的距离成 d 反比，即

$$C=\frac{\varepsilon S}{d} \qquad (3\text{-}1\text{-}2)$$

式中，介电常数 ε 由介质的性质决定，单位符号是 F/m。真空介电常数为

$$\varepsilon_0\approx8.86\times10^{-12}\ \mathrm{F/m}$$

某种介质的介电常数 ε 与真空介电常数 ε_0 之比，叫作该介质的相对介电常数，用 ε_r 表示。即

$$\varepsilon_r=\varepsilon/\varepsilon_0$$

几种常用介质的相对介电常数如表 3-1-1 所示。

表 3-1-1 几种常用介质的相对介电常数

介质名称	相对介电常数	介质名称	相对介电常数
石英	4.2	聚苯乙烯	2.2
空气	1.0	三氧化二铝	8.5
硬橡胶	3.5	无线电瓷	6 ~ 6.5
酒精	35	超高频瓷	7 ~ 8.5
纯水	80	五氧化二钽	11.6
云母	7.0		

例 3-1-2 有一真空电容器，其电容是 8.2 μF，将两极板间距离增大一倍后，其间充满云母介质，求云母电容器的电容。

解： 真空电容器的电容为

$$C_1 = \varepsilon_0 \frac{S}{d}$$

云母电容器的电容为

$$C_2 = \varepsilon_r \varepsilon_0 \frac{S}{2d}$$

查表 3-1-1 可知云母的相对介电常数 $\varepsilon_r = 7$，则

$$C_2 = \frac{\varepsilon_r}{2} C_1 = \frac{7}{2} \times 8.2 = 28.7\ (\mu F)$$

四、电容器的类型

电容器按其电容量是否可变，可分为固定电容器和可变电容器，可变电容器还包括半可变电容器。它们在电路中的符号参见表 3-1-2。

表 3-1-2 电容器在电路中的符号

名称	电容器	电解电容器	半可变电容器	可变电容器	双连可变电容器
图形符号	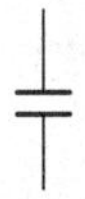	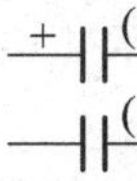 (有极性) (无极性)			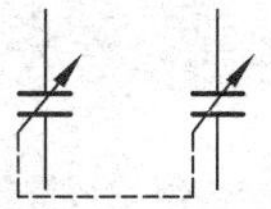

固定电容器的电容量是固定不变的，它的性能和用途与两极板间的介质有关。一般常用的介质有云母、陶瓷、金属氧化膜、纸介质、铝电解质等。

电解电容器是有正负极之分的，使用时不可将极性接反或接到交流电路中，否则会将电解电容器击穿。

电容量在一定范围内可调的电容器叫可变电容器。半可变电容器又叫微调电容器。

常用的电容器外形如图 3-1-4 所示。

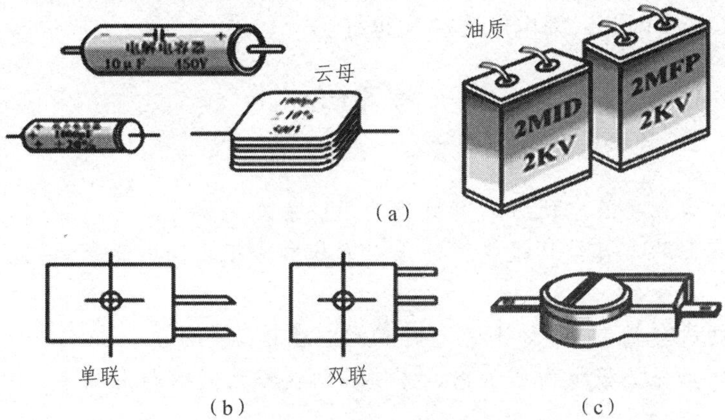

图 3-1-4 常用电容器

五、电容器的主要参数

电容器的种类繁多，性能、用途各异，且同一类电容器也有很多规格。要合理选择和使用电容器，必须对电容器的种类和参数有充分的认识。

1. 额定工作电压

额定工作电压一般叫作耐压，它是指电容器长期正常工作时所能承受的最大电压。

必须保证电容器的额定工作电压不低于工作电压的最大值（交流电路，考虑交流电压的峰值）。

2. 标称容量和允许误差

电容器上所标明的电容量的值叫作标称容量。

批量生产中，实际电容值与标称电容值之间不可避免地有一定误差。国家对不同的电容器，规定了不同的误差范围，在此范围之内的误差叫作允许误差。

大多数电容器的电容量都直接标在电容器的表面上。瓷介电容器体积较小，往往只标数值不标单位。通常数值为几十、几百、几千时，单位均为 pF，如 3300 表示 3 300 pF，22 表示 22 pF。当数值小于 1 时，单位均为μF，如 0.1 表示 0.1 μF，0.047 表示 0.047 μF。

还有一些瓷介电容器的电容量用三位数字表示，前两位表示电容量的有效数字，最后一位数字表示有效数字后加多少个零，单位是 pF。例如：102 表示 1 000 pF，331 表示 330 pF。

3. 介质损耗

电容器的绝缘介质在交变电压的作用下产生的能量消耗，称为介质损耗。

4. 绝缘电阻

由于电容两极板之间的介质并不是绝对不导电的，因此，它的电阻不是无限大，而是一个有限的数值，一般在千兆欧以上。电容两极之间的电阻叫作绝缘电阻，或者叫作漏电电阻。漏电电阻越小，漏电越严重。电容漏电会引起能量损耗，这种损耗不仅影响电容的寿命，而且会影响电路的工作。因此，漏电电阻越大越好。

练习一

一、判断题

1. 电容器的电容量要随它所带的电荷量的多少而发生变化。 (　　)

2. 平行板电容器的电容量只跟极板的正对面积和极板之间的距离有关，而与其他因素均无关。 (　　)

3. 某电容器的电容量为 C，如不带电时它的电容量就为零。 (　　)

4. 如果把一电容器的极板面积加倍，并使其两极板之间的距离减半，则电容量将变为之前的 4 倍。 (　　)

二、综合题

1. 一个电容器 $C=1.5\times10^{-4}\ \mu F$，接在电压 $U=90\ V$ 的电源两端，则电容器所带的电量是多少？

2. 在一个电容器的两端加上 220 V 电压时，极板上的电量为 $1.1\times10^{-5}\ C$，求电容器的电容量。如果把电压降到 110 V，电容器极板上的电量又是多少？

3. 有两只电容器，一只电容量较大，另一只较小，充电到同样电压时，哪一只带电多？如果带电量相同，哪一只电压高？

4. 电容器为什么具有“隔直”特性？

5. 电容器按其容量不同可分为哪几种？

6. 电容器的额定参数有哪些？

第二节 电容器的连接

一、电容器的串联

把几个电容器首尾相接连成一个无分支的电路，称为电容器的串联，如图 3-2-1 所示。

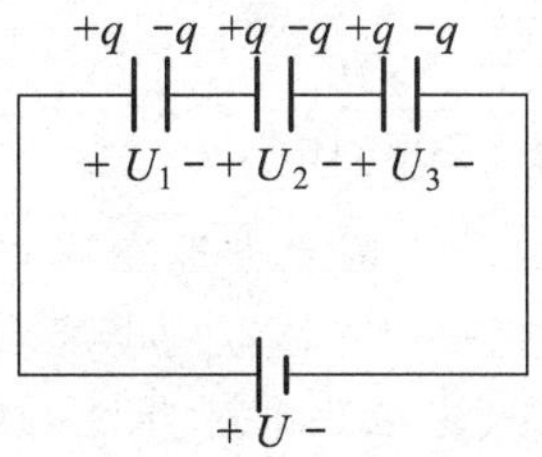

图 3-2-1 电容器的串联

电容器串联时，每个极板上的电荷量都是 q。

设每个电容器的电容分别为 C_1、C_2、C_3，电压分别为 U_1、U_2、U_3，则

$$U_1=\frac{q}{C_1},\ U_2=\frac{q}{C_2},\ U_3=\frac{q}{C_3}$$

总电压 U 等于各个电容器上的电压之和，所以

$$U=U_1+U_2+U_3=q\left(\frac{1}{C_1}+\frac{1}{C_2}+\frac{1}{C_3}\right)$$

设串联总电容（等效电容）为 C，则由 $C=\frac{q}{U}$，可得

$$\frac{1}{C}=\frac{1}{C_1}+\frac{1}{C_2}+\frac{1}{C_3}$$

即串联电容器总电容的倒数等于各电容器电容的倒数之和。

电容器串联电路中，每个电容器实际分配的电压与其电容量成反比，即容量大的分配的电压小，容量小的分配的电压大。若每个串联电容都相等，则每个电容器上分配的电压也相等。若有两只电容器参与串联，每只电容器上分配的电压，可用以下公式计算：

$$U_1=\frac{C_2}{C_1+C_2}U\ ,\quad U_2=\frac{C_1}{C_1+C_2}U$$

式中 U——总电压；

U_1——C_1上分配的电压；

U_2——C_2上分配的电压。

例 3-2-1 如图 3-2-1 所示电路中，$C_1=C_2=C_3=C_0=200\ \mu F$，额定工作电压为 50 V，电源电压 $U=120$ V，则这组串联电容器的等效电容是多大？每只电容器两端的电压是多大？在此电压下工作是否安全？

解： 三只电容器串联后的等效电容为

$$C=\frac{C_0}{3}=\frac{200}{3}\approx 66.67\ (\mu F)$$

每只电容器上所带的电荷量为

$$q=q_1=q_2=q_3=CU=66.67\times10^{-6}\times120\approx8\times10^{-3}\ (C)$$

每只电容上的电压为

$$U_1=U_2=U_3=\frac{q}{C_0}=\frac{8\times10^{-3}}{200\times10^{-6}}=40\ (V)$$

电容器上的电压小于它的额定电压，因此电容在这种情况下工作是安全的。

例 3-2-2 现有两只电容器，其中一只电容器的电容为 $C_1=2\ \mu F$，额定工作电压为 160 V，另一只电容器的电容为 $C_2=10\ \mu F$，额定工作电压为 250 V。若将这两个电容器串联起来，接在 300 V 的直流电源上，如图 3-2-2 所示，则每只电容器上的电压是多少？这样使用是否安全？

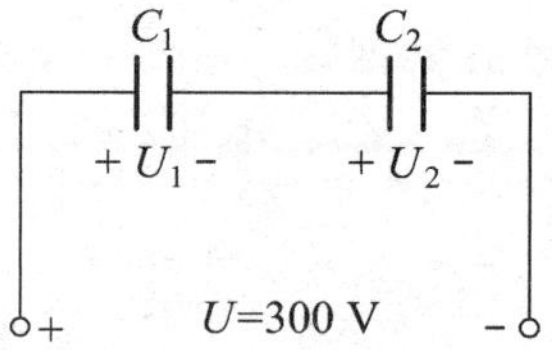

图 3-2-2 例 3-2-2 图

解： 两只电容器串联后的等效电容为

$$C=\frac{C_1C_2}{C_1+C_2}=\frac{2\times10}{2+10}\approx1.67\ (\mu F)$$

各电容器上所带的电荷量为

$$q_1=q_2=CU=1.67\times10^{-6}\times300\approx5\times10^{-4}\ (C)$$

各电容器上的电压为

$$U_1 = \frac{q_1}{C_1} = \frac{5\times10^{-4}}{2\times10^{-6}} = 250\ \text{(V)}$$

$$U_2 = \frac{q_2}{C_2} = \frac{5\times10^{-4}}{10\times10^{-6}} = 50\ \text{(V)}$$

可见，电容值不等的电容器串联使用时，每个电容器上分配的电压与其电容成反比。

由于电容器 C_1 的额定电压是 160 V，而实际加在它上面的电压是 250 V，远大于它的额定电压，所以电容器 C_1 可能会被击穿；当 C_1 被击穿后，300 V 的电压将全部加在 C_2 上，这一电压也大于它的额定电压，因而也可能被击穿。由此可见，这样使用是不安全的。

本例中，每个电容器允许充入的电荷量分别为

$$q_1 = 2\times10^{-6}\times160 = 3.2\times10^{-4}\ \text{(C)}$$
$$q_2 = 10\times10^{-6}\times250 = 2.5\times10^{-3}\ \text{(C)}$$

为了使 C_1 上的电荷量不超过 3.2×10^{-4} C，外加总电压应不超过

$$U = \frac{3.2\times10^{-4}}{1.67\times10^{-6}} \approx 192\ \text{(V)}$$

二、电容器的并联

如图 3-2-3 所示，把几个电容器的一端连在一起，另一端也连在一起的连接方式，叫电容器的并联。

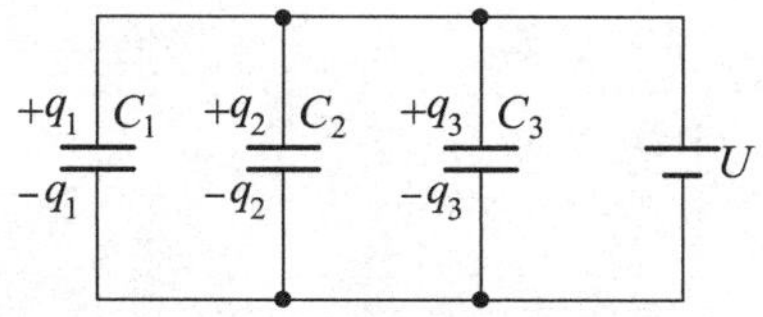

图 3-2-3 电容器的并联

电容器并联时，加在每个电容器上的电压都相等。

设电容器的电容分别为 C_1、C_2、C_3，所带的电量分别为 q_1、q_2、q_3，则

$$q_1 = C_1U,\ q_2 = C_2U,\ q_3 = C_3U$$

电容器组储存的总电量 q 等于各个电容器所带电量之和，即

$$q_1 + q_2 + q_3 = (C_1 + C_2 + C_3)U$$

设并联电容器的总电容（等效电容）为 C，由

$$q = CU$$

得
$$C = C_1 + C_2 + C_3$$

即并联电容器的总电容等于各个电容器的电容之和。

由此可见，电容器并联时总容量增大了。并联电容器的数目越多，其等效电容越大。应

当注意，并联时每个电容器直接承受外加电压，因此，工程上每只电容器的耐压都必须大于外加电压。

例 3-2-3 电容器 A 的电容为 10 μF，耐压为 30 V，电容器 B 的电容为 20 μF，耐压为 15 V，把它们并联在一起，其等效电容和耐压各为多少？

解： 并联后的总电容为

$$C = C_1 + C_2 = 10 + 20 = 30\ (\mu\text{F})$$

连接后的共同耐压为

$$U = 15\ \text{V}$$

三、电容器的混联

实际应用中，既有电容器的串联，又有电容器的并联，把这种连接方式称为电容器的混联。然而不管混联的形式如何，始终依据串、并联电容的特点解决问题。

例 3-2-4 已知有 $C_1 = C_4 = 0.2$ μF，$C_2 = C_3 = 0.6$ μF 的四个电容器，其连接形式如图 3-2-4 所示，分别求 S 断开和 S 接通时的 C_{ab}。

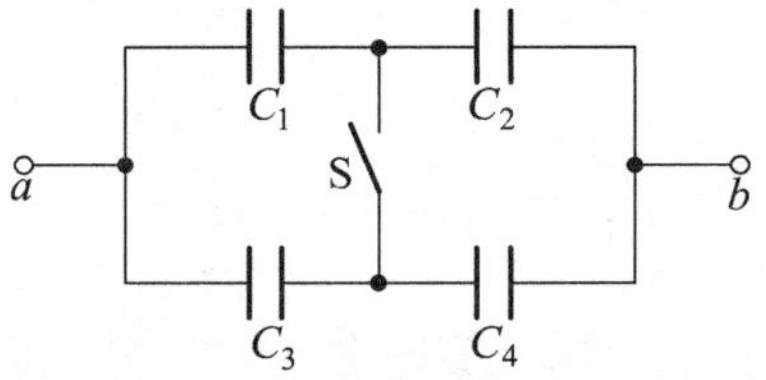

图 3-2-4 例 3-2-4 图

解：（1）S 断开时，C_1 与 C_2 串联，C_3 与 C_4 串联，它们串联后的等效电容分别为

$$C_{12} = \frac{C_1C_2}{C_1+C_2} = \frac{0.2\times0.6}{0.2+0.6} = 0.15\ (\mu\text{F})$$

$$C_{34} = \frac{C_3C_4}{C_3+C_4} = \frac{0.2\times0.6}{0.2+0.6} = 0.15\ (\mu\text{F})$$

C_{12} 与 C_{34} 并联，总的等效电容为

$$C_{ab} = C_{12} + C_{34} = 0.15 + 0.15 = 0.3\ (\mu\text{F})$$

（2）S 闭合时，C_1 与 C_3 并联，C_2 与 C_4 并联，它们并联后的等效电容分别为

$$C_{13} = C_1 + C_3 = 0.2 + 0.6 = 0.8\ (\mu\text{F})$$

$$C_{24} = C_2 + C_4 = 0.2 + 0.6 = 0.8\ (\mu\text{F})$$

C_{13} 与 C_{24} 串联，总的等效电容为

$$C_{ab} = \frac{1}{\frac{1}{C_{13}}+\frac{1}{C_{24}}} = \frac{1}{\frac{1}{0.8}+\frac{1}{0.8}} = 0.4\ (\mu\text{F})$$

练习二

一、判断题

1. 几个电容器串联后，接在直流电源上，那么各个电容器所带的电荷量均相等。( )

2. 将“10 μF/50 V”和“5 μF/50 V”的两个电容器串联，那么电容器组的额定工作电压应为 100 V。( )

3. 将“10 μF/50 V”和“5 μF/50 V”的两个电容器并联，那么电容器组的额定工作电压应为 50 V。( )

二、计算题

1. 如图 3-2-5 所示，$C_1 = 5$ μF，$C_2 = 10$ μF，$C_3 = 30$ μF，$C_4 = 15$ μF，求 A、B 间的等效电容。

2. 四个电容器的电容量分别为 $C_1 = C_4 = 0.4$ μF，$C_2 = C_3 = 0.6$ μF，连接方式如图 3-2-6 所示，试分别求开关 S 打开和闭合时 A、B 两点间的等效电容。

3. 有两个电容器，一个电容器为 10 μF/450 V，另一个为 50 μF/300 V。现将它们串联后接到 600 V 直流电路中，这样使用是否安全？为什么？

4. 三个电容器接成混联电路，如图 3-2-7 所示，已知 $C_1 = 40$ μF，$C_2 = C_3 = 20$ μF，它们的耐压都是 100 V，试求等效电容量及最大安全工作电压 U。

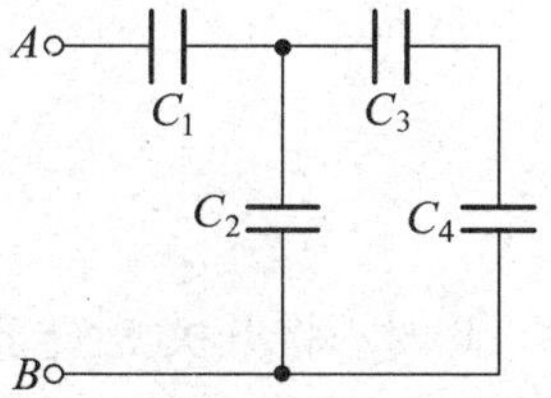

图 3-2-5

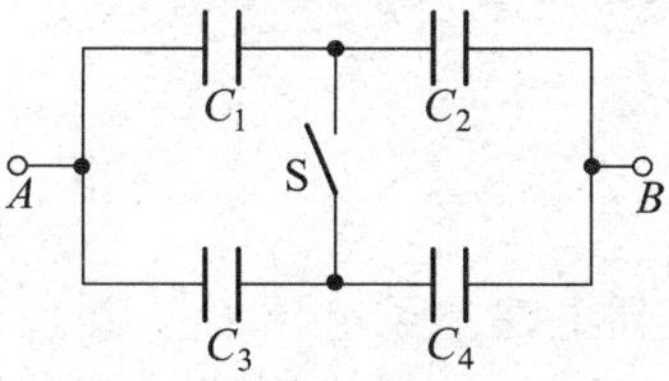

图 3-2-6

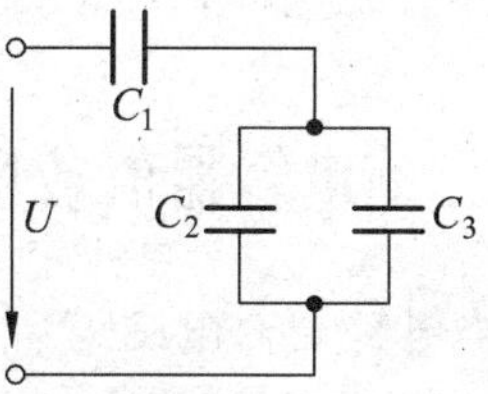

图 3-2-7

5. 某设备中需要一个 6 000 μF/50 V 的电容器，而现有若干个 2 000 μF/50 V 的电容器。根据现有条件，应采用何种连接方法才能满足要求？

6. 有两个金属膜电容器，其中一个电容为 0.25 μF/250 V，另一个电容为 0.5 μF/300 V，试求它们串联后的总耐压值。若将它们并联，总耐压值又是多少？

第三节 电容器的充放电和电场能量

一、电容器的充电

如图 3-3-1（a）所示为电容器充放电实验电路，图中 E 为直流电源，PA_1 和 PA_2 为直流电流表，PV 是直流电压表，S 为单刀双掷开关，HL 为灯泡。

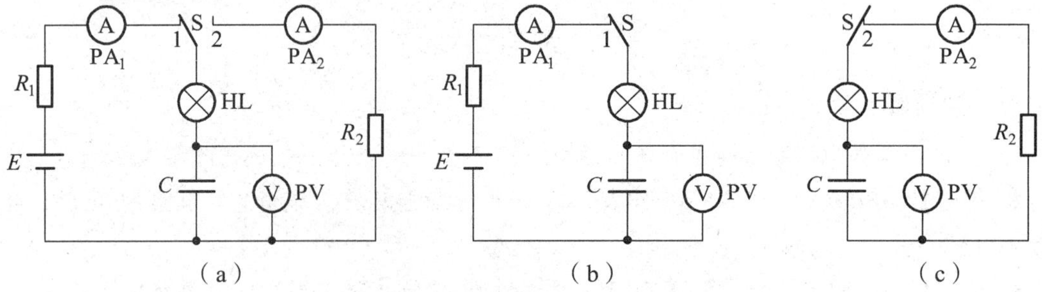

图 3-3-1 电容器充放电实验电路

实验前电容器上没有电荷，当开关置于“1”时，构成充电电路，如图 3-3-1（b）所示，此时电源向电容器充电。开始时灯泡较亮，然后逐渐变暗，说明电路中电流在变化，从电流表 PA_1 可观察到充电电流由大逐渐减小到零，而从电压表 PV 可观察到电容器上的电压 U_C 由小到大的变化。经过短短一段时间，PA_1 指针回到零位，电压表的指示值上升至电源电压，即 $U_C \approx E$。

为什么电容器在充电过程中，电流会由最大降到零，而电容器上的电压却由零逐渐增大，并经过一段时间，近似等于电源电压呢？这是因为，当开关 S 置于“1”的瞬间，由于电容器 A 极板电位为零，它与电源正极间存在着较大的电位差（等于电源电压）。所以，开始充电时电流最大，灯泡最亮。随着充电的进行，电容器上的电压逐渐上升，与电源正极间的电位差随之减少，充电电流也就越来越小。当电容器 A 极板与电源正极的电位相等时，充电电流为零，充电即告结束，此时电容器电压 $U_C \approx E$。

二、电容器的放电

当电容器充电结束后，电容器上建立了电压 U_C，并且等于 E。此时，将开关 S 置于“2”，就构成了电容器的放电电路，如图 3-3-1（c）所示。现在的电容器可看成一个等效电源，并通过电阻 R_2 放电。

从电流表 PA_2 可观察到，电路中有电流流过，而且由大逐渐减小直至为零，灯泡 HL 逐渐由亮变暗，最后熄灭。由电压表 PV 可观察到，电容器上的电压也逐渐下降，经过一段时间后下降到零，表示放电结束。

产生这种现象是因为放电时在电容器两极板间电场力的作用下，B 极板的负电荷不断移出并与 A 极板的正电荷不断中和。因此，电容器上的电压随着放电而下降，直至两极板上电荷完全中和，U_C 为零。这时，电容器充电时储存的电荷完全消失。

三、电容器充放电电流

充放电过程中，电容器极板上储存的电荷发生了变化，电路中有电流产生。其电流大小为

$$i = \frac{\Delta q}{\Delta t}$$

由 $q = Cu_C$，可得 $\Delta q = C\Delta u_C$，所以

$$i = \frac{\Delta q}{\Delta t} = C\frac{\Delta u_C}{\Delta t}$$

需要说明的是，电路中的电流是由于电容器充放电形成的，并非电荷直接通过了介质。

由电容器充放电过程可知，电容器具有以下特点：

（1）电容器是一种储能元件。充电的过程就是极板上电荷不断积累的过程，电容器充满电荷时，相当于一个等效电源。随着放电的进行，原来储存的电场能量又全部释放出来。

（2）电容器能够隔直流、通交流。电容器接通直流电源时，仅仅在刚接通的短暂时间内发生充电过程，$i_C = C\dfrac{\Delta u_C}{\Delta t} = 0$，即只有短暂的电流。充电结束后，$U_C \approx E$，电路电流为零，电路处于开路状态，这就是电容器具有的隔直流作用，通常把这一作用简称“隔直”。

当电容器接通交流电源时，由于交流电的大小和方向不断交替变化，致使电容器反复进行充、放电，其结果是在电路中出现连续的交流电流，这就是电容器具有的通过交流电的作用，简称“通交”。但必须指出，这里所指的交流电是因电容器反复充、放电而形成的，并非电荷能够直接通过电容器的介质。

四、电容器质量的判别

利用电容器的充放电作用，可用万用表的电阻挡来判别较大容量电容器的质量。

将万用表的表笔分别与电容器的两端接触，若指针偏转后又很快回到接近于起始位置的地方，则说明电容器的质量很好，漏电很小；若指针回不到起始位置，停在标度盘某处，说明电容器漏电严重，这时指针所指的电阻数值即表示该电容的漏电阻值；若指针偏转到 0 Ω 位置后不再回去，说明电容器内部短路；若指针根本不偏转，则说明电容器内部可能断路。

五、电容器中的电场能量

上面提到，断电后电容器可使小灯泡发光，说明电容器在释放能量。实际上当电容器充电时，两个极板上的正、负荷不断积累，两极板间就形成了电场，电容器在储存了电荷的同时也储存了能量。

电容器充电时，极板上的电荷量 q 逐渐增加，两板间电压 u_C 也在逐渐增加，电压与电荷量成正比，即 $q = Cu_C$，如图 3-3-2 所示。

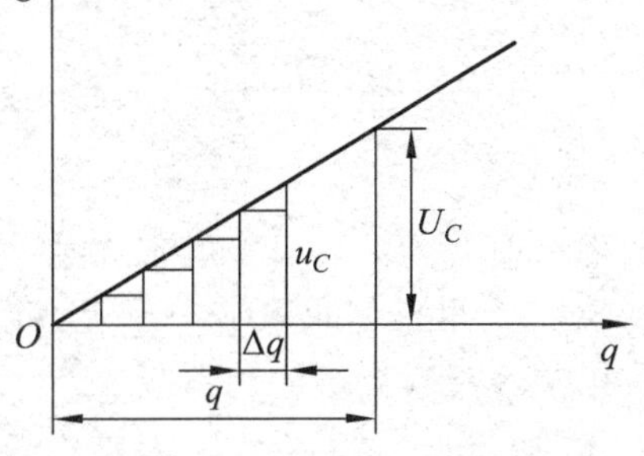

图 3-3-2　u_C 与 q 的关系

把充入电容器的总电量 q 分成许多小等份，每一等份的电荷量为 Δq，表示在某个很短的时间内电容器极板上增加的电量。在这段时间内，可认为电容器两端的电压为 u_C，此时电源运送电荷所做的功

$$\Delta W_C = u_C \Delta q$$

即为这段时间内电容器所储存能量的增加值。当充电结束时，电容器两极板间的电压达到稳定值 U_C，此时，电容器所储存的电场能量应为整个充电过程中电源运送电荷所做的功之和，即把图中每一小段所做的功都加起来，利用积分的方法可得。

理论分析和实验证明，充电结束时，电容器中储存的电场能可用下式表示：

$$W_C = \frac{1}{2}qU_C = \frac{1}{2}CU_C^2 \tag{3-3-1}$$

式中 W_C——电容器储存的电场能，J；

C——电容器的电容，F；

U_C——电容器两极板间的电压，V；

Q——电荷量，C。

上式说明，电容器中储存的电场能量与电容器的电容成正比，所以电容反映了电容器储存电场能量的能力。

当电容器充电，电容器两端电压增加时，电容器便从电源吸收能量并储存起来，而当电容器放电，两端电压降低时，它便把原来储存的电场能量释放出来。可见电容器只与电源进行能量的转换，它本身并不消耗能量，所以说电容器是一种储能元件。

电容器两端电压的变化，反映了电容器中电场能量的变化。电容器中电场能量的积累和释放都是一个逐渐变化的过程，它只能从一种稳定状态逐渐变化到另一种稳定状态。因此，电容器两端的电压绝不会发生突变，也只能是一个逐渐变化的过程。

六、电容器在电路中的作用

当电容器两端电压增加时，电容器从电源吸收能量并储存起来；当电容器两端电压降低时，电容器便把它原来所储存的能量释放出来。即电容器本身只与电源进行能量交换，并不损耗能量，因此电容器是一种储能元件。

实际的电容器由于介质漏电及其他原因，也要消耗一些能量，使电容器发热，这种能量消耗称为电容器的损耗。

练习三

一、填空题

1. 电容器和电阻器都是电路中的基本元件，但它们在电路中的作用却是不同的。从能量上看，电容器是一种_______元件，而电阻器则是______元件。

2. 电容器充电的过程中，电容器两个极板上的电压________变化，充电电流________变化，电容器的电容量_________变化。

3. 在电容器充电的电路中，已知电容 $C=1\ \mu F$，在时间间隔为 0.01 s 内，电容器两端的电压从 2 V 上升到 12 V，则在这段时间内电容器两极板间电场的能量增加了________。

4. 电容器中的电场能量与__________和__________有关。

二、计算题

1. 一个电容为 100 μF 的电容器，接到电压为 100 V 的电源上，充电结束后，电容器极板上所带的电荷量为多少？电容器储存的能量为多少？

2. 一个电容为 10 μF 的电容器，当它的极板上带了 36×10^{-6} C 电荷量时，电容器两极板间的电压是多少？电容器储存的电场能量为多少？

本章小结

一、电容器

（1）任何两个相互靠近且彼此绝缘的导体，都可看成是一个电容器。

（2）平行板电容器是最简单的电容器，是由两块相互绝缘、彼此靠得很近的平行金属板组成。

（3）电容器是储能元件。充电时把能量储存起来，放电时把储存的能量释放出去。储存在电容器中的电场能量为

$$W_C=\frac{1}{2}CU_C^2$$

（4）加在电容器两端的电压不能超过它的额定电压，否则电容器将有可能被击穿。

二、电　容

（1）电容器所带的电量与其两极板间的电压的比值，称为电容器的电容。

$$C=\frac{Q}{U}$$

（2）电容是电容器的固有特性，外界条件变化、电容器是否带电或带电多少都不会使电容改变。平行板电容器的电容是由两极板的正对面积、极板间距离以及两板间的介质所决定的，即

$$C=\frac{\varepsilon S}{d}=\varepsilon_r\varepsilon_0\frac{S}{d}$$

（3）电容反映了电容器储存电荷的能力。

三、电容器的连接

1. 电容器串联的特点

（1）总电压等于各电容器上电压之和，即 $U=U_1+U_2+U_3$。

（2）每个电容器都带有相等的电荷量，即 $Q = Q_1 = Q_2 = Q_3$。

（3）总电容的倒数等于各电容器电容的倒数之和，即 $\frac{1}{C}=\frac{1}{C_1}+\frac{1}{C_2}+\frac{1}{C_3}$。

2. 电容器并联的特点

（1）加在各电容器上的电压相等，即 $U = U_1 = U_2 = U_3$。

（2）总电荷量等于各电容器所带电荷量之和，即 $Q = Q_1 + Q_2 + Q_3$。

（3）总电容等于各电容器电容之和，即 $C = C_1 + C_2 + C_3$。

第四章 磁场与磁路

第一节 磁的基本知识及电流的磁场

我国是世界上最早发明指南针并应于航海的国家。大约在公元前 300 年，我国就发现了某种天然矿石（Fe_3O_4）能够吸引铁，并把它称作吸铁石。

一、磁的基本知识

（1）磁性：能吸引铁、钴、镍等金属或它们的合金的性质。例如，我们称吸铁石具有磁性。

（2）磁体：具有磁性的物体。磁体分为天然磁体（如吸铁石）和人造磁体两大类。

（3）磁极：磁体上磁性最强的部位。实验证明，任何磁体都具有两个磁极，而且无论怎样分割，磁体总保持两个磁极。常以 S 表示磁体的南极，以 N 表示磁体的北极。若让磁体任意转动，最终 N 极总是指向地球的北极，S 极总是指向地球的南极。这是因为地球本身是个大磁体，地磁北极在地球的南极附近，地磁南极在地球的北极附近。磁极间相互作用的规律是：同性相斥，异性相吸。

（4）磁力：磁极间的相互作用力。

（5）磁场：磁极周围存在的一种无形无质（无质量）的特殊物质，它具有力和能的特性。

（6）磁感线：为形象描述磁场的强弱和方向而引入的假想线，如图 4-1-1 所示。它具有以下几个特点：

（a）　　　　（b）

图 4-1-1　条形磁铁的磁场分布

① 磁感线是互不交叉的闭合曲线，在磁体外部由 N 极指向 S 极，在磁体内部由 S 极指向 N 极。

② 磁感线上任意一点的切线方向，就是该点的磁场方向（即小磁针 N 极的指向）。

③ 磁场的强弱可用磁感线的疏密表示，磁感线密的地方磁场强，疏的地方磁场弱。磁感线均匀分布而又相互平行的区域称为匀强磁场，反之称为非匀强磁场。

二、电流的磁场

丹麦科学家奥斯特发现，在电流周围存在着磁场（俗称“动电生磁”）。通电导体周围存在磁场，这种现象叫作电流的磁效应。

电流与其产生磁场的方向可用右手螺旋法则来判断。右手螺旋法则既适用于判断电流产生的磁场方向，也适用于在已知磁场方向时判断电流的方向。一般可分两种情况使用：

1. 通电长直导线产生的磁场方向

右手握住导线并把拇指伸开，用拇指指向电流方向，那么四指环绕的方向就是磁场方向（磁感线方向），如图 4-1-2 所示。

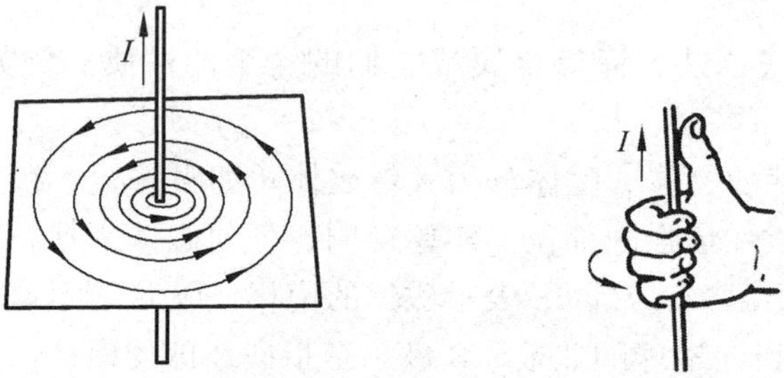

图 4-1-2 通电长直导线产生的磁场方向

2. 通电螺线管产生的磁场方向

右手握住螺线管并把拇指伸开，弯曲的四指指向电流方向，拇指所指方向就是磁场的北极（N 极）方向，如图 4-1-3 所示。

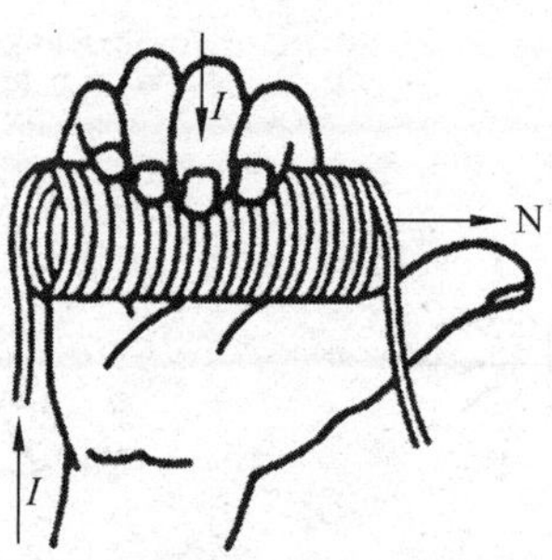

图 4-1-3 通电螺线管产生的磁场方向

练习一

一、填空题

1. 永久磁铁和通电导线的周围有________存在。

2. 通电长直导线所产生磁场方向的判定方法是：______手握住导线并把拇指伸开，用拇指指向__________方向，那么四指环绕的方向就是______方向。

3. 通电螺线管所产生磁场方向的判定方法是：______手握住螺线管并把拇指伸开，弯曲的四指指向_____方向，拇指所指方向就是磁场的____极方向。

二、综合题

1. 用右手螺旋法则判断图 4-1-4 所示通电线圈的 N 极和 S 极。

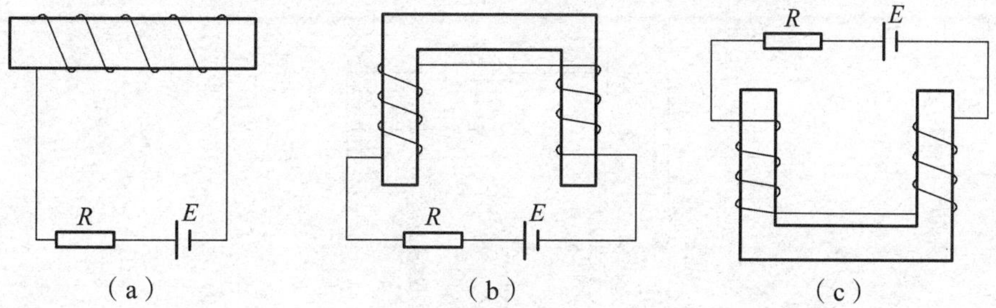

图 4-1-4

2. 如图 4-1-5 所示，根据已标明的通电线圈的 N 极和 S 极，判断线圈中的电流方向。

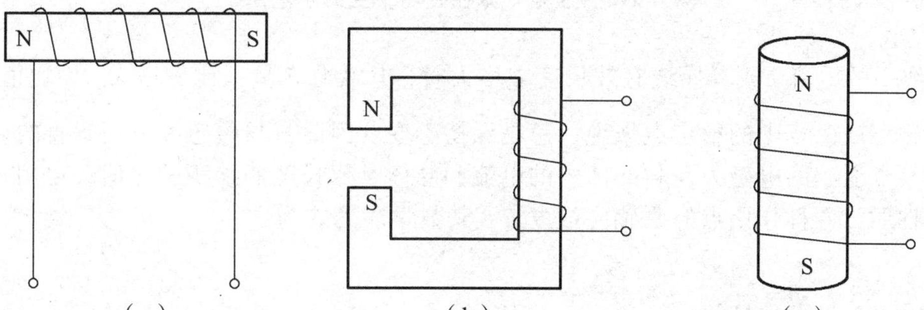

图 4-1-5

三、选择题

关于磁感线的说法，正确的是（　　）。

A. 磁感线是磁场中客观存在的有方向的曲线

B. 磁感线始于磁体北极而终于磁体南极

C. 磁感线是相互交叉的闭合曲线

D. 小磁针在磁感线上某点静止时北极所指方向就是该点的磁场方向

第二节　磁场的基本物理量

用磁感线描述磁场，具有形象、直观的特点，但只能进行定性分析。若要定量解决磁场问题，需要引入磁感应强度和磁通等物理量。

一、磁感应强度

做图 4-2-1 所示的实验。图中所示为一个匀强磁场，磁场方向为垂直进入纸面，磁场中的导线 MN 与弹簧相连接。当电路中有电流通过时，载流导线 MN 受到力的作用向上运动，弹簧缩短。通常把通电导体在磁场中受到的作用力叫作“电磁力”。

进一步实验可以证明，当载流导线 MN 在磁场中与磁感线方向垂直时，导体所受的电磁力 F 的大小与导体本身的有效长度 L、流入导线的电流 I 成正比。

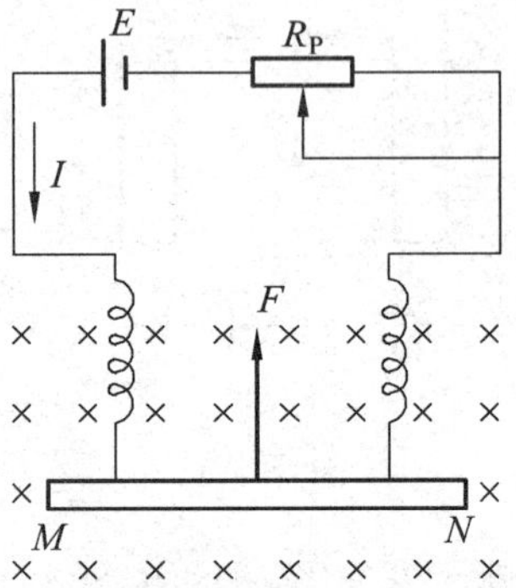

图 4-2-1　通电导体在磁场中受力示意图

当导线中的电流 I 或者导线有效长度 L 增大时，电磁力 F 呈正比例增大，而比值 $\frac{F}{IL}$ 对于一个给定磁场或磁场中的给定点来说，总是保持不变。因此，与磁感线方向垂直的通电导体在磁场中某点受到的电磁力，与导体中的电流和导体有效长度的乘积的比值，可用来表示该点磁场的性质，并称作该点的磁感应强度 B。其数学表达式为

$$B=\frac{F}{IL} \tag{4-2-1}$$

式中　F——通电导体在磁场中受到的电磁力，N；

I——导体中的电流，A；

L——导体在磁场中的有效长度，m；

B——匀强磁场的磁感应强度，T。

工程上常用的磁感应强度单位是高斯（Gs）。它与特斯拉（T）的换算关系是

$$1\ \text{T}=10^4\ \text{Gs}$$

磁感应强度是一个矢量。它不仅表示了磁场中某点磁场的强弱，而且表示了该点的磁场方向。磁场中某点的磁感应强度方向，就是该点磁感线的切线方向（小磁针在该点静止时 N 极所指方向）。

对于磁场中某一固定点，其磁感应强度的大小和方向都是完全确定的，即 B 为定值。但对于不同的点，B 的大小和方向可能完全不同。因此，可用 B 来描述磁场各点的性质。

若磁场中各点的磁感应强度的大小相等，方向相同，则该磁场叫作匀强磁场。在匀强磁场中，磁感线是平行、等距的一系列直线。

为讨论问题方便，我们规定用符号“⊗”和“⊙”分别表示电流或磁感线垂直进入和流出纸面的方向。

二、磁 通

磁感应强度 B 仅仅反映了磁场中某一个点的性质。在研究实际问题时，往往要考虑某一个面的磁场情况，为此，引入一个新物理量——磁通。

描述磁场在某一范围内分布情况的物理量叫作磁通，以字母 Φ 表示。磁感应强度 B 和与它垂直的某一截面面积 S 的乘积，叫作通过该截面的磁通。

在匀强磁场中，因磁感应强度 B 是一个常数，则磁通的数学式为

$$\Phi = BS \tag{4-2-2}$$

式中 B——匀强磁场的磁感应强度，T；

S——与 B 垂直的某一截面面积，m^2；

Φ——通过该面积的磁通，Wb。

工程上常用的磁通单位是麦克斯韦（Mx）。它与韦伯（Wb）的换算关系是

$$1\ \text{Wb} = 10^8\ \text{Mx}$$

为了把磁通、磁感应强度与磁感线密切联系起来，通常也定义：通过垂直于磁场方向上某一截面的磁感线数叫作磁通。因而式（4-2-2）可变为

$$B = \frac{\Phi}{S} \tag{4-2-3}$$

此式说明磁感应强度的大小就是单位面积上垂直穿过的磁通。所以，磁感应强度又叫作磁通密度。

应注意：式（4-2-2）和式（4-2-3）都只适用于匀强磁场，而且截面一定要垂直于磁感线。

例 4-2-1 在一个匀强磁场中，垂直于磁场方向放置一根直导线，导线长为 1 m，导线中的电流为 10 A，导线在磁场中受到的电磁力为 20 N，试求匀强磁场的磁感应强度 B。

解： 根据磁感应强度公式得

$$B = \frac{F}{IL} = \frac{20}{10\times 1} = 2\ (\text{T})$$

例 4-2-2 有一匀强磁场，已知穿过磁极极面的磁通 $\Phi = 0.15$ Wb，矩形磁极的长度为 60 cm，宽度为 50 cm，求磁极间的磁感应强度 B。

解： 根据题意，先求矩形磁极的面积

$$S = 60\times 10^{-2}\times 50\times 10^{-2} = 0.3\ (\text{m}^2)$$

根据磁感应强度公式得

$$B = \frac{\Phi}{S} = \frac{0.15}{0.3} = 0.5\ (\text{T})$$

三、磁导率

如图 4-2-2 所示，先用一个通电的螺线管去吸引铁块，然后在螺线管中插入一根铜棒去吸引同一铁块，最后把铜棒换成铁棒，再去吸引同一铁块。我们发现，前两种情况下螺线管对铁块的吸力都不大，而有铁棒的螺线管的吸力比前两种情况下大得多。

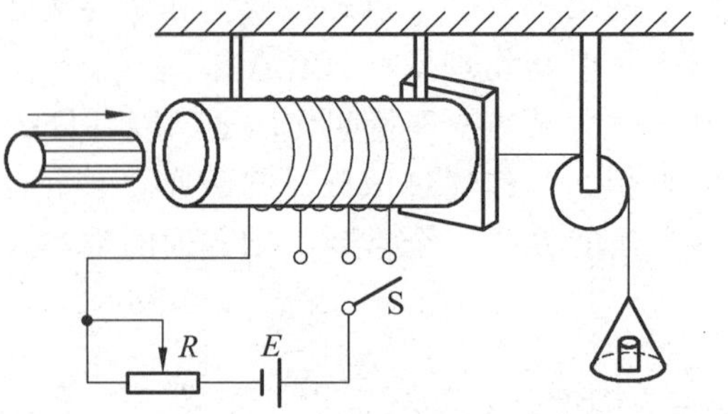

图 4-2-2　磁介质对磁场强弱的影响

如果改变线圈的匝数和通过电流的大小，重复上述实验，我们会发现螺线管对铁块的吸力随线圈的匝数和通过的电流的增大而增大。

从上述实验可以看出，螺线管产生的磁场强弱，不但与电流、匝数有关，而且与置于磁场中磁介质的材料有密切的关系。为了表征介质材料的导磁性能，我们引入磁导率这个物理量。

磁导率是用来衡量各种物质导磁性能强弱的物理量，也就是说是衡量各种物质对磁场影响程度的物理量。磁导率用字母μ表示，单位是亨/米（H/m）。

在通电螺线管产生的磁场中放置不同的物质（如上述实验中的空气、铜、铁），会使磁场的强弱受到不同的影响，其对磁场强弱的影响程度取决于所放置物质的导磁性能，即物质的磁导率μ。不同的物质，磁导率各不相同。在同样的线圈中通入同样大小的电流时，介质材料的μ值越大，则产生的磁场越强。

真空中的磁导率是个常数，用μ_0表示。由实验测得

$$\mu_0 = 4\pi \times 10^{-7}\ \mathrm{H/m} \tag{4-2-4}$$

为便于比较各种物质的导磁能力，引入了相对磁导率这个物理量。以真空中的磁导率μ_0为基准，将其他物质的磁导率μ与μ_0比较，其比值叫作相对磁导率，用μ_r表示，即

$$\mu_r = \frac{\mu}{\mu_0} \tag{4-2-5}$$

相对磁导率μ_r没有量纲。它的物理意义是：在其他条件相同的情况下，存在于某种介质材料中的磁场，其磁感应强度是存在于真空中的多少倍。

根据各种物质磁导率的大小，可将物质分为三类。

1. 顺磁物质

顺磁物质的相对磁导率μ_r略大于 1，如空气、锡、铝、铅等都是顺磁物质，其μ_r值为 1.000 003 ~ 1.000 014。

2. 反磁物质

反磁物质的相对磁导率μ_r略小于 1，如铜、银、锌、石墨等都是反磁物质，其μ_r值为 0.999 995 ~ 0.999 999 7。

3. 铁磁物质

铁磁物质的相对磁导率μ_r远大于 1，如铁、钢、铸铁、镍和钴等都是铁磁物质。在磁场中放置铁磁物质，可使磁感应强度增加几千甚至几万倍。表 4-2-1 列出了通过实验测定的几种常见材料的相对磁导率。

表 4-2-1　几种常见材料的相对磁导率

材料	相对磁导率	材料	相对磁导率
钴	174	已经退火的铁	7 000
未经退火的铸铁	240	硅钢片	7 500
已经退火的铸铁	620	在真空中熔化的电解铁	12 950
镍	1 120	镍铁合金	60 000
软钢	2 180	“C”型坡莫合金	115 000

不同介质材料的μ值之所以不同，是因为在外磁场作用下，介质材料磁化而产生不同的附加磁场所致。将反磁物质和顺磁物质置于磁场中，由于$\mu_r \approx 1$，所以对磁场影响不大，一般将它们称为非铁磁物质。

四、磁场强度

磁感应强度是与介质材料磁导率有关的量，而介质的影响常使磁场的分析计算变得复杂，为此，人们引入磁场强度这个物理量来表示磁场的性质。磁场强度用符号 H 表示。

磁场中某点的磁场强度，其大小等于该点磁感应强度的大小与介质材料磁导率的比值，即

$$H = \frac{B}{\mu} \tag{4-2-6}$$

式中　B——磁场中某点的磁感应强度，T。

μ——磁场中介质材料的磁导率，H/m。

H——磁场中该点的磁场强度，A/m。

磁场强度是矢量，它的方向与该点的磁感应强度方向相同。

可以将通电螺线管内部磁场近似看成匀强磁场。如图 4-2-3 所示，如果螺线管的匝数为 N，长度为 L，通电电流为 I，理论和实验证明，其内部的磁场强度为

$$H = \frac{NI}{L} \tag{4-2-7}$$

上式表明：磁场强度 H 与介质无关（只与电流产生的磁场有关），而磁感应强度 B 却与介质有关（$B = \mu \cdot H$）。通电螺线管产生的磁场强度的方向，可用右手螺旋定则来判断。

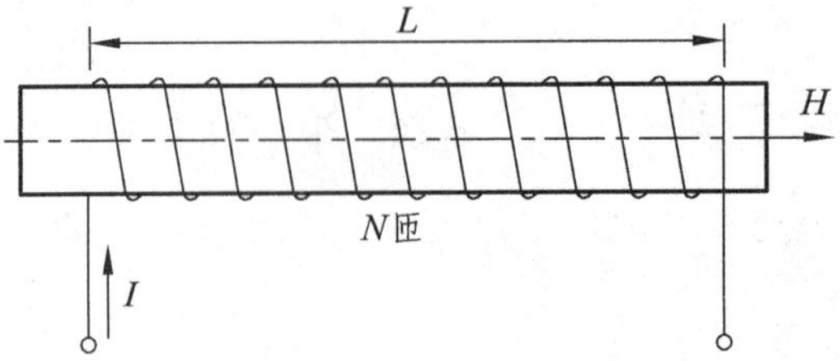

图 4-2-3 通电螺线管的磁场

例 4-2-3 通有 2 A 电流的螺线管长为 20 cm，共 5 000 匝，求以空气为介质时螺线管内部的磁场强度和磁感应强度。

解： 磁场强度

$$H=\frac{NI}{L}=\frac{2\times 5\,000}{0.2}=50\,000\ (\text{A/m})$$

磁感应强度

$$B=\mu_0 H=4\pi\times 10^{-7}\times 50\,000=6.28\times 10^{-2}\ (\text{T})$$

练习二

一、填空题

1. 磁场中某点的磁感应强度的方向，就是该点的____________方向，也是该点磁感线的____________方向。

2. 磁通公式 $\Phi=BS$ 成立的条件是磁场必须是_______磁场，式中磁感应强度 B 的单位用_________，面积 S 的单位用________，磁通 Φ 的单位是________。

3、磁导率是用来衡量各种物质_______性能强弱的物理量，也就是说是衡量各种物质对磁场______影响程度的物理量。磁导率用字母_____表示，单位是________。

4. 以真空中的磁导率 μ_0 为基准，将其他物质的磁导率 μ 与 μ_0 比较，其比值叫____磁导率。

5. 磁场中某点的磁场强度，其大小等于该点___________的大小与介质材料磁导率的比值，即 $H=$______。磁场强度是矢量，它的方向与该点的磁感应强度方向________。

6. 通电螺线管产生的磁场强度 $H=$___________。磁场强度 H 与________无关，而磁感应强度 B 却与________有关。

二、选择题

下列说法中，正确的是（　　）。

A. 一段通电导线在磁场某处受到的电磁力大，则该处磁场的磁感应强度就大

B. 磁感线密处的磁感应强度大

C. 通电导线在磁场中受力为零，则该处磁场的磁感应强度一定为零。

D. 在磁感应强度为 B 的匀强磁场中，放入一面积为 S 的线框，则通过线框的磁通一定为 $\Phi=BS$。

三、计算题

1. 有一匀强磁场，磁感应强度 $B=2$ T，矩形磁极的长度为 20 cm，宽度为 10 cm，求穿

过矩形磁极的磁通Φ。

2. 有一细长空心螺线管，长 10 cm，匝数为 250 匝，当通过 2 A 电流时，求螺线管内部的磁场强度H和磁感应强度B。

四、问答题

1. 什么是磁场强度？它与磁感应强度有什么区别和联系？
2. 根据磁导率不同，将物质分为哪三类？各类的特点是什么？

第三节 磁性材料的磁性能

一、铁磁物质的磁化

将铁磁物质（如铁、钴、镍等）置于磁场中，会大大加强原磁场。这是由于铁磁物质会在外加磁场的作用下，产生一个与外磁场同方向的附加磁场，正是这个附加磁场促使了总磁场的加强。铁磁物质在外磁场作用下会呈现磁性的这种现象，称作铁磁物质被“磁化”。

铁磁物质具有被“磁化”这种特性，是由其内部结构决定的。研究表明，铁磁物质内部是由许多叫“磁畴”的天然磁化区域所组成的。虽然每个磁畴的体积很小，但其中却包含有数亿个分子，且磁畴中的“分子电流”排列整齐，因此每个磁畴就构成一个永磁体，具有很强的磁性（分子电流是由原子中的电子，一方面绕核旋转，另一方面又自旋形成，由于电流周围存在着磁场，则这种分子电流相当于一个小磁体）。

在没有外界磁场作用时，铁磁物质内部的磁畴杂乱无章地排列，磁畴间的磁性相互抵消，对外不显示磁性，如图 4-3-1（a）所示。

如果把铁磁物质放入外磁场中，这时大多数磁畴都趋向于沿外磁场方向规则地排列，因而在铁磁性物质内部形成了很强的与外磁场同方向的“附加磁场”，从而大大地加强了磁感应强度，即铁磁物质被“磁化”了，如同 4-3-1（b）所示。

（a） （b）

图 4-3-1 铁磁物质磁化示意图

当外磁场进一步加强时，所有磁畴形成的小磁场都几乎转向外磁场方向，这时附加磁场不再加强，这种现象叫作“磁饱和”。非铁磁物质（如铝、铜、银等）由于没有磁畴结构，也就没有磁化现象。

铁磁物质具有很强的磁化作用，说明铁磁材料具有“高导磁性”。其相对磁导率μ_r可达$10^2 \sim 10^4$，因而，它是制造电磁铁、变压器、电机等的主要材料。

二、磁化曲线

工程上常用磁化曲线来表示各种铁磁物质的磁化特性。铁磁物质在磁化过程中的 B 与 H 之间的关系曲线称为磁化曲线，又叫 B-H 曲线。这种曲线一般由实验测得。其实验电路如图 4-3-2（a）所示。

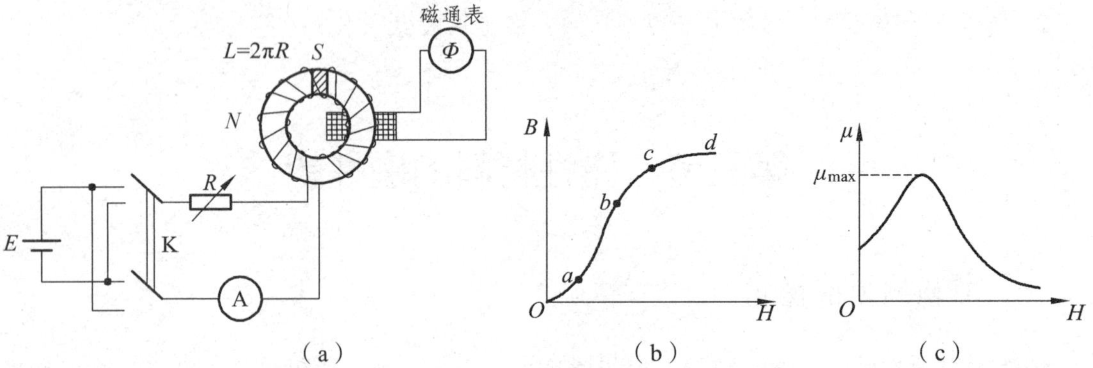

图 4-3-2　磁化曲线测量电路和磁化曲线

图 4-3-2（a）中 R 为可变电阻，用来调节回路电流 I 的大小；双刀双掷开关 K 用来改变流过线圈的电流的方向；右边的圆环是由被测的铁磁物质制成，其截面积为 S，平均长度为 L；线圈绕在圆环上，匝数为 N；磁通计用来测量磁路中磁通的大小。

由 $B=\Phi/S$，$H=NI/L$ 知，依次改变 I 值，测量 Φ 值，可分别计算出 B 和 H，绘出曲线，如图 4-3-2（b）所示。由于 $B=\mu H$，故也可绘出 μ-H 曲线，如图 4-3-2（c）所示。

一般磁化曲线大致可分成四段，各段反映了铁磁材料在磁化过程中的性质。

（1）Oa 段：曲线变化较缓慢，当 H 增加时，B 增大较慢。这说明磁畴有惯性，较弱的外磁场不能使它转为有序排列。

（2）ab 段：此段可以近似看成是一段斜率较大的直线，只要 H 略有增加，B 相应地快速增加。这说明原来不规则排列的磁畴，在外磁场的作用下，迅速沿外磁场的方向排列，所以 B 增加很快。铁磁材料这时的相对磁导率 μ_r 是很大的。

（3）bc 段：此段的斜率明显减小，即随着 H 的加大，B 增大缓慢。这是由于绝大部分磁畴这时已转向为外磁场方向，所以 B 增大的空间不大。b 点附近叫作 B-H 曲线的膝部。在膝部可以用较小的电流（较小的 H），获得较大的磁感应强度 B，所以电机、变压器的铁心常设计在膝部工作，以便用小电流产生较强的磁场。

（4）d 点后：随着 H 加大，B 几乎不再增大。这是由于几乎所有磁畴都已转向为外磁场方向，即使 H 加大，附加磁场也不可能再增大。这个现象叫铁磁物质的磁饱和，d 点以后的区域叫饱和区。这时，铁磁材料的磁导率 μ 降低到近似等于 μ_0。

磁化曲线是非线性的说明了：

（1）铁磁材料具有“磁饱和性”，表现在磁感应强度 B 不会随磁场强度 H 的增强而无限增强，当磁场强度 H 增大到一定值时，磁感应强度就不再增大。

（2）铁磁材料的磁导率 μ 不是常数，它会随磁饱和程度的增大而减小，如图 4-3-2（c）所示。

三、磁滞回线

磁化曲线只反映了铁磁物质在外磁场（H）由零逐步增加时的磁化过程。在很多实际应用中，外磁场（H）的大小和方向是不断变化的，即铁磁性物质受到交变磁化（反复磁化）。实验表明，交变磁化时的 B-H 曲线如图 4-3-3 所示，这是一个回线，称为磁滞回线。

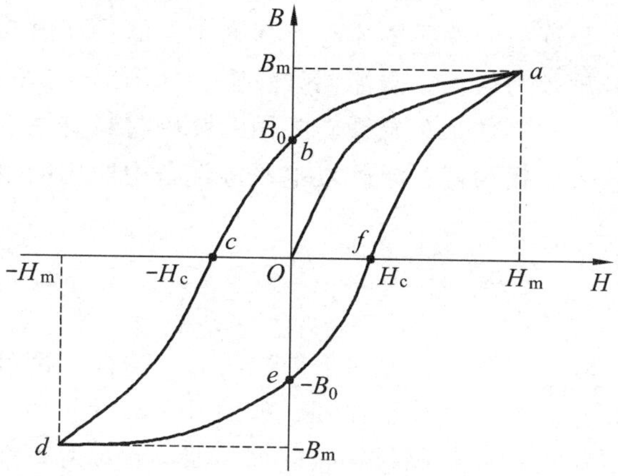

图 4-3-3 磁滞回线

磁滞回线表明，当铁磁物质沿起始点 O 磁化到 a 点后，若减小电流（H 减小），B 也随之减小，但 B 不是沿原磁化曲线轨迹减小，而是沿另一路径 ab 减小，且当 $I=0$（$H=0$）时，B 并不为零，而是 $B=B_0$，B_0 称作“剩磁”，这种现象叫作磁滞。磁滞现象是铁磁物质所特有的，要消除剩磁（常称为去磁），需反向加大 H，也就是 bc 段，当 $H=-H_c$（Oc）段时，$B=0$，剩磁才被消除，此时的 H_c 叫作材料的“矫顽力”。H_c 的大小反映了材料保持剩磁的能力。

如果我们继续反向加大 H，使 $H=-H_m$，$B=-B_m$，再让 H 减小到零（de 段），再加大 H 到 H_m，使 $B=-B_m$（efa 段），反复改变电流方向，得到的闭合曲线 $abcdefa$，叫作铁磁物质的磁滞回线，如图 4-3-3 所示。它说明了铁磁材料具有“磁滞性”，因为 B 的变化总是滞后于 H 的变化。

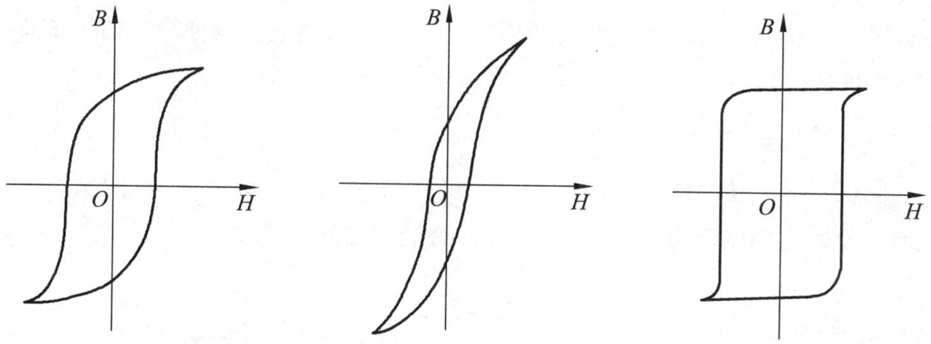

（a）硬磁材料 （b）软磁材料 （c）矩磁材料

图 4-3-4 三类铁磁材料的磁滞回线

四、铁磁性材料的分类

不同的铁磁材料具有不同的磁滞回线，剩磁和矫顽力也不相同，因此，它们的用途也不同。一般将铁磁性材料分为三类。

1. 硬磁材料

硬磁材料的特点是需要较强的外磁场才能使其磁化，但一经磁化，就不易退磁。反映在磁滞回线上是剩磁较大，矫顽力较大，磁滞回线较宽，如图 4-3-3（a）所示。这类材料在磁化后能保持很强的剩磁，适宜制作永久磁铁。常用的硬磁材料有铁镍钴合金、镍钢、钴钢、镍铁氧体等。在磁电式仪表、扬声器、永磁发电机等设备中所用的永磁铁就是用硬磁材料制作的。

2. 软磁材料

软磁材料的特点是比较容易磁化，但撤去外磁场后，磁性大部分消失。反映在磁滞回线上是剩磁很小，矫顽力很小，磁滞回线窄而陡，如图 4-3-3（b）所示。软磁材料又可按用途分为低频和高频两类。常用的低频软磁材料有硅钢、坡莫合金等，电机、变压器等各种电力设备中的铁心多用硅钢片制成，录音机中的磁头铁心多用坡莫合金制成；常用的高频软磁材料有铁氧体等，如收音机中的磁棒、无线电设备中的中周变压器铁心，都是用铁氧体制成的。

3. 矩磁材料

矩磁材料的特点是只要在很小的外磁场作用下，就能被磁化，并且达到磁饱和；当撤掉外磁场后，磁性仍然保持与磁饱和状态相同。反映在磁滞回线上是一条矩形闭合曲线，所以称为矩磁材料，如图 4-3-3（c）所示。目前使用较多的矩磁材料是锰-镁铁氧化体、锂-锰铁氧体。矩磁材料可用来制造计算机中存储元件的环形磁心。

五、磁滞损耗

在交流电的作用下，铁心中的磁畴不断地改变转向，引起能量损耗。在一般的电力设备中，因为磁场是交变的，所以在每个交变周期中都要消耗能量。这种能量消耗主要表现为铁磁材料中的热损耗，也被称为磁滞损耗。磁滞损耗 P_h 由下式给出：

$$P_h = kVfB_m^n$$

式中，k 为磁滞系数；V 为铁心的体积；n 为施泰因梅茨指数，取值范围为 1.6 ~ 2.2，典型值为 1.7；f 为产生磁通的交流电频率；B_m 为材料的最大磁感应强度。

练习三

一、填空题

1. 铁磁材料能够被磁化的原因是其内部存在大量的______。

2. 在没有外界磁场作用时，铁磁物质内部的磁畴________的排列，对外不显示______。在外磁场作用下，磁畴都趋向于沿外磁场方向______地排列，对外呈现________。

3. 铁磁物质在磁化过程中 B 与 H 之间的关系曲线称为______曲线。

4. 铁磁材料被反复磁化，所得闭合的 B 与 H 关系曲线称____________。

5. 剩磁与矫顽力都大的铁磁材料称作_____材料，这类材料适宜制作________。剩磁与矫顽力都小的铁磁材料叫作_____材料，这类材料中的_____可用来制作电机与变压器的铁心。

二、判断题

1. 铁磁材料的磁导率与真空磁导率都是常数。（　　）
2. 与软磁材料相比，硬磁材料的剩磁较大。（　　）
3. 恒定磁通穿过铁磁材料时要产生铁损耗。（　　）

三、选择题

1. 通电的空心线圈被插入铁心后（　　）。

A. 磁性将大大增强　　B. 磁性基本不变

C. 磁性将减弱　　D. 铁心与磁性无关

2. 为了减小剩磁，电器的铁心应采用（　　）。

A. 硬磁材料　　B. 软磁材料

C. 矩磁材料　　D. 非磁性材料

3. 磁化现象的正确解释是（　　）。

A. 磁畴在外磁场的作用下转向形成附加磁场

B. 磁化过程是磁畴回到原始杂乱无章的状态

C. 磁畴存在与否与磁化现象无关

D. 各种材料的磁畴数目基本相同，只是有的不易于转向形成附加磁场

4. 铁磁材料的磁性能主要表现在（　　）。

A. 低导磁性、磁饱和性　　B. 高导磁性、磁饱和性、磁滞性

C. 磁饱和性　　D. 高导磁性

第四节　磁路及磁路欧姆定律

一、磁　路

铁磁材料不仅能在被磁化后产生附加磁场，还能够把绝大部分磁通约束在一定的闭合路径上。由铁心制成的使磁通集中通过的闭合路径称为“磁路”。图 4-4-1 所示为几种常见的磁路。

与电路相比，漏磁现象比漏电现象严重得多。利用铁磁材料可以尽可能地将磁通集中在磁路中。全部在磁路内部闭合的磁通叫作“主磁通”。部分经过磁路、部分经过磁路周围

介质的闭合磁通叫作“漏磁通”。为了计算简便，在漏磁不严重的情况下可将其忽略，只计算主磁通。

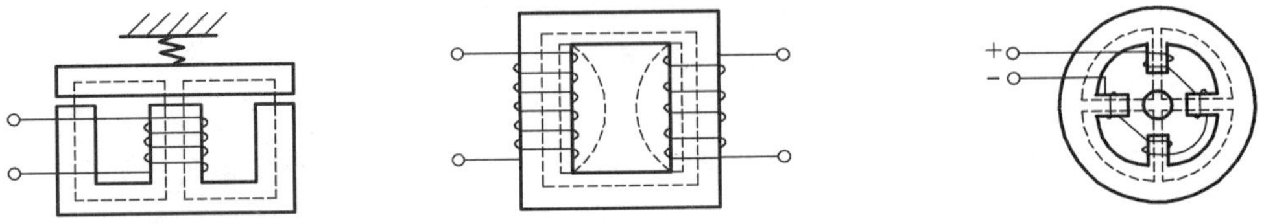

（a）电磁铁的磁路　（b）变压器的磁路　（c）直流电机的磁路

图 4-4-1　几种常见的磁路

二、磁路欧姆定律

图 4-4-2 所示是简单的无分支磁路，设绕在铁心上的线圈匝数为 N，通以恒定电流 I，铁心横截面面积为 S，磁路的平均长度为 L。

由
$$B=\frac{\Phi}{S}=\mu H\text{，}\quad H=\frac{NI}{L}$$

得
$$\frac{\Phi}{S}=\mu\frac{NI}{L}\text{，}\quad \Phi=NI\frac{\mu S}{L}$$

令
$$F_{\mathrm{m}}=NI\text{，}\quad R_{\mathrm{m}}=\frac{L}{\mu S}$$

则
$$\Phi=\frac{F_{\mathrm{m}}}{R_{\mathrm{m}}}\tag{4-4-1}$$

式中：

$F_{\mathrm{m}}=NI$，是产生磁通的原动力，称作磁通势，单位是安（A）。它相当于电路中的电动势。

$R_{\mathrm{m}}=\dfrac{L}{\mu S}$，称为磁阻，单位为亨$^{-1}$（$\mathrm{H}^{-1}$）。它表征铁磁材料对磁通的阻力，相当于电路中的电阻。磁阻的大小只与磁路的尺寸（L、S）及物质的磁导率μ有关。

式（4-4-1）表明，磁路中的磁通 Φ 与磁通势 F_{m} 成正比，与磁阻 R_{m} 成反比。这和电路中的欧姆定律很相似，所以把它叫作磁路欧姆定律。

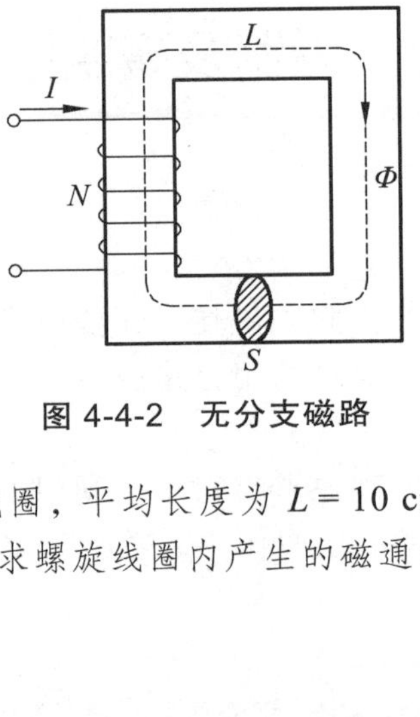

图 4-4-2　无分支磁路

例 4-4-1　空心圆环形螺旋线圈，平均长度为 $L=10\ \mathrm{cm}$，横截面面积 $S=10\ \mathrm{cm}^2$，匝数 $N=1\ 000$，通入电流为 $I=10\ \mathrm{A}$，求螺旋线圈内产生的磁通 Φ。

解：磁路的磁通势为

$$F_m = NI = 1\,000 \times 10 = 10\,000\ (\text{A})$$

磁路的磁阻为

$$R_m = \frac{L}{\mu S} = \frac{0.1}{4\pi \times 10^{-7} \times 10 \times 10^{-4}} \approx 7.96 \times 10^{7}\ (\text{H}^{-1})$$

由磁路欧姆定律得

$$\Phi = \frac{F_m}{R_m} = \frac{10^4}{7.96 \times 10^7} = 1.2 \times 10^{-4}\ (\text{Wb})$$

练习四

一、填空题

1. 由铁心制成的使______集中通过的闭合路径称为磁路。

2. 磁路欧姆定律的数学表达式为 Φ = _______。

3. 磁通势 F_m = ______，它是产生______的原动力。磁阻 R_m = _____，它表征铁磁材料对磁通的______。磁阻的大小只与磁路的尺寸（L、S）及物质的_______有关。

二、判断题

1. 两线圈磁路尺寸完全相同，一为木制，另一个为铁制，如两线圈的磁通势相等，则其 H 值和 B 值都应该对应相等。(　　)

2. 一个线圈的磁通势大小与其通过的电流成正比。(　　)

3. 一个线圈磁通势的大小与线圈匝数无关。(　　)

4. 同一材料长度相同，横截面面积越大则磁阻越小。(　　)

5. 磁路中气隙加大时磁阻加大，要产生同样的磁通就需要较大的磁通势。(　　)

三、计算题

1. 有一个环状铁心线圈，流过的电流 $I = 5$ A，要使磁通势 $F_m = 2\,000$ A，求线圈的匝数 N。

2. 有一个圆环形螺旋线圈，其横截面积 $S = 2\ \text{cm}^2$，平均半径 $r = 10$ cm，线圈匝数 N = 1 000，通有 $I = 5$ A 的电流，求线圈内分别是空气（$\mu = \mu_0 = 4\pi \times 10^{-7}$ H/m）和软铁（$\mu_r = 700$）时的磁通 Φ_1 与 Φ_2。

第五节　磁场对电流的作用

磁场对处于其中的通电导体具有力的作用，这是磁场的重要特性。本节将讨论磁场对电流的作用。

一、磁场对通电直导体的作用

电流可以产生磁场，磁场也会对通电导体产生力的作用。在本章第二节讲解磁感应强度时曾经讲述过，将一通电直导体放置在匀强磁场中，导体与磁场方向垂直，则该处磁感应强度为

$$B = \frac{F}{IL}$$

则通电直导体在磁场中所受电磁力的大小为

$$F = BIL$$

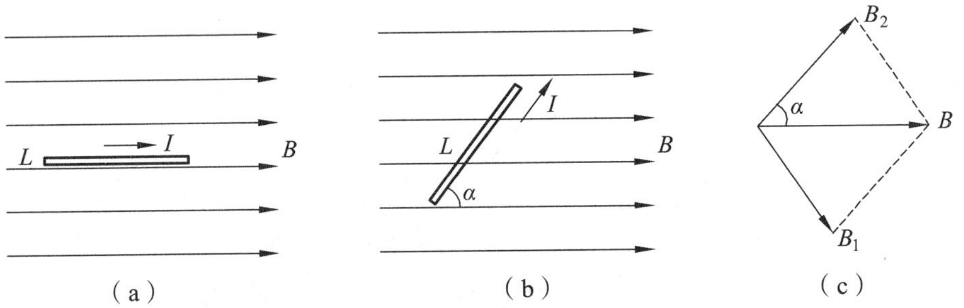

图 4-5-1　通电直导体在磁场中受力分析

如果通电直导体与磁感应强度的方向（磁感线方向）平行，那么通电导体不受力，如图 4-5-1（a）所示。如果通电直导体与磁感应强度方向成α角，如图 4-5-1（b）所示，由于磁感应强度 B 是矢量，可将 B 分解成与通电直导体垂直的 B_1 和与通电直导体平行的 B_2 两个分量，如图 4-5-1（c）所示，则 $B_1 = B\sin\alpha$，$B_2 = B\cos\alpha$。B_2 对通电直导体的作用力为零，B_1 对通电直导体的作用力为

$$F = B_1IL = BIL\sin\alpha \qquad (4\text{-}5\text{-}1)$$

式中　B——匀强磁场的磁感应强度，T；

I——通电直导体中的电流，A；

L——导体在磁场中的有效长度，m；

α——通电导体与磁感线的夹角；

F——导体受到的电磁力，N。

通电直导体在磁场中受电磁力的方向可以用左手定则来判定，如图 4-5-2 所示。

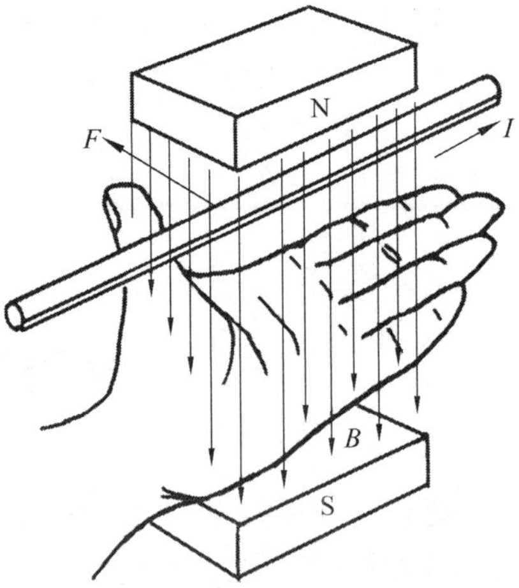

图 4-5-2　左手定则

左手定则：伸出左手，让拇指和其余四指垂直，使磁感线垂直穿过掌心，则四指指向电流方向，拇指指向就是直导体所受电磁力的方向。电流、磁感线和通电直导体受力方向，三者互成直角。

例 4-5-1　在磁感应强度为 $B = 0.5\ \text{T}$ 的匀强磁场中，有一长度 $L = 60\ \text{cm}$ 的导线，导线中的电流 $I = 10\ \text{A}$，当导

线与磁感线的夹角α分别为0°、30°、90°时，求导体各受多大的电磁力。

解： 通电直导体在磁场中受电磁力的大小为

$$F = BIL\sin\alpha$$

（1）$\alpha_1 = 0°$时：

$$F_1 = BIL\sin\alpha_1 = 0.5 \times 10 \times 0.6 \times 0 = 0\text{（N）}$$

（2）$\alpha_2 = 30°$时：

$$F_2 = BIL\sin\alpha_2 = 0.5 \times 10 \times 0.6 \times \frac{1}{2} = 1.5\text{（N）}$$

（3）$\alpha_3 = 90°$时：

$$F_3 = BIL\sin\alpha_3 = 0.5 \times 10 \times 0.6 \times 1 = 3\text{（N）}$$

可见，当$\alpha = 0°$，即导体与磁感线平行时，$F = 0$，通电导体不受力；当$\alpha = 90°$，即导体与磁感线垂直时，$F = BIL$，通电导体受到的电磁力最大。

二、平行通电导体间的相互作用力

我们知道，通电导体周围存在磁场。图 4-5-3 所示是两根平行的通有电流的导体。由于每根通电导体周围都产生磁场，两根导体又相互平行，所以每根导体都是处在另一根导体周围的磁场中，并且与磁感线方向垂直，因此，这两根通电导体都要受到电磁力的作用，电磁力的方向可由左手定则确定。

当两根平行通电导体中的电流方向相同时，导体就相互吸引；电流方向相反时，导体就相互排斥，如图 4-5-3 所示。

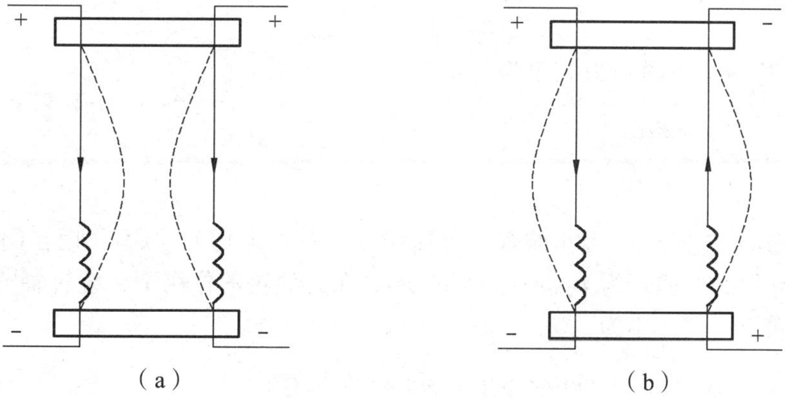

图 4-5-3　平行通电导体间的相互作用力

发电厂和变电所的母线（汇流排）就是这种互相平行的通电导体。互相平行的两排或三排母线之间，经常作用着推力或吸力，当电路出现短路故障时，电流可增大到正常时的几十倍，这时两排母线间的作用力极大，会使母线受损。为此，每间隔一定距离就需安一个支持母线的绝缘子，这样可以提高母线的机械强度。

三、磁场对通电矩形线圈的作用

磁场对通电直导体有作用力，对通电矩形线圈同样有作用力。直流电压表、电流表，直流电动机都是应用这一原理制成的。

在磁感应强度为 B 的匀强磁场中，放置一个矩形线圈 $abcd$，其中，ab 边长为 L_1，ad 边长为 L_2，线圈中的电流为 I，线圈平面的法向 n（垂直平面方向）与磁感应强度 B 的方向夹角为α，线圈平面与磁感应强度 B 的方向夹角为θ，轴线 EF 与磁感线垂直，EF 与 ab 边平行。其主视图如图 4-5-4（a）所示，俯视图如图 4-5-4（b）所示。

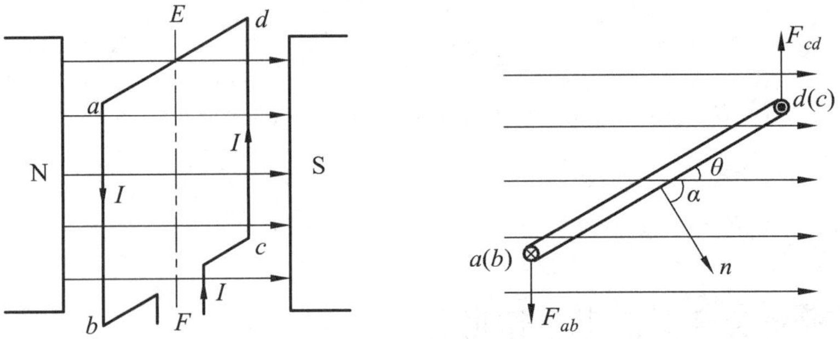

（a）主视图　　（b）俯视图

图 4-5-4　磁场对通电矩形线圈的作用

ad 边与 bc 边所受电磁力的大小为

$$F_{ad} = BIL_2\sin\theta$$

$$F_{bc} = BIL_2\sin\theta$$

由图 4-5-4 知：F_{ad} 与 F_{bc} 大小相等，方向相反（左手定则），作用在一条直线上，是一对平衡力。

ab 边与 cd 边所受电磁力力大小为

$$F_{ab} = BIL_1$$

$$F_{cd} = BIL_1$$

由图 4-5-4 知：F_{ab} 与 F_{cd} 大小相等，方向相反（左手定则），但不作用在同一直线上，形成一对力偶，它们的力偶臂为 $L_2\sin\alpha$。线圈 $abcd$ 在力偶矩的作用下，绕转轴 EF 转动。引起线圈转动的力偶矩，其大小为

$$M = F_{ab} \times L_2\sin\alpha = BIL_1L_2\sin\alpha = BIS\sin\alpha$$

式中　B——匀强磁场的磁感应强度，T；

I——线圈中的电流，A；

S——线圈所包围的面积，m^2；

α——磁感应强度方向与线圈平面法线方向夹角；

M——线圈的力偶矩，N · m。

如果线圈的匝数为 N，则总力偶矩为

$$M = NBIS\sin\alpha \tag{4-5-2}$$

说明：两个力的大小相等，方向相反，但不作用在一条直线上，这样的一对力称为“力偶”。“力偶矩”等于其中任何一个力的大小与两力作用线之间的垂直距离（力偶臂）的乘积，它决定了力偶的转动效应。

例 4-5-2 如图 4-5-5 所示，在磁感应强度 $B = 0.1$ T 的匀强磁场中，放置一个矩形线圈，匝数 $N = 20$，通电电流 $I = 5$ A，线圈长 30 cm，宽 20 cm，分别求线圈平面法线方向与磁感应强度方向夹角为 0°、30°、90°时的力偶矩 M。

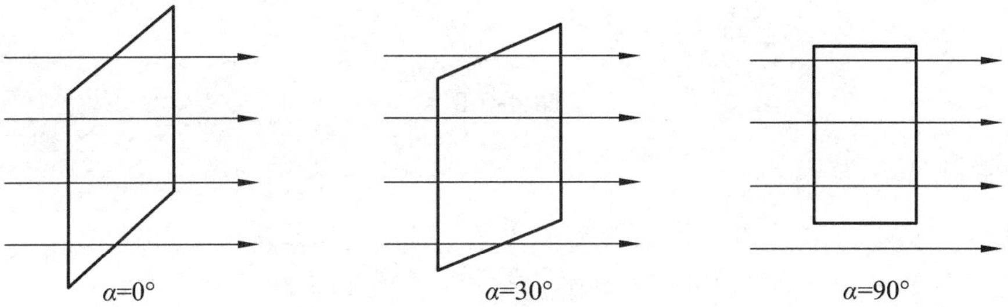

图 4-5-5 例 4-5-2 图

解： 矩形线圈在磁场中的力偶矩为

$$M = NBIS\sin\alpha$$

（1）$\alpha_1 = 0°$时：

$$M_1 = NBIS\sin\alpha_1 = 20 \times 0.1 \times 5 \times 0.3 \times 0.2 \times 0 = 0 \text{（N·m）}$$

（2）$\alpha_2 = 30°$时：

$$M_2 = NBIS\sin\alpha_2 = 20 \times 0.1 \times 5 \times 0.3 \times 0.2 \times 0.5 = 0.3 \text{（N·m）}$$

（3）$\alpha_3 = 90°$时：

$$M_3 = NBIS\sin\alpha_3 = 20 \times 0.1 \times 5 \times 0.3 \times 0.2 \times 1 = 0.6 \text{（N·m）}$$

可见，当 $\alpha = 0°$时，线圈平面与磁场方向垂直，线圈受到的力偶矩为零；当 $\alpha = 90°$时，线圈平面与磁场方向平行，线圈受到的力偶矩最大。

练习五

一、填空题

1. 通电直导体在磁场中受到的电磁力方向用________定则来判断，其大小可用公式 $F=$ ________来计算。

2. 左手定则的内容是：伸出左手，让拇指和其余四指______，使磁感线垂直______掌心，则四指指向______方向，拇指指向就是直导体所受的_______方向。

3. 当两根平行通电导体中的电流方向相同时，导体就相互______；电流方向相反时，导体就相互_______。

4. 通电矩形线圈在磁场中产生的力偶矩 $M=$ ________。

二、综合题

判断图 4-5-6 所示磁场中，通电导体的受力方向。

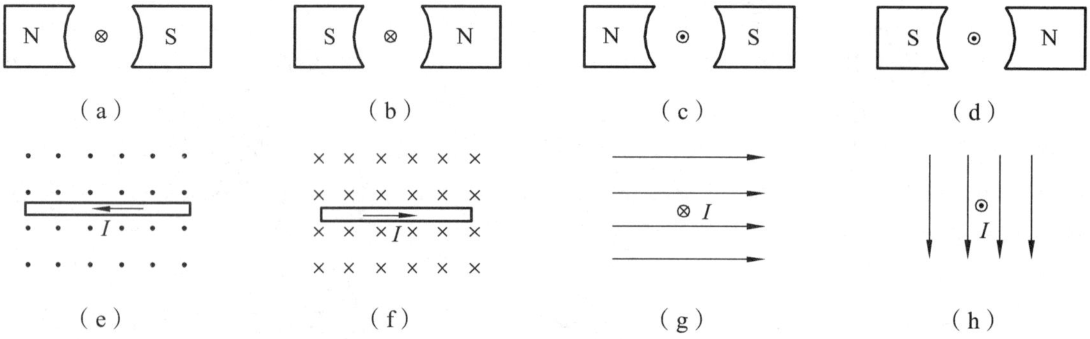

图 4-5-6

三、计算题

1. 长 10 cm 的通电直导体，流过的电流为 $I=10$ A，放置在磁感应强度 $B=0.5$ T 的匀强磁场中，如图 4-5-7 所示，求导体所受电磁力 F 的大小，并在图上标出电磁力的方向。

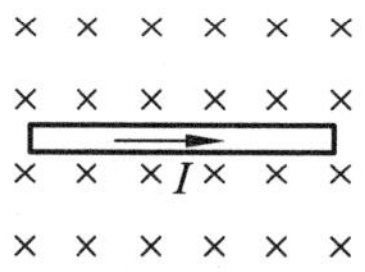

图 4-5-7

2. 在磁感应强度 $B=0.2$ T 的匀强磁场中，放置一个长 40 cm，宽 20 cm 的矩形线圈，线圈匝数 $N=100$，线圈中的电流 $I=2$ A，线圈平面与磁场方向平行，求线圈所受到的最大力偶矩 M。

本章小结

一、电流的磁效应

通电导体周围存在着磁场，电流与其所产生磁场的方向可用右手螺旋法则来判断。要特别注意拇指与四指所指方向的意义。

1. 通电长直导线产生的磁场方向

右手握住导线并把拇指伸开，用拇指指向电流方向，那么四指环绕的方向就是磁场方向（磁感线方向）。

2. 通电螺线管产生的磁场方向

右手握住螺线管并把拇指伸开，弯曲的四指指向电流方向，拇指所指方向就是磁场的 N 极方向。

二、描述磁场的基本物理量

1. 磁感应强度 B

磁感应强度 B 是矢量，它表示磁场中任意一点磁场的强弱与方向。其方向与磁感线方向相同，磁场中某点磁感应强度的大小

$$B = \frac{F}{IL}$$

值得注意的是，导线与磁感应强度方向垂直时，上式才成立。B 的单位是特斯拉，符号为 T。

2. 磁通 Φ

磁感应强度 B 和与它垂直的某一截面面积 S 的乘积，叫作通过该截面的磁通。在匀强磁场中，B 是常数，则磁通的数学表达式为

$$\Phi = BS$$

磁通的单位是韦伯，符号为 Wb。

3. 磁导率 μ

磁导率是用来表示物质对磁场影响程度的物理量，也就是衡量物质导磁性能强弱的物理量。其单位是亨/米（H/m）。非铁磁物质的 μ 是常数，而铁磁物质的 μ 不是常数。

以真空中的磁导率 μ_0 为基准，将其他物质的磁导率 μ 与 μ_0 比较，其比值叫作相对磁导率，用 μ_r 表示，即

$$\mu_r = \frac{\mu}{\mu_0} \quad 或 \quad \mu = \mu_0\mu_r$$

4. 磁场强度 H

磁场强度是为便于分析和计算磁场而引入的辅助量。磁场中某点的磁场强度的大小为

$$H = \frac{B}{\mu}$$

磁场强度的单位为 A/m，它的方向与该点 B 的方向相同。通电螺线管中的磁场强度

$$H = \frac{NI}{L}$$

磁场强度 H 只与产生磁场的电流有关，而与磁场中的介质无关。而 B（$B = \mu H$）却与磁场中的介质有关。

三、铁磁材料的磁性能

铁磁材料的磁性能主要表现在高导磁性、磁饱和性、磁滞性三个方面。

1. 高导磁性

铁磁物质在外磁场作用下会呈现磁性的这种现象，称作铁磁物质被“磁化”。铁磁物质具有很强的磁化作用，将它置于磁场中，会大大加强原磁场。这说明铁磁物质具有高导磁性，其相对磁导率 μ_r 可达 $10^2 \sim 10^4$。

2. 磁饱和性

铁磁物质在磁化过程中 B 与 H 之间的关系曲线称为磁化曲线，又叫 B-H 曲线。磁化曲线的非线性说明：铁磁材料具有磁饱和性，即 B 不会随 H 的增加而无限增加，当 H 增大到一定值时，B 就不再增大。这是因为铁磁物质的磁导率 μ 不是常数，它会随磁饱和程度的增大而减小。

3. 磁滞性

铁磁性物质受到反复磁化时的 B-H 曲线称磁滞回线。磁滞回线说明，铁磁材料具有磁滞性，即 B 的变化总是滞后于 H 的变化。

铁磁性材料分为三类：

（1）硬磁材料：这类材料在磁化后能保持很强的剩磁，且一经磁化，就不易退磁。反映在磁滞回线上是剩磁较大，矫顽力较大，磁滞回线较宽。硬磁材料适宜制作永久磁铁。

（2）软磁材料：其特点是比较容易磁化，但撤去外磁场后，磁性大部分消失。反映在磁滞回线上是剩磁很小，矫顽力很小，磁滞回线窄而陡。电机、变压器等各种电力设备中的铁心多用软磁材料硅钢片制成。

（3）矩磁材料：其特点是只要在很小的外磁场作用下，就能被磁化，并且达到磁饱和。当撤掉外磁场后，磁性仍然保持与磁饱和状态相同。反映在磁滞回线上是一条矩形闭合曲线。矩磁材料可用来制造计算机中存储元件的环形磁心。

4. 磁滞损耗

在交流电的作用下，铁心中的磁畴不断地改变转向，引起能量消耗。这种能量消耗主要表现为铁磁材料中的热损耗，称为磁滞损耗。

四、磁路欧姆定律

1. 磁　路

由铁心制成使磁通集中通过的闭合路径称为磁路。

2. 磁路欧姆定律

磁路中的磁通 Φ 与磁通势 F_m 成正比，与磁阻 R_m 成反比。即

$$\Phi = \frac{F_m}{R_m}$$

式中：$F_m = NI$，是产生磁通的原动力，称磁通势，单位是安（A）。

$R_m = \dfrac{L}{\mu S}$，称为磁阻，单位为亨$^{-1}$（H^{-1}）。它表征铁磁材料对磁通的阻力，相当于电路中的电阻。

五、磁场对电流的作用

1. 磁场对通电直导体的作用

通电直导体在磁场中所受电磁力的方向用左手定则判定。电磁力的大小为

$$F = BIL\sin\alpha$$

左手定则的内容是：伸出左手，让拇指和其余四指垂直，使磁感线垂直穿过掌心，则四指指向电流方向，拇指指向就是直导体所受的电磁力方向。

2. 平行通电导体间的相互作用力

当两根平行通电导体中的电流方向相同时，导体就相互吸引；电流方向相反时，导体就相互排斥。

3. 磁场对通电矩形线圈的作用

磁场对通电矩形线圈要产生一个使线圈旋转的力偶矩，其大小为

$$M = NBIS\sin\alpha$$

式中，N 为线圈匝数，α 为线圈平面的法线方向与磁感应强度方向间的夹角。当$\alpha = 90°$，即线圈平面与磁感应强度方向平行时，$\sin 90° = 1$，线圈所受到的力偶矩最大。

第五章 电磁感应

法拉第于 1831 年发现：当导体与磁场做相对运动而切割磁感线时，导体中便有感应电动势产生；当与回路交链的磁通发生变化时，回路中也会有感应电动势产生。这两种本质上一样，但在不同条件下产生感应电动势的现象，统称为电磁感应。电磁感应是一切电机工作的理论基础。由于人们发现和掌握了电磁感应的规律，直流、交流电机和变压器等重要的电气设备才相继发明，使大规模生产和输送电能成为可能，从而奠定了生产电气化的基础。

第一节 直导线中的感应电动势

将一根直导线放在均匀磁场中，导线和一个检流计接成闭合回路，如图 5-1-1 所示。当导线在磁场中沿着与磁感应线垂直的方向向前移动时，我们可以看到检流计的指针向左偏转，这说明导线中出现了电流，或者说，导线中产生了感应电动势。

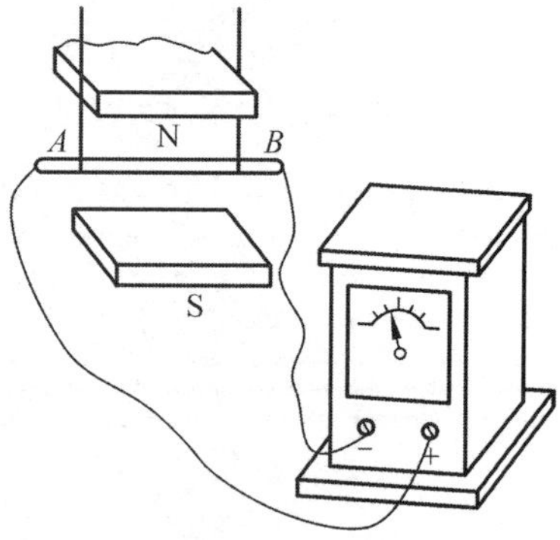

图 5-1-1 导线切割磁感线产生电动势

如果让导线自前而后移动，那么就可以看到检流计的指针向右偏转，这说明导线中也产生了感应电动势，不过，它的方向和之前相反。如果导线不动，而使磁场前后移动，我们会发现，磁场向前移动时和导线向后移动的结果相同（即检流计指针向右偏转），磁场向后移动时和导线向前移动的结果相同（即检流计指针向左偏转）。

这个现象说明：只要导线和磁场发生相对运动，或者说导线切割了磁感应线，在导线中就会产生感应电动势。

当导线在磁场中运动，因切割磁感线而产生了感应电动势时，导线便成了电源，若把它与外电路接通，它就输出一定的电能。这个过程也就是借助于磁场把机械能转换为电能的过程，这是一切发电机工作的理论基础。在这个过程中，因线路闭合而产生的电流叫作“感应电流”。

感应电动势的方向可以用右手定则来确定，如图 5-1-2 所示。

右手定则：平摊右手，拇指与其余四指垂直，使磁感线垂直穿过手掌心，拇指的方向表示导线运动的方向，其余四个手指的指向就是感应电动势的方向。

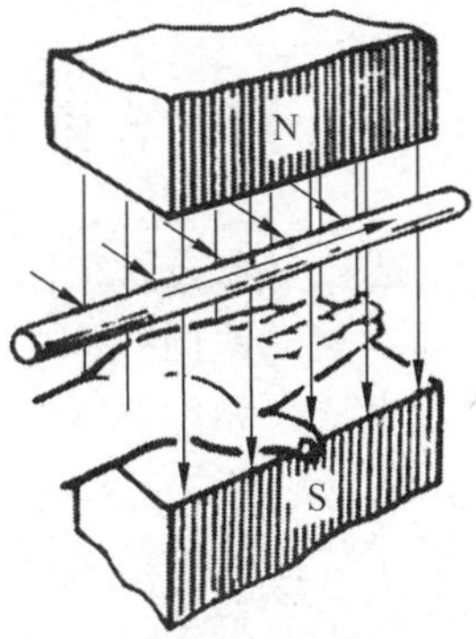

图 5-1-2　右手定则

通过进一步的实验可以知道，当导线在磁场中运动时，所产生的感应电动势的大小和以下几个因素有关：

（1）导线的有效长度 l（即在磁场中切割磁感线的导线长度）。l 越大，所产生的感应电动势越大。

（2）导线的运动速度 v（也就是导线在垂直于磁场的方向上切割磁感线的速度）。v 越大，所产生的感应电动势越大。

（3）磁感应强度 B。B 越大，所产生的感应电动势越大。

（4）导线的运动方向与磁感线垂直时，感应电动势最大；导线的运动方向与磁感线平行时，感应电动势为零，因为这时导线并不切割磁感线。

上述实验结果可归纳为：当导线在均匀磁场中（即磁场中各点的磁感应强度相等）沿着与磁感线垂直的方向运动时，所产生的感应电动势的大小，与导线的有效长度 l、导线的运动速度 v、磁感应强度 B 成正比。即

$$e = Blv \tag{5-1-1}$$

式中　e——感应电动势，V；

B——磁感应强度，T；

l——导线的有效长度，m；

v——导线在垂直于磁感应线的方向上运动的速度，m/s。

如果导体运动的方向与磁感线方向有一夹角 α，则导线中的感应电动势为

$$e = Blv\sin\alpha \tag{5-1-2}$$

练习一

一、判断题

1. 产生感应电流的唯一条件是导体做切割磁感线运动或线圈中的磁通发生变化。（　　）
2. 当磁通发生变化时，导线或线圈中就会有感应电流产生。（　　）

二、填空题

1. 直导体中产生的感应电动势的方向用________判断。
2. 右手定则的内容：____。
3. 直导体中产生的感应电动势的大小用公式________________来计算。

第二节 线圈中的感应电动势

一、楞次定律

把一个螺线管线圈和一个检流计接成闭合回路，然后将一根条形磁铁插入线圈。可以观察到：当磁铁向线圈中插入时，检流计的指针发生偏转，这说明线圈中产生了感应电动势和感应电流，如图 5-2-1（a）所示；如果磁铁放在线圈中静止不动，则检流计指示为零，如图 5-2-1（b）所示；当将磁铁从线圈中拔出时，可以看到检流计的指针反向偏转，说明线圈中产生了反向的感应电动势和感应电流，如图 5-2-1（c）所示。

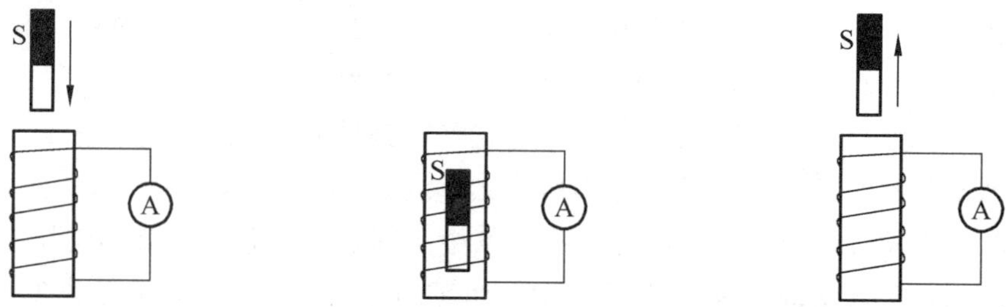

（a）插入时指针偏转　　（b）静止时指针不动　　（c）拔出时指针反向偏转

图 5-2-1 楞次定律验证实验

进一步分析实验现象，可以发现，将磁铁插入线圈时，穿过线圈的磁通增加，线圈中产生的感应电流使检流计的指针向右偏转；将磁铁拔出时，穿过线圈的磁通减少，线圈中又产生感应电流，使检流计的指针向左偏转。这说明：线圈中感应电动势的方向与穿过线圈的磁通是增加还是减少有关。那么究竟怎样来确定线圈中的感应电动势的方向呢？

大量实验证明，线圈中感应电动势的方向总是企图使它所产生的感应电流反抗原有磁通的变化。也就是说，当磁通要增加时，感应电流要产生新的磁通反抗它的增加；当磁通要减少时，感应电流要产生新的磁通去反抗它的减少。这个规律就叫作楞次定律。

楞次定律：感应电流产生的磁通总是阻碍原磁通的变化。

我们要注意，感应电流所产生的磁场总是反抗磁铁磁场的变化，而不是反抗磁铁磁场的存在。例如，在图 5-2-2（a）中，将磁铁插入线圈时，线圈中的磁通就要增加，根据楞次定律，感应电流所产生的磁通要阻碍原来磁通的增加，也就是说，线圈中感应电流所产生的磁场应该和磁铁所产生磁场的极性相反。所以，感应电流所产生的磁场一定是下面是 N 极，上面是 S 极。根据右手定则可知，要产生这样一个磁场，感应电流的方向必定是自下而上，检流计指针向右偏转。

当把磁铁拔出时，如图 5-2-2（b）所示，线圈中的磁通要减少，根据楞次定律，感应电流所产生的磁通要阻碍原来磁通的减少，也就是感应电流所产生的磁场与磁铁所产生的磁场方向一致，下面是 S 极，上面是 N 极。根据线圈的右手定则可以判断，这时感应电流的方向应该是自上而下，检流计指针向左偏转。

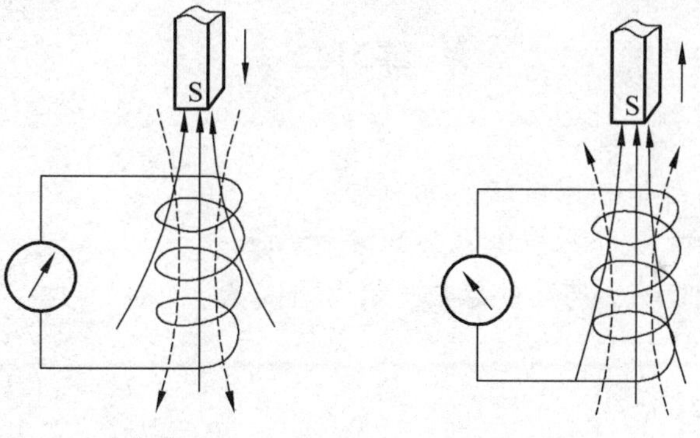

图 5-2-2　磁铁插入和拔出线圈时感应电流的方向

由此可见，当穿过线圈的磁通发生变化时，线圈中产生的感应电动势的方向，可以根据楞次定律应用右手定则来确定。

二、法拉第电磁感应定律

上面讨论了线圈中所产生的感应电动势的方向，那么这个电动势的大小和哪些因素有关呢？

如图 5-2-3 所示，将条形磁铁插入线圈或从线圈中取出时，接在线圈回路中的检流计就会向不同的方向偏转。磁铁插入或取出的速度越快，则检流计的偏转角度也就越大。

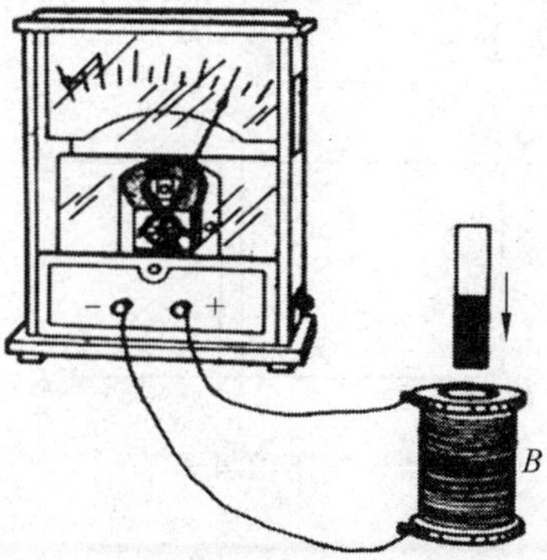

图 5-2-3　回路中的感应电动势

由此可见，当与回路交链的磁通发生变化时，回路中就要产生感应电动势，其大小与磁通的变化率成正比，即

$$e=\left|\frac{\mathrm{d}\Phi}{\mathrm{d}t}\right| \tag{5-2-1}$$

此即法拉第电磁感应定律。其中，$\mathrm{d}\Phi$ 表示时间间隔 $\mathrm{d}t$ 内一个单匝线圈中的磁通变化量。

公式（5-2-1）是一个单匝线圈产生的感应电动势的大小。如果线圈有 N 匝，则感应电动势的大小为

$$e=N\left|\frac{\mathrm{d}\Phi}{\mathrm{d}t}\right| \tag{5-2-2}$$

练习二

一、判断题

1. 感应磁场的方向总是和原磁场的方向相反。 (　　)

2. 感应电流的方向总是和感应电动势的方向相反。 (　　)

3. 通过线圈的磁通越大，产生的感应电动势就越大。 (　　)

二、填空题

1. 楞次定律的内容：____。

2. 在电磁感应中，用__________定律判别感应电动势的方向，用___________定律计算感应电动势的大小，其表达式为________________________。

3. 如果在1 s内，通过1匝线圈的磁通变化1 Wb，则单匝回路中的感应电动势为___V，线圈共20匝，1 s内线圈的感应电动势为________V。

三、计算题

1. 矩形线圈平面垂直于磁感线，其面积为4 cm^2，共有80匝。若线圈在0.025 s内从$B=1.2$ T的均匀磁场中移出，则线圈两端的感应电动势为多大？

2. 如图5-2-4所示，导体MN在导电轨道CD、EF上垂直于磁场滑动。（1）试在图中标出感应电流的方向；（2）M端和N端的电位哪端高？（3）若$B=0.6$ T，$v=10$ m/s，MN的有效长度为10 cm，整个导电回路的等效电阻$R=0.2\ \Omega$，则感应电流为多大？（4）磁场作用在导体上的电磁力为多大？方向如何？

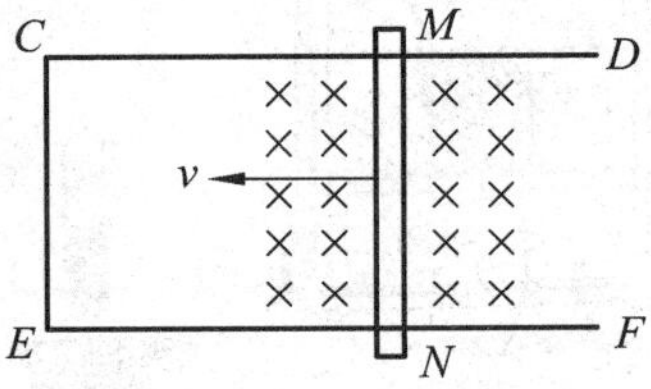

图 5-2-4

第三节　自感和互感

一、自感和自感电动势

我们从上一章已经知道，如果在线圈中通过电流，在线圈周围就会产生磁场。磁场的强弱和电流的大小成正比，电流越大，磁场越强。磁场的强弱跟随着电流的大小而变化。从本章前面几节的讨论我们又知道，当穿过线圈的磁通量发生变化时，在线圈中要产生感应电动势，如果线圈是一个闭合回路，就会出现感应电流。

同理，当线圈中的电流大小发生变化时，由这个电流产生的穿过线圈的磁通量也要跟着变化。这个变动的磁通反过来又在线圈中引起感应电动势。这个感应电动势是由线圈本身所通过的电流变化而产生的，所以叫作自感电动势，用 e_L 表示。

线圈中的自感电动势同样可以用电磁感应的普遍公式

$$e_L = N\left|\frac{d\Phi}{dt}\right|$$

来计算。但前面已经指出，自感电动势是由于通过线圈本身的电流发生变化而引起的，故找出 e_L 与 i 之间的关系，对以后分析研究交流电路具有很重要的意义。

为了找出 e_L 与 i 之间的关系，可先分析 Φ 和 i 之间的关系。如前所述，线圈中的磁通 $\Phi = \frac{F_m}{R_m} = \frac{Ni}{R_m}$，若两边各乘以 N，则得 $N\Phi = \frac{N^2 i}{R_m}$。$N\Phi$ 表示线圈的磁通和它所铰链的匝数的乘积，称为线圈的磁通链，用 Ψ 表示。对空心线圈而言，其磁通链和电流之比总是一常数，即

$$L = \frac{N\Phi}{i} = \frac{N^2}{R_m} \tag{5-3-1}$$

式中，L 称为线圈的自感系数或电感，它和线圈的匝数的平方 N^2 成正比，而和磁阻 R_m 成反比。由于电感 L 仅与线圈的几何形状以及磁导率有关，所以电感 L 是表征线圈本身结构的物理量。

电感的单位是亨利，简称亨（H），较小的单位是毫亨（mH），1 mH = 10^{-3} H。

把 $N\Phi = Li$ 的关系代入电磁感应的普遍公式，若线圈的芯体为非铁磁材料，则得

$$e_L = -\frac{dN\Phi}{dt} = -\frac{dLi}{dt}$$

即

$$e_L = -L\frac{di}{dt} \tag{5-3-2}$$

上式表明，自感电动势的大小等于线圈的电感与电流变化率的乘积。式中的负号表明，自感电动势反抗电流的变化。应该指出，由于铁心线圈的 L 并非常数，故不能用上述公式来计算自感电动势，而必须根据电磁感应的普遍公式来计算。

由楞次定律可知，自感电动势 e_L 起着阻碍电流变化的作用，即当电流 i 增大时，e_L 与 i 的方向相反，以阻碍电流的增大。而当电流 i 减小时，则 e_L 与 i 的方向相同，以阻碍电流的减小。因此，电感线圈在电路中具有稳定电流的作用，在线圈的电阻一定时，电感越大，稳流作用越强。

在有些电工设备中，常利用铁心线圈的自感电动势来阻碍电流的变化，以达到稳定电流的目的，如整流器中的扼流线圈即为一例。

综上所述，可得到如下结论：

（1）自感电动势 e_L 是由于通过线圈本身的电流发生变化而引起的，它起阻碍电流变化的作用。

（2）当电感 L 为常数时，自感电动势的大小等于电感 L 和电流变化率的乘积。

二、互感和互感电动势

我们可以通过图 5-3-1 所示的实验来研究互感现象。线圈 A 和滑动变阻器 R_P、开关 S 串联起来以后接到电源 E 上。线圈 B 的两端分别和灵敏电流计的两个接线柱连接。在开关 S 闭合或断开时的瞬间，电流计的指针发生偏转，并且指针偏转的方向相反，说明电流方向相反。

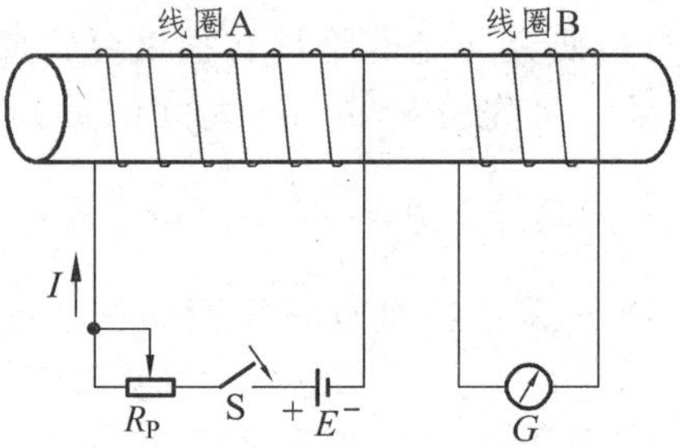

图 5-3-1 互感实验电路

实验表明，线圈 A 中的电流发生变化时，电流产生的磁场也要发生变化，通过线圈的磁通也要随之变化，其中必然有一部分磁通通过线圈 B，这部分磁通叫作互感磁通。互感磁通同样随着线圈 A 中电流的变化而变化，因此，线圈 B 中要产生感应电动势。同样，当线圈 B 中的电流发生变化时，也会使线圈 A 中产生感应电动势。这种现象叫作互感现象，所产生的感应电动势叫作互感电动势，用 e_M 来表示。

A、B 两线圈是通过磁通来联系的，这种联系叫作"磁耦合"。与电源相连接的线圈叫作原线圈（如线圈 A），与负载（如图中的灵敏电流计）相连接的线圈叫作副线圈（如线圈 B）。各种变压器、互感器都是根据互感的原理制成的。互感现象也是一种电磁感应现象，不过引起线圈中互感电动势的磁通是由另外一个线圈中的电流产生的。

互感电动势的大小不仅与线圈 A 中的电流变化率的大小有关，还与两个线圈的结构以及它们之间的相对位置有关。理论和实验证明互感电动势的大小为

$$e_M = M\frac{\mathrm{d}i}{\mathrm{d}t} \tag{5-3-3}$$

式中 $\mathrm{d}i$ ——线圈 A 中电流的变化量，A；

$\mathrm{d}t$ ——线圈 A 中电流变化了 $\mathrm{d}i$ 所用的时间，s；

M——互感系数，简称互感，它由这两个线圈的几何形状、尺寸、匝数以及它们之间的相对位置决定，与线圈中电流的大小无关，H；

e_M ——互感电动势，V。

当两个线圈相互垂直时，互感电动势最小。当两个线圈相互平行，且第一个线圈的磁通变化全部影响到第二个线圈时，称为全耦合，互感电动势最大。

互感电动势的方向用楞次定律判定。

应用互感可以很方便地将能量或信号由一个线圈传递到另一个线圈，但两个或两个以上线圈彼此耦合时，常常需要知道互感电动势的极性。例如，电力变压器用规定好的字母标出

原、副线圈间的极性关系。在知道线圈绕向的情况下，当然可以用楞次定律来判断，但对于已经制造好的互感器，从外观上无法知道线圈的绕向，判断互感电动势的极性就变得困难。

为了工作方便，电路图中常常用小圆点或小星号标出互感线圈的极性，称为“同名端”，它反映出互感线圈的极性，也反映了线圈的绕向。

下面说明互感线圈同名端的含义。在图 5-3-2 中，当线圈 1 通有电流 i，并且电流随着时间增加时，电流 i 所产生的自感磁通和互感磁通也随时间增加。由于磁通的变化，线圈 1 中要产生自感电动势，线圈 2 中要产生互感电动势。

根据楞次定律可知，在图（a）中，线圈 1 中的自感电动势从 A 指向 B，线圈 2 中的互感电动势从 C 指向 D。由此可见，A 与 C，B 与 D 的极性相同。在图（b）中，线圈 1 中的自感电动势从 A 指向 B，线圈 2 中的互感电动势从 D 指向 C，可见 A 与 D，B 与 C 的极性相同。

如果电流 i 不是增大而是减小，那么各个端点的正、负极性都要改变。不管电流 i 怎样变化，图（a）中的 A 与 C 和图（b）中的 A 与 D 的感应电动势的极性始终保持一致［显然图（a）中的 B 与 D 和图（b）中的 B 与 C 的极性始终也保持一致］。此外，无论电流从哪个线圈的哪个端点流入，图（a）中的 A 与 C，B 与 D；图（b）中的 A 与 D，B 与 C 的极性均保持一致。

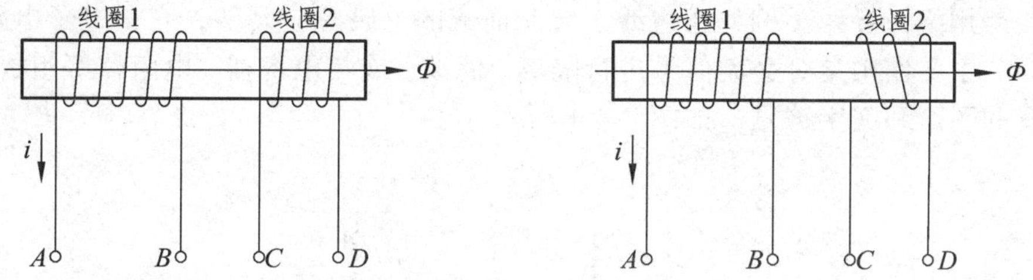

图 5-3-2 互感线圈的同名端

互感线圈中由电流变化所产生的自感与互感电动势极性始终保持一致的端点，叫作同名端，反之叫作异名端。图 5-3-2（a）中的 A 与 C，B 与 D 是同名端；A 与 D，B 与 C 是异名端。

练习三

一、判断题

1. 自感电动势是由线圈中流过恒定电流而引起的。 （　　）

2. 自感电流的方向总是与外电流的方向相反。 （　　）

二、填空题

1. 自感现象是__________的一种，它是由线圈本身__________而引起的。自感电动势用________表示。

2. 自感系数用符号__________表示，它的单位是__________。

3. 由于一个线圈中的电流产生变化而在__________中产生电磁感应的现象叫互感现象。

4. 当两个线圈相互________时，互感系数最大；当两个线圈相互________时，互感系数最小。

三、计算题

1. 在电感为 10 mH 的线圈中，要产生 200 V 的自感电动势，线圈中电流变化率应为多大？

2. 有一电感为 0.5 H 的线圈，如果在 0.05 s 内电流由 30 A 减少到 15 A，试求线圈中的自感电动势，并确定其方向。

3. 在 $L = 0.8$ mH 的线性电感中通入一线性变换的电流，已知 $t = 0$ 时的电流为零，$t = 5$ μs 时电流为 2.5 A，试求线圈产生的自感电动势的大小。

4. 线圈 A 与线圈 B 之间的互感系数 M 为 0.36 H，如果线圈 A 中的电流变化率为 5 A/s，求线圈 B 中的互感电动势。

第四节 电感器

在电子技术和电力工程中，常常遇到由导线绕制而成的线圈，如收音机中的高频扼流圈。这些线圈统称电感线圈，也叫作电感器。

电感器是用绝缘导线（例如漆包线）绕制而成的电磁感应元件，它是电子电路中常用的元器件之一，主要作用是对交流信号进行隔离、滤波，或与电容器、电阻器等组成谐振电路。

电感器的图形和文字符号，如图 5-4-1 所示。

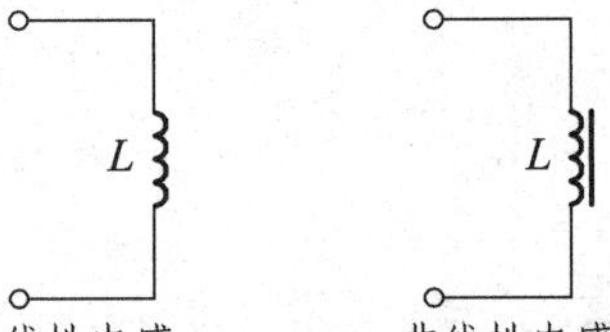

图 5-4-1 电感器的图形和文字符号

一、电感器的电感

我们把线圈中每通过单位电流所产生的磁通链数（$\Psi = N\Phi$），称为电感器的自感系数，也称电感量，简称电感，用字母 L 表示。其数学表达式为

$$L = \frac{\Psi}{i} = \frac{N\Phi}{i} \tag{5-4-1}$$

式中 N——线圈的匝数；

Φ——线圈通电产生的磁通；

Ψ——线圈的磁通链数，Wb；

i——流入线圈的电流，A。

电感的单位为亨（H），在实际应用中还常用到毫亨（mH）和微亨（μH）：

$$1\ \text{mH} = 10^{-3}\ \text{H}$$

$$1\ \mu\text{H} = 10^{-6}\ \text{H}$$

若 $L=\dfrac{\Psi}{i}$ 是常数，则称该电感为线性电感，否则称其为非线性电感。

空心线圈的电感是一个常量，与电流大小无关，只由线圈本身的性质决定，即只决定于线圈截面面积的大小、几何形状与匝数多少。线圈的截面面积越大，长度越短，匝数越多，其电感量越大，反之，电感量就越小。我们称这种电感为线性电感。

在空心线圈内放置由铁磁材料制成的铁心，叫作铁心电感线圈，其电感 L 不是常数，我们称这种电感为非线性电感。

电感 L 是一个衡量线圈通电后产生磁场本领大小的物理量。

二、电感器的参数与磁场能量

电感线圈是一个储能元件，它有两个重要参数，一个是电感量，另一个是额定电流。

电感线圈中有电流通过时，它所储存的磁场能量，与电流的平方成正比，即

$$W_L=\frac{1}{2}Li^2\ \text{（J）} \tag{5-4-2}$$

实际的电感线圈常用导线绕制而成，因而除具有电感外还具有电阻。由于电感线圈的电阻很小，常忽略不计，它就成为一种只有电感而没有电阻的理想线圈，即纯电感线圈，简称电感。这样，“电感”具有双重含义，它既指电路中的电感元件，又指电路中的电感参数。

练习四

1. 电感 L 是一个衡量线圈________后产生________本领大小的物理量。
2. 空心电感线圈的电感一个________，铁心电感线圈的________不是常数。
3. 电感线圈是一个____元件，电感线圈有电流通过时，它所储存的磁场能量 $W_L=$____。

本章小结

（1）产生感应电动势的条件是导线相对磁场运动而切割磁感线，或者线圈中的磁通发生变化。

（2）直导体切割磁感线产生的感应电动势的方向由右手定则来判断。其大小用公式 $e=Blv\sin\alpha$ 来计算。

（3）楞次定律：感应电流的磁场总是阻碍原磁通的变化。楞次定律是用来判断感应电动势的方向的。

（4）法拉第电磁感应定律：线圈中感应电动势的大小与磁通的变化率成正比。即

$$e=N\left|\frac{\mathrm{d}\Phi}{\mathrm{d}t}\right|$$

（5）由于线圈本身电流变化而引起的电磁感应叫自感。自感电动势的大小用公式 $e_{\mathrm{L}}=-L\frac{\mathrm{d}i}{\mathrm{d}t}$ 来计算。

（6）一个线圈中电流的变化在另一个线圈中引起的电磁感应现象叫互感。互感电动势的大小用公式 $e_{\mathrm{M}}=M\frac{\mathrm{d}i}{\mathrm{d}t}$ 来计算。

（7）电感线圈的电感 L 是衡量线圈通电后产生磁场本领大小的物理量。

$$L=\frac{\Psi}{i}=\frac{N\Phi}{i}$$

第六章　正弦交流电

第一节　交流电的定义及正弦交流电动势的产生

一、交流电的定义

大小和方向都随时间做周期性变化的电动势、电压和电流分别称为交变电动势、交变电压和交变电流，统称为交流电。在交流电作用下的电路称为交流电路。

交流电有极广泛的应用，这是与它所具有的许多优点分不开的。例如，可以利用变压器把某一数值的交流电压变换成同频率的另一数值的交流电压，这样就解决了高压输电和低压配电之间的矛盾。现代发电厂发出的电能基本都是交流电，所以在照明、动力、电热等方面的绝大多数设备都是取用交流电，即使某些需要直流电的工业，如电镀、电解等，也是采用整流设备把交流电转换成直流电。

直流电和交流电的基本区别在于：直流电的方向不随时间而变化，交流电的大小和方向则是随着时间不断变化的。

由于交流电流（以及交流电压和交流电动势）的大小和方向都随着时间不断变化，所以交流电路的分析和计算要比直流电路复杂得多，千万不要轻易地把直流电路中的规律套用在交流电路中。交流电路的计算和分析我们将在以后各章中详细讨论。

在这一章中，我们将讨论正弦交流电的产生以及正弦交流电的特点，作为分析正弦交流电路的基础。

图 6-1-1 所示是几个交流电的波形图。如果交流电是按正弦规律变化的，我们就把这样的交流电称为正弦交流电。

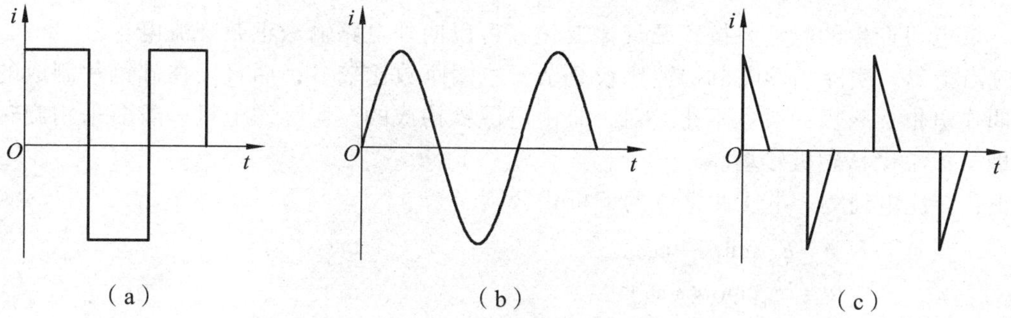

图 6-1-1　几个交流电的波形图

二、正弦交流电动势的产生

正弦交流电动势通常是由交流发电机产生的。图 6-1-2 是最简单的交流发电机的原理示意图，可用来说明交流发电机的基本工作原理。

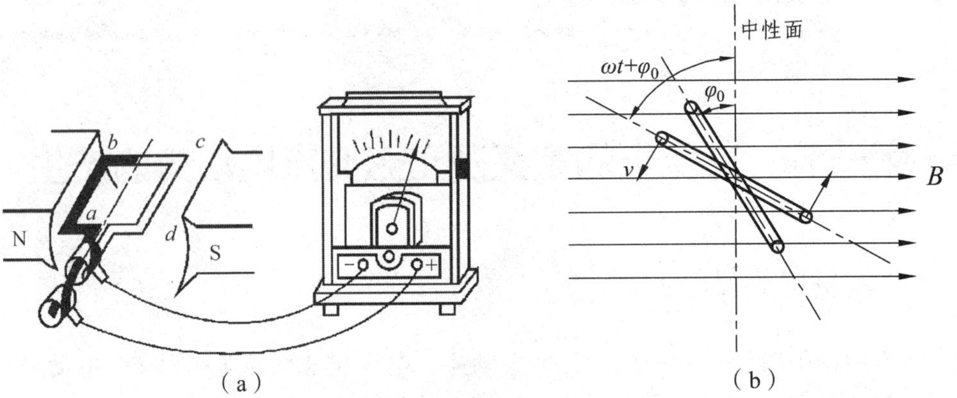

图 6-1-2　交流发电机原理示意图

在图 6-1-2（a）中，将一个可以绕固定转动轴转动的单匝线圈 *abcd* 放置在均匀磁场中。为了避免在线圈转动过程中，两根引出的导线扭绞到一起，把线圈的两根引线分别接到与线圈一起转动的两个铜环上，铜环通过电刷与外电路连接。当线圈 *abcd* 在外力作用下，在均匀磁场中以角速度 ω 匀速转动时，线圈的 *ad* 边和 *bc* 边做切割磁感应线运动，线圈中产生感应电动势。如果外电路是闭合的，闭合回路中将产生感应电流。

图 6-1-2（b）所示是转动线圈的截面图。线圈 *abcd* 以角速度 ω 逆时针匀速转动。设在起始时刻，线圈平面与中性面的夹角为 φ_0，t 时刻线圈平面与中性面夹角为 $\omega t+\varphi_0$。从图中可以看出，*cd* 边运动速度 v 与磁感应线方向的夹角也是 $\omega t+\varphi_0$。设 *cd* 边的长度为 L，磁场的磁感应强度为 B，则由于 *cd* 边做切割磁感应线运动所产生的感应电动势为

$$e_{cd}=BLv\sin(\omega t+\varphi_0)$$

同理，*ab* 边产生的感应电动势为

$$e_{ab}=BLv\sin(\omega t+\varphi_0)$$

由于这两个感应电动势是串联的 ，所以整个线圈产生的感应电动势为

$$e=e_{ab}+e_{cd}=2BLv\sin(\omega t+\varphi_0)=E_{\mathrm{m}}\sin(\omega t+\varphi_0)$$

可见，发电机产生的电动势按正弦规律变化，可以向外电路输送正弦交流电。

应当指出，实际的发电机构造比较复杂，线圈匝数比较多，而且嵌在硅钢片制成的铁心上，叫作电枢；磁极一般也不止一对，是由电磁铁构成的。实际发电机一般多采用旋转磁极式，即电枢不动，磁极转动。

正弦交流电动势、电压和电流的解析式分别是

$$e=E_{\mathrm{m}}\sin(\omega t+\varphi_e)$$
$$u=U_{\mathrm{m}}\sin(\omega t+\varphi_u)$$
$$i=I_{\mathrm{m}}\sin(\omega t+\varphi_i)$$

练习一

一、填空题

1. 大小和方向都随时间做______性变化的电动势、电压和电流分别称为交变电动势、交变电压和交变电流，统称为________电。

2. 直流电的方向________时间而变化，交流电的大小和方向_________做周期性变化。

3. 如果交流电是按正弦规律变化的，我们就把这样的交流电称为_____交流电。

二、问答题

1. 交流电与直流电有什么区别？

2. 写出正弦交流电动势、电压和电流的三角函数表达式。

第二节　正弦交流电的基本概念

一、正弦交流电的周期、频率和角频率

1. 周　期

交流电每重复变化一次所需要的时间称为周期，用符号 T 表示，单位是秒（s）。

2. 频　率

交流电在单位时间（1 s）内完成周期性变化的次数，叫作频率，用字母 f 表示，单位是赫兹（Hz）。频率常用的单位还有千赫（kHz）和兆赫（MHz）：

$$1\ \text{kHz} = 10^3\ \text{Hz}$$

$$1\ \text{MHz} = 10^6\ \text{Hz}$$

如果交流电的频率是 50 Hz，即每秒钟做 50 次周期性变化，那么完成一次周期性变化所用的时间是 $\frac{1}{50}$s，所以周期是 $\frac{1}{50}$s。显然，周期和频率之间有倒数关系，即

$$T = \frac{1}{f} \tag{6-2-1}$$

我国发电厂发出的交流电的频率都是 50 Hz，习惯上称为“工频”。

3. 角频率

在仅有一对磁极的情况下，线圈转动一周，线圈中的感应电动势也变化一周，也就是电动势的电角度变化了 2π 弧度。正弦交流电每秒内变化的电角度称为角频率，用符号 ω 表示，

单位是弧度/秒（rad/s）。角频率与周期、频率有如下关系：

$$\omega = 2\pi f = \frac{2\pi}{T} \tag{6-2-2}$$

引入角频率 ω 后，相应正弦交流电波形的横坐标也就用 ωt 表示。

二、正弦交流电的瞬时值、最大值和有效值

1. 瞬时值

正弦交流电的大小时时刻刻都在变化，我们把其在某一瞬间的数值称为瞬时值，规定用小写字母来表示。例如，i、u、e 分别表示交变电流、电压、电动势的瞬时值。

2. 最大值

正弦交流电在一个周期内所能达到的最大瞬时值称为最大值（又称峰值、幅值），分别用 I_m、U_m、E_m 来表示。

3. 有效值

因为交流电的大小是随时间变化的，所以在研究交流电时，采用最大值就不够方便，通常采用有效值。交流电的有效值是根据其热效应来确定的。

把一交变电流 i 和一直流 I 分别通过两个阻值相同的电阻 R，如果在一个周期内，它们各自在电阻上产生的热量彼此相等，则此直流值叫作该交变电流的有效值。因此，交变电流的有效值实际上就是在热效应方面同它相当的直流值。

直流 I 通过电阻 R，在时间 T 内所产生的热量为

$$Q_{DC} = RI^2T$$

而交变电流 i 时刻在改变，设在无限短的时间 dt 内电流的变动极小，可以近似认为不变。因此，交变电流 i 通过电阻 R，在时间 dt 内所产生的热量为

$$dQ_{AC} = Ri^2dt$$

一个周期内所产生的热量为

$$Q_{AC} = \int_0^T dQ_{AC} = \int_0^T Ri^2dt$$

当 $Q_{DC} = Q_{AC}$ 时，得

$$RI^2T = R\int_0^T i^2dt$$

故交变电流的有效值为

$$I = \sqrt{\frac{1}{T}\int_0^T i^2dt}$$

把 $i = I_m \sin \omega t$ 代入上式，即得

$$I=\sqrt{\frac{I_m^2}{T}\int_0^T \sin^2\omega t\mathrm{d}t}$$

因为 $$\int_0^T \sin^2\omega t\mathrm{d}t=\int_0^T\frac{1-\cos 2\omega t}{2}\mathrm{d}t=\int_0^T\frac{1}{2}\mathrm{d}t-\int_0^T\frac{\cos 2\omega t}{2}\mathrm{d}t=\frac{T}{2}-0=\frac{T}{2}$$

所以 $$I=\sqrt{\frac{I_m^2}{T}\cdot\frac{T}{2}}=\frac{I_m}{\sqrt{2}}$$

由此可见，正弦交变电流的有效值等于最大值的 $\frac{1}{\sqrt{2}}$ 倍。对于正弦交变电动势、正弦交变电压也可类似地分别推出它们的有效值与最大值之间的关系为

$$E=\frac{E_m}{\sqrt{2}},\quad U=\frac{U_m}{\sqrt{2}} \tag{6-2-3}$$

在交流电路中，通常都是计算其有效值。电机、电器等的额定电流、额定电压也都用有效值来表示。交流伏特表和安培表的刻度也都是用有效值来表示的。

三、正弦交流电的相位与相位差

如图 6-2-1 所示，有两个正弦交流电动势，尽管它们的频率相等，最大值也一样，但由于交变的起点不同，则它们在各个瞬间的数值和变化步调也不相一致。交变起点的先后是由其相位来决定的。

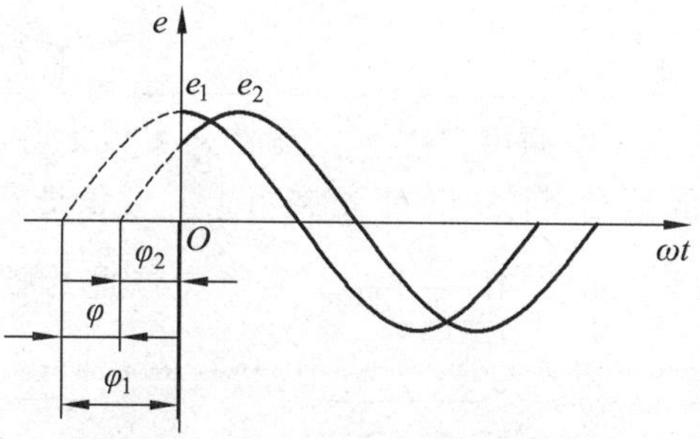

图 6-2-1　两个相位不同的电动势

由 $e=E_m\sin(\omega t+\varphi_0)$ 可知，电动势的瞬时值 e 是由最大值 E_m 和正弦函数 $\sin(\omega t+\varphi_0)$ 共同决定的。

t 时刻线圈平面与中性面的夹角 $\alpha=(\omega t+\varphi_0)$ 叫作正弦交流电的相位（角）。

因为 $(\omega t+\varphi_0)$ 里含有时间 t，所以相位是随时间变化的量。当 $t=0$ 时，相位 $\alpha=\varphi_0$。φ_0 叫作初相位，它反映了正弦交流电起始时刻的状态。

初相位的大小和时间起点的选择有关。习惯上初相位的绝对值用小于π 的角表示，即

$$|\varphi_0|<180°$$

凡大于π 的正角度改用负角度表示，例如 240°改用 – 120°表示；同理，绝对值大于π 的负角度改用正角度表示。

两个同频率交流电的相位之差叫作相位差，用φ表示，即

$$\varphi=(\omega t+\varphi_1)-(\omega t+\varphi_2)=\varphi_1-\varphi_2$$

由此可见，两个同频率交流电的相位差就等于它们的初相位之差，即

$$\varphi=\varphi_1-\varphi_2 \tag{6-2-4}$$

当$\varphi_1-\varphi_2>0$，即e_1的初相位大于e_2的初相位时，e_1的变化领先于e_2，这种情况叫作e_1的相位超前于e_2，或e_2的相位滞后于e_1。

如果$\varphi_1-\varphi_2=0$，则e_1与e_2同时到达正的最大值或零值或负的最大值，这种情况叫作e_1与e_2同相位。

可见，两个同频率的交流电之间存在着某一相位差，其实质也就是它们彼此间到达正的最大值或零值或负的最大值等有一段时间差。

综上所述，正弦交流电的交变情况，主要取决于以下三个方面：一是交变的快慢，二是交变的幅度，三是交变的起始状态。

我们可以分别用角频率来反映交变的快慢，用最大值来反映交变的幅度，用初相位来反映交变的起始状态。知道了这三个量就可以唯一确定一个交流电，写出其瞬时值的表示式，因此常把最大值、角频率和初相位称为正弦交流电的三要素。

练习二

一、填空题

1. 正弦交流电的三要素是__________、__________、__________。
2. 我国动力和照明用电的标准频率为______赫兹，习惯上称为工频。
3. 有效值 = ______最大值。在交流电路中通常用______值进行计算。
4. 已知一正弦交流电$i=2\sin\left(314t-\dfrac{\pi}{4}\right)$ A，则该交流电的最大值为________，有效值为________，频率为______，周期为________，初相位为________。

二、选择题

1. 交流电的周期越长，说明交流电变化得__________。
   A. 越快　　B. 越慢　　C. 无法判断
2. 已知一交流电流，当$t=0$时的值$i_0=1$ A，初相位为30°，则这个交流电的有效值为____。
   A. 0.5　　B. 1.414　　C. 1　　D. 2
3. 已知$u_1=20\sin\left(314t+\dfrac{\pi}{6}\right)$ V，$u_2=40\sin\left(314t-\dfrac{\pi}{3}\right)$ V，则__________。
   A. u_1比u_2超前30°　　B. u_1比u_2滞后30°
   C. u_1比u_2超前90°　　D. 不能判断相位差
4. 通常所说的交流电压220 V或380 V，是指它的__________。
   A.最大值　　B. 有效值　　C. 瞬时值　　D. 平均值

三、计算题

1. 我国第一颗人造卫星发出的《东方红》乐曲声的信号频率为 20 MHz，试求相应的周期和角频率。

2. 已知某交流电的角频率为 628 rad/s，试求相应的周期和频率。

3. 某交直流通用电容器的直流耐压为 220 V，若把它接到交流 220 V 电源中使用，是否安全？

4. 已知交流电动势为 $e=155\sin\left(377t-\frac{2}{3}\pi\right)$ V，试求 $E_{\rm m}$、E、ω、f、T 和 φ 各为多少。

5. 写出下列各组交流电动势的相位差，并指出哪个超前，哪个滞后。

（1）$e_1=380\sqrt{2}\sin 314t$ V，$e_2=380\sqrt{2}\sin\left(314t-\frac{2}{3}\pi\right)$ V

（2）$e_1=220\sqrt{2}\sin\left(314t-\frac{\pi}{2}\right)$ V，$e_2=220\sqrt{2}\sin\left(314t-\frac{\pi}{6}\right)$ V

第三节　正弦交流电的三种表示法

正弦交流电的三种表示法分别是：解析法、曲线法和旋转相量法。

一、解析法

用三角函数式表示正弦交流电随时间变化关系的方法叫作解析法。正弦交流电动势、电压和电流的解析式分别是

$$e=E_{\rm m}\sin(\omega t+\varphi_e)$$

$$u=U_{\rm m}\sin(\omega t+\varphi_u)$$

$$i=I_{\rm m}\sin(\omega t+\varphi_i)$$

只要给出时间 t 的数值，就可以求出该时刻 e、u、i 相应的值。

二、曲线法

在平面直角坐标系中，将 t 作为横坐标，将与之对应的 e、u、i 的值作为纵坐标，作出 e、u、i 随时间 t 变化的曲线，这种方法叫作曲线法。这种曲线叫作交流电的波形，它的优点是可以直观地看出交流电的变化规律。

对正弦量进行加、减运算，无论是解析法还是曲线法，都非常麻烦。为此，引入正弦量的旋转相量表示法。

三、旋转相量表示法

所谓旋转相量表示法，就是用一个在直角坐标系中绕原点不断做逆时针旋转的相量，来表示正弦交流电的方法，如图 6-3-1 所示。

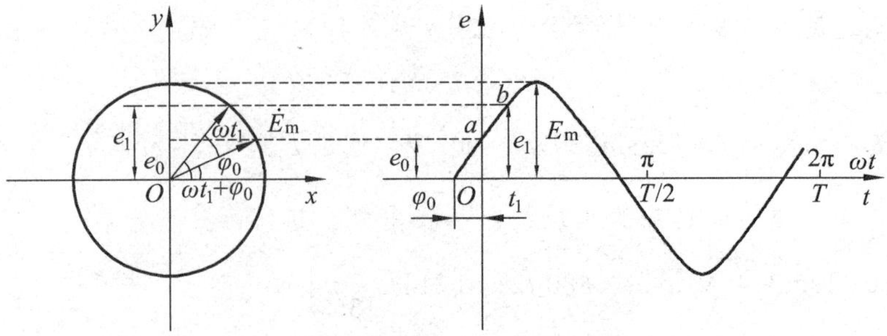

（a）　　（b）

图 6-3-1　正弦交流电的旋转相量表示法

在力学中，曾经学习过速度矢量、力矢量等，它们都是既有大小，又有方向的量，并且服从几何加、减法则（平行四边形法则），一般称为空间矢量。旋转相量不同于力学中的矢量，它是相位随时间变化的相量，它的加、减运算服从平行四边形法则。

如何用旋转相量表示正弦量呢？

（1）旋转相量常用 $\dot{E}_m$、$\dot{U}_m$、$\dot{I}_m$ 来表示。其长度代表正弦交流电的最大值。最大值相量任意瞬间在纵轴上的投影，就是该瞬间正弦交流电的瞬时值。

（2）旋转相量沿逆时针方向旋转的角速度等于正弦交流电的角频率。

（3）旋转相量起始时与 x 轴正方向的夹角代表正弦交流电的初相位。

因为旋转相量的三个特征（长度、转速、与横坐标的夹角）可以分别表示正弦交流电的三个要素（最大值、角频率和初相位），而通过它在纵轴上的投影，又可以求出正弦量的瞬时值，所以借助旋转相量可以完整地表示正弦交流电。

应该指出，旋转相量表示法只适用于同频率正弦交流电的加减。因为用旋转相量表示法作出的各相量都以相同的角频率 ω 做逆时针旋转，在旋转过程中，各相量间的夹角（即正弦交流电的相位差）保持不变，所以只需要画出起始时（$t=0$ 时）每个相量的位置就可以进行全部计算。如果相量线段的长为正弦量的有效值，就称其为有效值相量，用 $\dot{E}$、$\dot{U}$、$\dot{I}$ 表示。

在实际工作中，往往采用有效值相量图来计算同频率正弦交流电的有效值和它们间的相位差。有效值相量图简称相量图，它具有以下几个特点：

（1）相量的长度表示正弦交流电的有效值，其长度是旋转相量长度的 $\frac{1}{\sqrt{2}}$。

（2）相量与水平正方向的夹角仍代表正弦交流电的初相位，沿逆时针方向转动的角度为正，反之为负。

（3）有效值相量的符号是 $\dot{E}$、$\dot{U}$、$\dot{I}$。

例 6-3-1　已知 $u_1=3\sqrt{2}\sin 314t$ V，$u_2=4\sqrt{2}\sin(314t+90°)$ V，求 $u=u_1+u_2$ 的瞬时值表达式。

解： 相量图如图 6-3-2 所示。

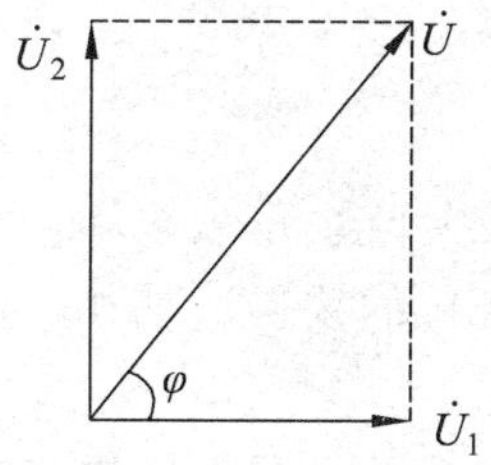

图 6-3-2　相量图

因为 $$U=\sqrt{U_1^2+U_2^2}=\sqrt{3^2+4^2}=5\ (\text{V})$$

$$\varphi=\arctan\frac{U_2}{U_1}=\arctan\frac{4}{3}\approx 53°$$

$$U_{\text{m}}=5\sqrt{2}\ \text{V},\quad \omega=314\ \text{rad/s},\quad \varphi=53°$$

所以 $$u=5\sqrt{2}\sin(314t+53°)\ \text{V}$$

练习三

一、填空题

1. 正弦交流电的三种表示法是__________、__________、__________。

2. 作相量图时，通常取________（顺、逆）时针转动的角度为正，同一相量图中，各正弦交流电的________ 应相同。

3. 用旋转相量表示正弦交流电后，它们的加、减运算可按____________法则进行。

二、综合题

1. 已知三个正弦电压 u_1、u_2、u_3 的有效值都为 380 V，初相分别为 $\varphi_1=0°$，$\varphi_2=-120°$、$\varphi_3=120°$，角频率都为 314 rad/s，试写出三个电压的瞬时值表达式，并画出上述三个电压的相量图。

2. 用作图法求下列各组正弦电压的和与差。

① $u_1=3\sin(314t+60°)\ \text{V}$，$u_2=3\sin(314t-60°)\ \text{V}$

② $u_1=120\sin(100\pi t+120°)\ \text{V}$，$u_2=70\sin(100\pi t+30°)\ \text{V}$

③ $u_1=8\sqrt{2}\sin(\omega t+30°)\ \text{V}$，$u_2=8\sqrt{2}\sin(\omega t-60°)\ \text{V}$

本章小结

（1）交流电是交变电动势、电压和电流的总称。按正弦规律变化的交流电叫作正弦交流电。

（2）正弦交流电动势、电压和电流的瞬时值分别以 e、u 和 i 表示，最大值分别用 E_{m}、U_{m} 和 I_{m} 表示，有效值分别以 E、U 和 I 表示。各种交流电气设备的铭牌数据及交流测量仪表所测得的电压和电流，都是有效值。

$$有效值 = \frac{最大值}{\sqrt{2}}$$

（3）正弦交流电的三要素是：最大值、角频率和初相位。最大值反映了正弦交流电的变化范围；角频率反映了正弦交流电变化的快慢；初相位反映了正弦交流电的初始状态，通常以小于 180°的角度表示。

（4）两个同频率交流电的相位差等于它们的初相之差，即

$$\varphi = \varphi_1 - \varphi_2$$

（5）如果几个同频率正弦交流电的初相位相同，就称它们同相；若初相位相差 180°，就称它们反相；若初相位既不相同又不相差 180°，则初相位大的正弦交流电为超前量，反之为滞后量。

（6）正弦交流电常见的三种表示法：解析法、曲线法和旋转相量表示法。

（7）在实际工作中常用有效值相量。有效值相量图简称相量图，它具有以下几个特点：

① 相量的长度表示正弦交流电的有效值。

② 相量与水平正方向的夹角代表正弦交流电的初相角，沿逆时针方向转动的角度为正，反之为负。

③ 有效值相量的符号是：$\dot{E}$、$\dot{U}$、$\dot{I}$。

（8）只有频率相同的正弦交流电才能用相量进行加减。

第七章　单相交流电路

由交流电源、用电器、连接导线和开关等组成的电路称为交流电路。若电源中只有一个交变电动势，则称为单相交流电路。交流负载一般是电阻、电感、电容或它们的不同组合。我们把负载中只有电阻的交流电路称为纯电阻电路，只有电感的电路称为纯电感电路，只有电容的电路称为纯电容电路。严格地讲，几乎没有单一参数的纯电路存在，但为分析交流电路的方便，常常先从分析纯电路所具有的特点着手。

第一节　纯电阻电路

由白炽灯、电烙铁、电阻炉等电阻器组成的交流电路都可近似看成是纯电阻电路，因为这些电路中，当外加电压一定时，影响电流大小的主要因素是电阻 R。

一、纯电阻电路中电压与电流的关系

1. 电压与电流的数量关系

图 7-1-1（a）所示为一纯电阻电路。在电阻两端加上交流电压 u_R 时，电阻中就有电流 i 通过。根据欧姆定律，电阻元件两端的电压和通过它的电流成正比。对于交流电路来说，这一关系在任何一瞬间都是成立的，即

$$u_R = iR$$

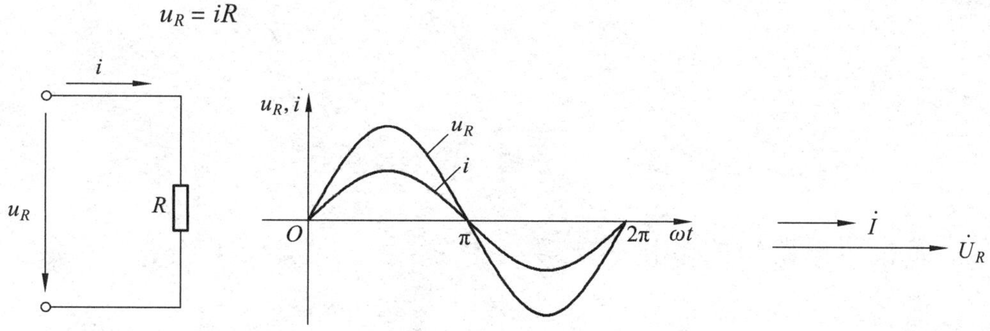

（a）电路图　（b）波形图　（c）相量图

图 7-1-1　纯电阻电路

设加在电阻两端的电压为

$$u_R = U_{Rm}\sin\omega t$$

则通过电阻的电流为

$$i = \frac{u_R}{R} = \frac{U_{Rm}}{R}\sin\omega t = I_m \sin\omega t$$

式中，$I_m = \frac{U_{Rm}}{R}$ 是电流的最大值。

将等式 $I_m = \frac{U_{Rm}}{R}$ 两边各除以 $\sqrt{2}$，则得电压与电流有效值之间的关系为

$$I = \frac{U_R}{R} \tag{7-1-1}$$

可见，在纯电阻交流电路中，电压与电流的数量关系，不管用瞬时值、最大值或有效值来表达，都符合欧姆定律。

2. 电压与电流的频率关系与相位关系

电压、电流的波形图如图 7-1-1（b）所示，其相量图如图 7-1-1（c）所示。波形图、相量图和电压、电流的瞬时值表达式都表明在纯电阻电路中：

（1）电压与电流的频率相同。

（2）电压与电流的相位相同（即电压 u_R 与电流 i 的初相位相同，$\varphi_u = \varphi_i$）。

例 7-1-1 一个 $R = 11\ \Omega$的电阻，接到 $u = 220\sqrt{2}\sin(314t + 30°)$ V 的电源上，求流过电阻的电流瞬时值表达式，并画出电压、电流的相量图。

解：

$$I = \frac{U}{R} = \frac{220}{11} = 20 \text{（A）}$$

$$i = 20\sqrt{2}\sin(314t + 30°) \text{ A}$$

相量图如图 7-1-2 所示。

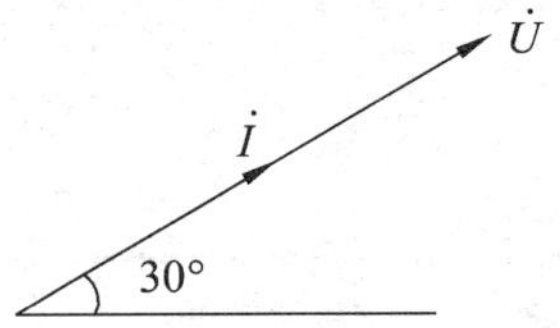

图 7-1-2 电压、电流的相量图

二、纯电阻电路中的电功率

1. 瞬时功率

由于电阻两端的电压和电阻中的电流都在不断变化，所以电阻消耗的功率也在不断变化。我们把电压瞬时值和电流瞬时值的乘积叫作瞬时功率。

设 $u_R = U_{Rm}\sin\omega t$，$i = I_m\sin\omega t$，则瞬时功率

$$p = u_R i = U_{Rm}\sin\omega t \times I_m\sin\omega t = U_{Rm}I_m\sin^2\omega t = U_{Rm}I_m(1-\cos^2\omega t) \quad (7\text{-}1\text{-}2)$$

根据式（7-1-2），将电压和电流同一瞬间的数值逐点相乘，即可画出图 7-1-3 所示的瞬时功率曲线。由于在前半周内电压和电流都为正值，则功率也为正值，在后半周内虽然电压和电流都是负值，但二者的乘积仍为正值，所以瞬时功率曲线都为正值。

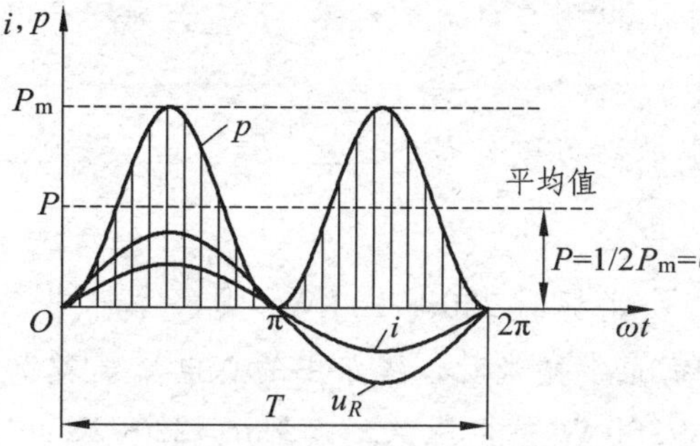

图 7-1-3 纯电阻电路的功率曲线

2. 有功功率

由于瞬时功率的测量和计算都不方便，故通常用电阻在交流电一个周期内平均消耗的功率来表示功率的大小，叫作平均功率。又因为电阻消耗电能说明电流做了功，从做功的角度又把平均功率叫作“有功功率”，以 P 表示，单位仍是瓦（W）。经数学证明，有功功率等于最大瞬时功率的一半，即

$$P = \frac{1}{2}U_{Rm}I_m = U_R I = I^2 R = \frac{U_R^2}{R} \quad (7\text{-}1\text{-}3)$$

式中 P——有功功率，W；

U_R——加在电阻两端的交流电压有效值，V；

I——流过电阻的交流电流有效值，A；

R——用电器的电阻值，Ω。

例 7-1-2 已知某电烙铁工作时的电阻 $R = 1\,100\ \Omega$，其两端电压为 $u = 311\sin 314t$ V。试求：（1）电流有效值 I，并写出电流的瞬时值表达式；（2）电烙铁的有功功率 P。

解：（1）由 $u = 311\sin 314t$ V 可知，交流电压的有效值为

$$U = \frac{U_m}{\sqrt{2}} = \frac{311}{\sqrt{2}} = 220\ (\text{V})$$

则电流有效值为

$$I = \frac{U}{R} = \frac{220}{1\,100} = 0.2\ (\text{A})$$

又因电烙铁可视为纯电阻，电流与电压初相位相同，所以电流的瞬时值表达式为

$$i = 0.2\sqrt{2}\sin 314t\ (\text{A})$$

（2）由式（7-1-3）可直接求得电烙铁的有功功率为

$$P = UI = 220 \times 0.2 = 44\ (\text{W})$$

练习一

一、填空题

1. 在纯电阻交流电路中，电压与电流的数量关系，不管用瞬时值、最大值或有效值来表达，都符合________定律。即 $u_R=$____R、$U_R=$_____R、$U_{Rm}=$______R。

2. 在纯电阻交流电路中，电压与电流的频率_____。电压与电流的相位______，即电压 u_R 与电流 i 的初相位相同。

3. 在纯电阻交流电路中，有功功率 $P=$______$I=$_____$R=$_____$/R$。

二、计算题

1. 室内装有两个灯泡，一个标明 220 V/100 W，另一个标明 220 V/40 W，将它们并联到 220 V 的电源上，两个灯泡都正常发光时，线路中的总电流是多少？

2. 一个额定值为 220 V/500 W 的电阻丝，接到 $u=220\sqrt{2}\sin(314t-120°)$ V 的电源上，求流过电阻丝的电流瞬时值表达式，并画出电压、电流的相量图。

第二节 纯电感电路

电感也是交流电路的参数之一。一般来说，任何电路都有电感，只是大小不同而已。当电路的外加电压一定时，影响电流大小的决定性因素是电感，而电阻、电容的影响可以忽略不计，则此电路叫作纯电感电路，如图 7-2-1（a）所示。当一个线圈的电阻小到可以忽略不计的程度时，这个线圈就可以看成是纯电感线圈。

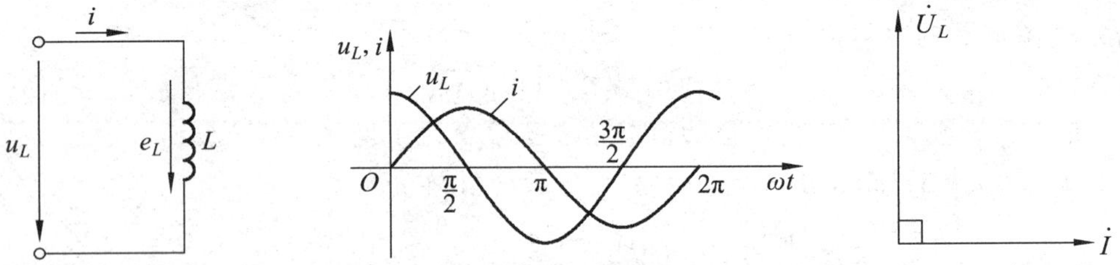

（a）电路图　（b）波形图　（c）相量图

图 7-2-1 纯电感电路

一、纯电感电路中电压和电流的关系

在纯电感电路中，交流电流 i 通过电感 L 时，要产生一自感电动势 e_L，有

$$e_L=-L\frac{\mathrm{d}i}{\mathrm{d}t}$$

式中，负号表示电流增大时$(\mathrm{d}i/\mathrm{d}t>0)$，自感电动势 e_L 为负值，反之同样成立，即自感电动势的方向永远和外电流的变化趋势相反。L 为线圈的电感，它是衡量线圈产生自感磁通本领大小的物理量，单位为亨（H）。

当选定 u_L 的参考方向与 e_L 的参考方向相同时，有

$$u_L=-e_L=L\frac{\mathrm{d}i}{\mathrm{d}t}$$

可以看出，电压的大小与电流的变化率成正比，而不是与电流成正比。

设流过电感元件的正弦电流初相位为零，即

$$i=I_\mathrm{m}\sin\omega t$$

则电感元件两端的电压为

$$\begin{aligned}u_L&=L\frac{\mathrm{d}i}{\mathrm{d}t}=L\frac{\mathrm{d}}{\mathrm{d}t}(I_\mathrm{m}\sin\omega t)=\omega LI_\mathrm{m}\cos\omega t=\omega LI_\mathrm{m}\sin(\omega t+90°)\\&=U_{L\mathrm{m}}\sin(\omega t+90°)\end{aligned}$$

式中 $U_{L\mathrm{m}}=\omega LI_\mathrm{m}$

电压、电流的波形图如图 7-2-1（b）所示，其相量图如图 7-2-1（c）所示。电压、电流的瞬时值表达式及波形图、相量图，能说明以下问题：

1. 电压与电流的频率关系

在纯电感电路中，电压 u_L 与电流 i 是相同频率的正弦量。

2. 电压与电流的相位关系

在纯电感电路中，电压 u_L 的初相位 $\varphi_u=\varphi_i+90°$，即电压 u_L 超前于电流 i 90°。

3. 电感元件的感抗

电感元件两端电压的有效值与流过其电流的有效值的比值，称为电感元件的电抗，简称感抗，用符号 X_L 表示，单位是欧姆（Ω）。

由 $U_{L\mathrm{m}}=\omega LI_\mathrm{m}$ 知：

$$X_L=\frac{U_L}{I}=\frac{U_{L\mathrm{m}}}{I_\mathrm{m}}=\omega L=2\pi fL\ (\Omega) \quad (7\text{-}2\text{-}1)$$

感抗 X_L 是用来表示电感元件对交流电所起阻碍作用大小的物理量，它与电源的频率成正比。这是由于频率越高，电流变化越快，自感电动势 e_L 就越大，对电流的阻碍作用也越大。对于直流电，因 $f=0$，则 $X_L=0$，电感线圈可视为短路，这是由于电感线圈通直流电时，不能产生自感电动势的缘故。

值得注意的是，虽然感抗 X_L 的作用和电阻 R 相当，但感抗只有在交流电路中才有意义，而且感抗只能代表电压和电流最大值或有效值的比值，不能代表电压和电流瞬时值的比值，即 $X_L\neq u_L/i$，这是因为 u_L 和 i 的初相位不同。

4. 电压与电流的数量关系

由式（7-2-1）得

$$I=\frac{U_L}{X_L}\quad 或\quad U_L=IX_L \tag{7-2-2}$$

可见，在纯电感交流电路中，电压、电流有效值和感抗三者的数量关系仍符合欧姆定律。

例 7-2-1 将电压有效值为 $U=220\text{ V}$，$f=50\text{ Hz}$ 的正弦交流电接到 $L=0.75\text{ H}$ 的纯电感上，试计算电感器的感抗 X_L 及流过它的电流 I。

解： 感抗为 $X_L=2\pi fL=2\times3.14\times50\times0.75=235.6\,(\Omega)$

电流为 $I=\dfrac{U}{X_L}=\dfrac{220}{235.6}=0.93\,(\text{A})$

二、纯电感电路中的电功率

1. 瞬时功率

在纯电感电路中，电压瞬时值与电流瞬时值的乘积，称为瞬时功率，即

$$p=u_Li$$

将电流、电压瞬时值表达式代入上式得

$$\begin{aligned}p_L&=U_{Lm}\sin(\omega t+90°)I_m\sin\omega t=U_{Lm}I_m\sin\omega t\cos\omega t=\frac{1}{2}U_{Lm}I_m\sin2\omega t\\&=U_LI\sin2\omega t\end{aligned} \tag{7-2-3}$$

根据式（7-2-3），将电压、电流同一瞬间的数值逐点相乘，即可画出图 7-2-2 所示的瞬时功率曲线。

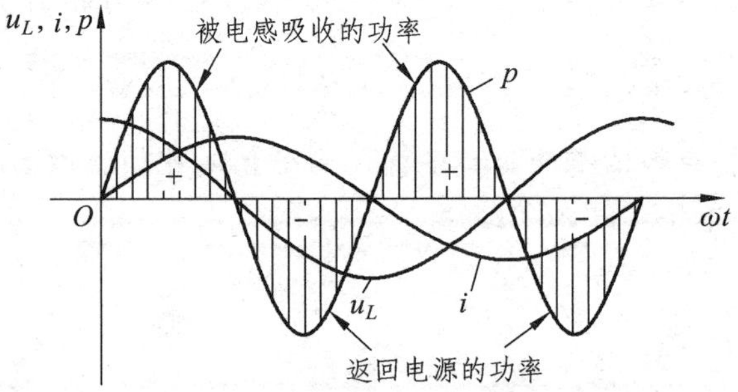

图 7-2-2 纯电感电路的瞬时功率

2. 有功功率

由图 7-2-2 可知，瞬时功率 p 在一个周期内的平均值为零，即纯电感电路的有功功率为零（$P_L=0$）。这说明电感在交流电路中不消耗电能，但电感与电源间却进行着能量交换。

3. 无功功率

由于纯电感电路的瞬时功率的频率是电压和电流频率的两倍，则在第一及第三个 1/4 周

期内，p 为正值，这表示电感吸收电源能量并以磁能形式储存于线圈中；在第二及第四个 1/4 周期内，p 为负值，这表示电感把储存的能量送回电源。不同的电感，与电源交换能量的规模不同，人们用瞬时功率的最大值来反映电感元件与电源间进行能量交换的规模，并把它叫作电路的无功功率，用 Q_L 表示，单位为乏（var）。其数学表达式为

$$Q_L = U_L I = I^2 X_L = \frac{U_L^2}{X_L} \tag{7-2-4}$$

必须指出，"无功"的含义是"交换"而不是"消耗"，它是相对"有功"而言的，决不能理解为"无用"。事实上无功功率在生产实践中占有很重要的地位。具有电感性质的变压器、电动机等设备都是靠电磁转换工作，因此，若没有无功功率，这些设备就无法工作。

例 7-2-2 有一电阻可以忽略，$L = 0.7$ H 的电感线圈接在 $u = 220\sqrt{2}\sin(314t + 30°)$ V 的交流电源上，求：（1）线圈的感抗 X_L；（2）流过线圈的电流有效值 I 及其瞬时值表达式；（3）电路的无功功率 Q_L。

解：（1）线圈的感抗

$$X_L = \omega L = 314 \times 0.7 \approx 220\ (\Omega)$$

（2）电压有效值 $U = 220$ V，则流过线圈的电流有效值

$$I = \frac{U_L}{X_L} = \frac{220}{220} = 1\ (\text{A})$$

因电流滞后电压 90°，而电压的初相位为 30°，则电流的初相位为

$$\varphi_i = \varphi_u - 90° = 30° - 90° = -60°$$

所以流过线圈的电流瞬时值表达式为

$$i = \sqrt{2}\sin(314t - 60°)\ \text{A}$$

（3）根据式（7-2-4）可得电路的无功功率为

$$Q_L = U_L I = 220 \times 1 = 220\ (\text{var})$$

练习二

一、填空题

1. 在纯电感交流电路中，电压 u_L 与电流 i 是______频率的正弦量。电压 u_L 在相位上超前于电流 i_______，即 $\varphi_u = \varphi_i +$________。

2. 电感元件两端电压的有效值与流过其______有效值的比值，称为电感元件的感抗，用符号 X_L 表示，单位是_______。$X_L =$______$/I =$_______$L = 2$________。

3. 感抗 X_L 与电源的_________成正比。感抗只能代表电压和电流最大值或有效值的比值，不能代表电压和电流_______值的比值。

4. 在纯电感交流电路中，电压、电流有效值和感抗三者的数量关系符合_________定律。即 $U_L = I$________。

5. 纯电感电路的有功功率 $P_L=$________，这说明电感在交流电路中不________电能，但电感与电源间却进行着能量________。

6. 人们用瞬时功率的________值来反映电感元件与电源间进行能量交换的规模，并把它叫作电路的________功率，用 Q_L 表示，单位为________。 $Q_L=$______$I=I^2$________$=$______$/X_L$。

二、计算题

1. 把电感为 $L=1/\pi$ H，电阻可忽略不计的电感线圈接到 $u=220\sqrt{2}\sin(100\pi t+30°)$ V 的电源上，要求：

（1）试求线圈的感抗 X_L；

（2）试求流过线圈的电流有效值 I；

（3）写出电流的瞬时值表达式；

（4）画出电压和电流相应的相量图；

（5）试求无功功率 Q_L。

2. 已知一电感线圈通过 50 Hz 的电流时，其感抗为 10 Ω，u_L 与 i 的相位差为 90°，试问：若电压有效值不变，当频率升高到 5 000 Hz 时，其感抗是多少？u_L 与 i 的相位差是多少？

第三节　纯电容电路

因为电容器的损耗是很小的，所以一般情况下可将电容器看成是一个纯电容。纯电容电路如图 7-3-1（a）所示。

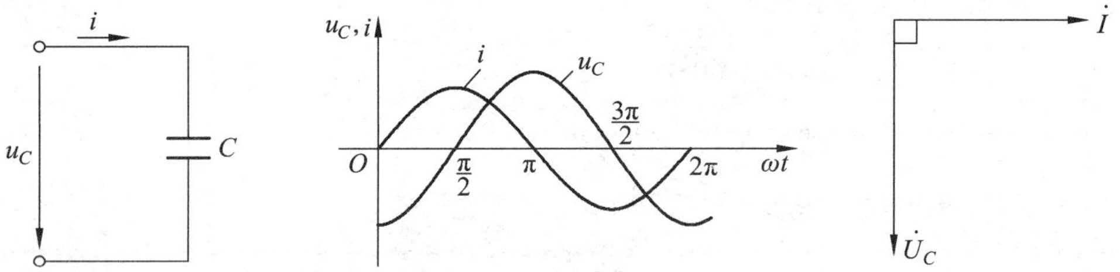

（a）电路图　　（b）波形图　　（c）相量图

图 7-3-1　纯电容电路

一、纯电容电路中电压和电流的关系

由 $C=q/u_C$ 得 $q=Cu_C$，则

$$i=\frac{\mathrm{d}q}{\mathrm{d}t}=C\frac{\mathrm{d}u_C}{\mathrm{d}t}$$

设加在电容器两端的正弦电压为

$$u_C=U_{Cm}\sin\omega t$$

则通过电容器的电流为

$$i = C\frac{\mathrm{d}u_C}{\mathrm{d}t} = C\frac{\mathrm{d}}{\mathrm{d}t}(U_{Cm}\sin\omega t) = \omega CU_{Cm}\cos\omega t = \omega CU_{Cm}\sin(\omega t + 90°)$$
$$= I_m\sin(\omega t + 90°)$$

式中 $I_m = \omega CU_{Cm}$

电压、电流的波形图如图 7-3-1（b）所示，其相量图如图 7-3-1（c）所示。电压、电流的瞬时值表达式及波形图、相量图，能说明以下问题：

1. 电压与电流的频率关系

在纯电容电路中，电压 u_C 与电流 i 是相同频率的正弦量。

2. 电压与电流的相位关系

在纯电容电路中，电压 u_C 的初相位 $\varphi_u = \varphi_i - 90°$，即电压 u_C 滞后于电流 i 90°。

3. 电容元件的容抗

电容器两端电压的有效值与流过电容器电流的有效值的比值，称电容元件的电抗，简称容抗，用符号 X_C 表示，单位是欧姆（Ω）。

由 $I_m = \omega CU_{Cm}$ 知：

$$X_C = \frac{U_C}{I} = \frac{U_{Cm}}{I_m} = \frac{1}{\omega C} = \frac{1}{2\pi fC}\ (\Omega) \tag{7-3-1}$$

容抗 X_C 是用来表示电容元件对交流电所起阻碍作用大小的物理量，它与频率 f 成反比。这是由于频率 f 越高，则电压变化率 $\left(\frac{\mathrm{d}u_C}{\mathrm{d}t}\right)$ 越大，所以在电容充放电过程中极板上电荷的变化率 $\left(\frac{\mathrm{d}q}{\mathrm{d}t}\right)$ 就越大，因此电路中电流就越大，即容抗越小。反之，频率越低，所呈现的容抗就越大。对于直流，$f = 0$，则容抗为无限大，相当于开路，所以，直流电不能通过电容器。

值得注意的是，虽然容抗 X_C 的作用和电阻 R 相当，但容抗只有在交流电路中才有意义，而且容抗只能代表电压和电流最大值或有效值的比值，不能代表电压和电流瞬时值的比值，即 $X_C \neq u_C/i$，这是因为 u_C 和 i 的初相位不同。

4. 电压与电流的数量关系

由式（7-3-1）知：

$$I = \frac{U_C}{X_C} \quad 或 \quad U_C = IX_C \tag{7-3-2}$$

可见，在纯电容电路中，电压、电流有效值和容抗三者的数量关系仍符合欧姆定律。

例 7-3-1 某电容量 $C = 1/100\pi$ F 的电容器接在 $U = 10$ V，$f = 50$ Hz 的交流电源上，求电容器的容抗 X_C 及通过电容器的电流 I。

解： 容抗为

$$X_C = \frac{1}{2\pi fC} = \frac{1}{100\pi \times \frac{1}{100\pi}} = 1\ (\Omega)$$

电流为

$$I = \frac{U}{X_C} = \frac{10}{1} = 10\ (\text{A})$$

二、纯电容电路中的电功率

1. 瞬时功率

在纯电容电路中，电压瞬时值与电流瞬时值的乘积，称为瞬时功率，即

$$p = u_C i$$

将电流、电压瞬时值表达式代入上式得

$$\begin{aligned} p &= U_{Cm}\sin\omega t I_m \sin(\omega t + 90°) = U_{Cm} I_m \sin\omega t \cos\omega t \\ &= \frac{1}{2} U_{Cm} I_m \sin 2\omega t = U_C I \sin 2\omega t \end{aligned} \tag{7-3-3}$$

根据式（7-3-3）可画出图 7-3-2 所示的瞬时功率曲线。

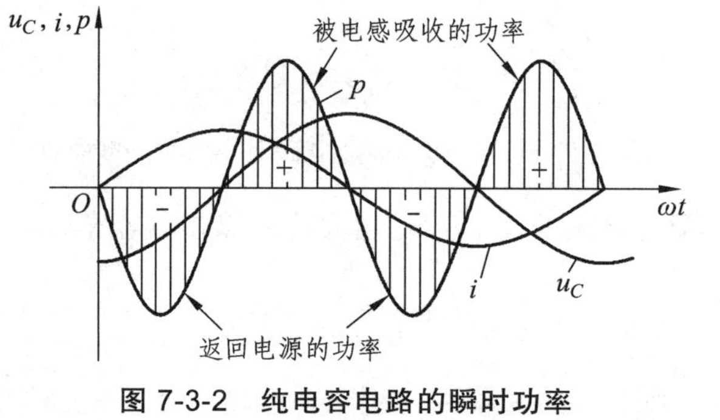

图 7-3-2　纯电容电路的瞬时功率

2. 有功功率

由图 7-3-2 可知，瞬时功率在一个周期内的平均值为零，说明纯电容电路的有功功率为零（$P_C = 0$）。这表明电容在交流电路中不消耗电能，但在电容与电源间却进行着能量交换。

在第二及第四个 1/4 周期内，u_C 与 i 方向相同，电容在电源作用下进行充电，瞬时功率为正值，表明电源用充电方式向电容器输送能量，电容将吸取的能量转换为电场能量储存在电容器中；在第一及第三个 1/4 周期内，u_C 与 i 反方向，电容进行放电，p 为负值，表明电容送出功率，将原来储存在电容器中的能量送还给电源。所以，电容与电感一样，不消耗电源的能量，是个储能元件。

3. 无功功率

与纯电感电路相似，把纯电容电路中瞬时功率的最大值定义为无功功率，用以表示电容

器与电源交换能量的规模。无功功率的数学表达式为

$$Q_C = U_C I = I^2 X_C = \frac{U_C^2}{X_C} \text{ (var)} \tag{7-3-4}$$

例 7-3-2 将 $C = 20\ \mu F$ 的电容器接在 $u = 220\sqrt{2}\sin(314t + 30°)$ V 的交流电源上，求：

（1）电容器的容抗 X_C。

（2）电流有效值 I 及瞬时值表达式。

（3）电路的无功功率 Q_C。

解：（1）电容器的容抗

$$X_C = \frac{1}{\omega C} = \frac{1}{314 \times 20 \times 10^{-6}} \approx 160\ (\Omega)$$

（2）电压有效值 $U = 220$ V，则流过电容的电流有效值为

$$I = \frac{U}{X_C} = \frac{220}{160} \approx 1.375\ (\text{A})$$

因电流超前电压 90°，而电压的初相位 $\varphi_u = 30°$，则电流的初相位为

$$\varphi_i = \varphi_u + 90° = 30° + 90° = 120°$$

所以电流的瞬时值表达式为

$$i = 1.375\sqrt{2}\sin(314t + 120°)\ \text{A}$$

（3）无功功率为

$$Q_C = U_C I = 220 \times 1.375 \approx 303\ (\text{var})$$

练习三

一、填空题

1. 在纯电容交流电路中，电压 u_C 与电流 i 是_____频率的正弦量。电压 u_C 在相位上滞后于电流 i______，即 $\varphi_u = \varphi_i -$ _______。

2. 电容器两端电压的有效值与流过电容器电流的有效值的______，称电容器的容抗，用符号 X_C 表示，单位是____。$X_C =$ ______$/I =$ _____ $/\omega C =$ _______$/2\pi fC$。

3. 容抗 X_C 是用来表示电容元件对交流电所起________作用大小的物理量，它与______成反比。容抗只能代表电压和电流最大值或有效值的_____，不能代表电压和电流_____值的比值。

4. 在纯电容交流电路中，电压、电流有效值和容抗三者的数量关系符合______定律。即 $U_C = I$______。

5. 纯电容电路的有功功率 $P_C =$ ______。这说明电容器在交流电路中不_______电能，是个储能元件。

6. 纯电容电路中_______功率的最大值定义为无功功率，用以表示电容器与电源交换能量的______，用 Q_C 表示，单位为_____，$Q_C =$ _____$I = I^2$_____ $=$ ______$/X_C$。

二、计算题

1. 把 $C = 1/1\,000\pi\ F$ 的电容器接到 $u = 220\sqrt{2}\sin(100\pi t + 30°)$ V 的电源上，要求：

（1）试求流过电容器的电流有效值 I；

（2）写出电流的瞬时值表达式；

（3）画出电压和电流相应的相量图；

（4）试求无功功率 Q_C。

2. 已知一电容器通过 50 Hz 的电流时，其容抗为 100 Ω，i 与 u_C 相位差为 90°，试问：若电压有效值不变，当频率升高到 5 000 Hz 时，其容抗是多少？i 与 u_C 的相位差是多少？

第四节 电阻、电感和电容串联电路

在许多实际电路中，如电容器和电感线圈串联，输电线路（可等效为电阻和电感串联的交流电路）的串联电容补偿等，它们的简化等效电路都是电阻、电感和电容相串联的电路，简称 R-L-C 串联电路，如图 7-4-1（a）所示。这种串联电路是具有一般意义的典型电路，因为它包含了三个不同的电路参数，能体现出正弦交流电路的一般特点。因此，讨论 R-L-C 串联电路的特性是很重要的。

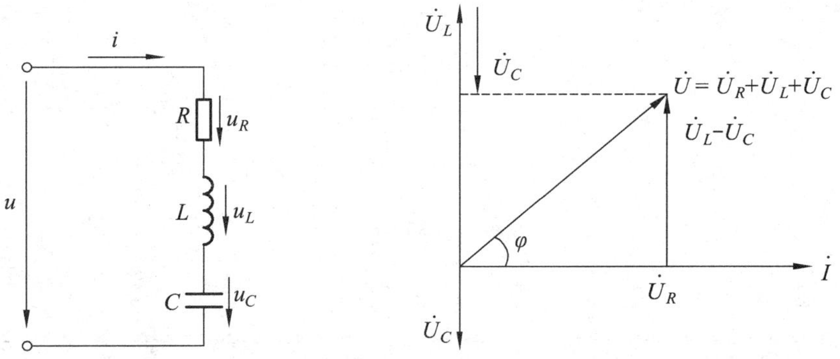

（a）电路图　　　　（b）相量图

图 7-4-1　R-L-C 串联电路

设通过 R-L-C 串联电路的电流为参考正弦量，即

$$i = I_m \sin\omega t = \sqrt{2} I \sin\omega t$$

因为电阻上的电压是与电流同频率、同相位的正弦量，电感上的电压是超前电流 90°的同频正弦量，电容上的电压是滞后电流 90°的同频正弦量，所以它们的瞬时值表达式分别是：

$$u_R = U_{Rm}\sin\omega t = \sqrt{2}U_R\sin\omega t,\quad U_R = IR$$

$$u_L = U_{Lm}\sin(\omega t + 90°) = \sqrt{2}U_L\sin(\omega t + 90°),\quad U_L = IX_L$$

$$u_C = U_{Cm}\sin(\omega t - 90°) = \sqrt{2}U_C\sin(\omega t - 90°),\quad U_C = IX_C$$

根据 u_R、u_L、u_C 的瞬时值表达式作相量图，如图 7-4-1（b）所示（设 $X_L>X_C$，即 $U_L>U_C$）。由相量图可知：电路两端的总电压是这三个分电压的相量和，即

$$\dot{U} = \dot{U}_R + \dot{U}_L + \dot{U}_C$$

且电路的总电压有效值为

$$U=\sqrt{U_R^2+(U_L-U_C)^2}=\sqrt{(IR)^2+(IX_L-IX_C)^2}=I\sqrt{R^2+(X_L-X_C)^2} \quad (7\text{-}4\text{-}1)$$

由相量图可得电压三角形，如图 7-4-2（a）所示。

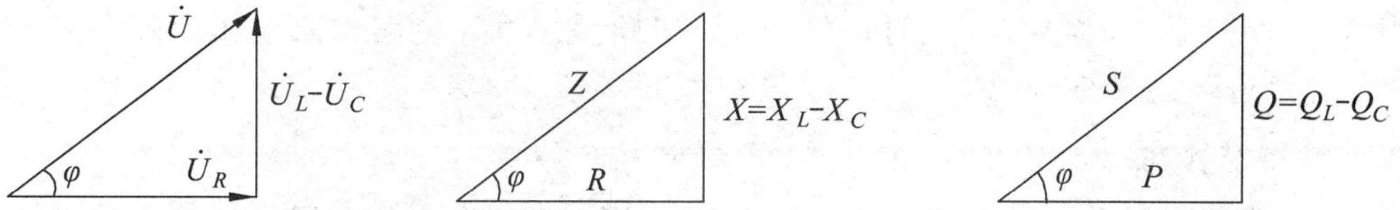

（a）电压三角形　（b）阻抗三角形　（c）功率三角形

图 7-4-2　串联电路的电压、阻抗、功率三角形

一、*R-L-C* 串联电路中电压与电流的关系

1. 负载的阻抗

负载两端的电压与流过负载的电流之比，称为负载的阻抗，单位是欧姆（Ω）。它表示电路的负载对电流产生的阻碍作用的大小。

由式（7-4-1）可得

$$Z=\frac{U}{I}=\frac{I\sqrt{R^2+(X_L-X_C)^2}}{I}=\sqrt{R^2+(X_L-X_C)^2}=\sqrt{R^2+X^2} \quad (7\text{-}4\text{-}2)$$

式中，$X=X_L-X_C$，称为这个电路的“电抗”，单位为欧姆（Ω）。也就是说，在电感和电容串联的电路中，感抗和容抗的作用是互相抵消的，它们的差值就叫“电抗”。

R-L-C 串联负载的阻抗，综合了电路的电阻、电感和电容对交流电流的阻碍作用。其大小只决定于电路负载的参数（*R*、*L*、*C*）和电源的频率 *f*，而与电压及电流的大小无关。

$Z=\sqrt{R^2+X^2}$ 表明，*Z*、*R*、*X* 三者在数量关系上组成了阻抗三角形，如图 7-4-2（b）所示。

应注意，阻抗只是电压和电流的有效值之比（或最大值之比），而不是它们瞬时值之比（$Z\neq u/i$）。显然，阻抗三角形不是相量三角形。

总电压和电流的相位差 φ 可由电压三角形或阻抗三角形计算出来，即

$$\varphi=\arctan\frac{U_L-U_C}{U_R}=\arctan\frac{X_L-X_C}{R}$$

上式说明，相位差 φ 是由电路负载的参数（*R*、*L*、*C*）及电源频率所决定的，而与电压和电流的大小及初相位无关。角 φ 也称为“阻抗角”。

2. 电压与电流的数量关系

由式（7-4-2）得

$$U=IZ \quad (7\text{-}4\text{-}3)$$

故　$U_R=IR$，$U_L=IX_L$，$U_C=IX_C$

3. 电流与电压的相位关系

在 R-L-C 串联电路中，电抗 $X = X_L - X_C$ 是电感与电容共同作用的结果，X 的正负决定了电路的性质，下面分别加以讨论。

（1）电路呈感性：

当 $X_L > X_C$，即 $X = X_L - X_C > 0$ 时，$U_L > U_C$，电路呈感性，电路中总电压超前电流 φ 角，其相量图如图 7-4-3（a）所示。

（2）电路呈容性：

当 $X_L < X_C$，即 $X = X_L - X_C < 0$ 时，$U_L < U_C$，电路呈容性，电路中总电压滞后电流 φ 角，其相量图如图 7-4-3（b）所示。

（3）电路呈阻性：

当 $X_L = X_C$，即 $X = X_L - X_C = 0$ 时，$U_L = U_C$，电路呈阻性，电路中总电压与电流同相，其相量图如图 7-4-3（c）所示。

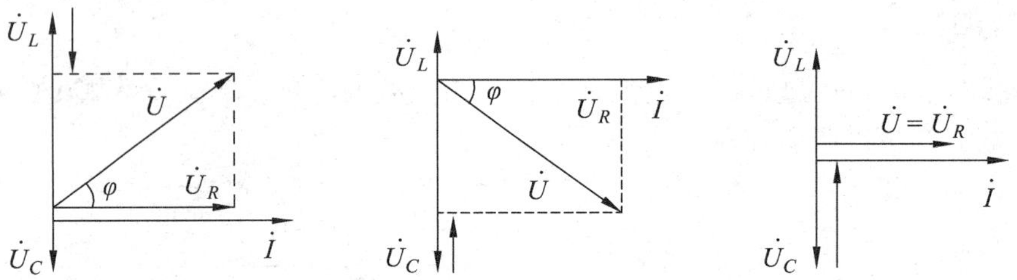

（a）呈感性　（b）呈容性　（c）呈阻性

图 7-4-3　R-L-C 串联电路的性质

二、R-L-C 串联电路的功率

R-L-C 串联电路中，由于既有储能元件（电感和电容），又有耗能元件（电阻），所以既有有功功率，又有无功功率。

1. 有功功率

有功功率是电阻上消耗的功率，由电压三角形得

$$U_R = U\cos\varphi$$

$$P = U_R I = I^2 R = UI\cos\varphi \tag{7-4-4}$$

2. 无功功率

在 R-L-C 串联电路中，电感和电容都与电源进行能量交换，所以都有无功功率。由于 u_L 和 u_C 的相位差为 180°，是反相的，所以它们的瞬时功率状态也是相反的，即当电感吸收能量时（$P_L>0$），电容正好放出能量（$P_C<0$），反之电容吸收能量时（$P_C>0$），电感放出能量（$P_L<0$）。它们之间进行能量交换的差值才与电源进行交换，即只有电感和电容相互交换能量不足的部分，才与电源进行交换，所以整个电路的无功功率为

$$Q = Q_L - Q_C = (U_L - U_C)I = I^2X = UI\sin\varphi \tag{7-4-5}$$

由电压三角形知

$$U_L - U_C = U\sin\varphi$$

3. 视在功率

电路中总电压有效值 U 与电流有效值 I 的乘积，叫作视在功率，用符号 S 表示，即

$$S = UI \tag{7-4-6}$$

为了和有功功率、无功功率的单位相区别，视在功率用伏安（V·A）或千伏安（kV·A）作为单位。视在功率表示电源向负载提供的总功率，即表示交流电源的容量大小。

由 P、Q、S 可构成功率三角形，如图 7-4-2（c）所示。它的斜边是视在功率 S，两直角边分别是有功功率 P 和无功功率 Q。由于 P、Q、S 不是相量，所以功率三角形也不是相量三角形。

在功率三角形中，有

$$S = \sqrt{P^2 + Q^2} \tag{7-4-7}$$

4. 功率因数

为了反映电源利用率，我们把有功功率与视在功率的比值称作功率因数（$\cos\varphi$）。由功率、电压、阻抗三角形得

$$\cos\varphi = \frac{P}{S} = \frac{U_R}{U} = \frac{R}{Z} \tag{7-4-8}$$

例 7-4-1 一个线圈的电阻 $R = 1\ \text{k}\Omega$，电感 $L = 0.5\ \text{mH}$，和一个电容 $C = 5 \times 10^{-4}\ \mu\text{F}$ 的电容器相串联，外加电源的频率 $f = 150\ \text{kHz}$，通过电路的电流 $I = 20\ \text{mA}$。求：（1）电压 U、U_R、U_L、U_C；（2）功率 P、Q、S；（3）功率因数 $\cos\varphi$。

解：（1）感抗

$$X_L = 2\pi fL = 2 \times 3.14 \times 150 \times 10^3 \times 0.5 \times 10^{-3} = 4\ 710\ (\Omega)$$

容抗

$$X_C = \frac{1}{2\pi fC} = \frac{1}{2 \times 3.14 \times 150 \times 10^3 \times 5 \times 10^{-10}} = 2\ 123\ (\Omega)$$

阻抗

$$Z = \sqrt{R^2 + (X_L - X_C)^2} = \sqrt{1\ 000^2 + (4\ 710 - 2\ 123)^2} = 2\ 773.5\ (\Omega)$$

电源电压

$$U = IZ = 2\ 773.5 \times 2 \times 10^{-2} = 55.47\ (\text{V})$$

电阻两端电压

$$U_R = IR = 1\ 000 \times 2 \times 10^{-2} = 20\ (\text{V})$$

电感两端电压

$$U_L = IX_L = 4\ 710 \times 2 \times 10^{-2} = 94.2\ (\text{V})$$

电容两端电压

$$U_C = IX_C = 2\ 123 \times 2 \times 10^{-2} = 42.46\ (\mathrm{V})$$

（2）有功功率

$$P = I^2R = 2 \times 10^{-2} \times 2 \times 10^{-2} \times 1\ 000 = 0.4\ (\mathrm{W})$$

无功功率

$$Q = Q_L - Q_C = I^2(X_L - X_C) = 2 \times 10^{-2} \times 2 \times 10^{-2} \times (4\ 710 - 2\ 123) \approx 1.0\ (\mathrm{var})$$

视在功率

$$S = UI = 55.47 \times 2 \times 10^{-2} \approx 1.1\ (\mathrm{V \cdot A})$$

（3）功率因数

$$\cos\varphi = \frac{P}{S} = \frac{U_R}{U} = \frac{R}{Z} = \frac{1\ 000}{2\ 773.5} \approx 0.36$$

例 7-4-2 将电感 $L = 25.5$ mH、电阻 $R = 6\ \Omega$的线圈接到电压有效值 $U = 220$ V、角频率 $\omega = 314$ rad/s 的电源上，求：（1）线圈的 X_L、Z；（2）电路中的电流 I、U_R、U_L；（3）电路的 P、Q_L、S；（4）功率因数 $\cos\varphi$。

解：（1）感抗

$$X_L = \omega L = 314 \times 25.5 \times 10^{-3} \approx 8\ (\Omega)$$

阻抗 $$Z = \sqrt{R^2 + X_L^2} = \sqrt{6^2 + 8^2} = 10\ (\Omega)$$

（2） $$I = \frac{U}{Z} = \frac{220}{10} = 22\ (\mathrm{A})$$

$$U_R = IR = 22 \times 6 = 132\ (\mathrm{V})$$

$$U_L = IX_L = 22 \times 8 = 176\ (\mathrm{V})$$

（3） $$P = I^2R = 22 \times 22 \times 6 = 2\ 904\ (\mathrm{W})$$

$$Q_L = I^2X_L = 22 \times 22 \times 8 = 3\ 872\ (\mathrm{var})$$

$$S = UI = 220 \times 22 = 4\ 840\ (\mathrm{V \cdot A})$$

（4） $$\cos\varphi = \frac{P}{S} = \frac{R}{Z} = \frac{6}{8} = 0.6$$

例 7-4-3 将 20 Ω的电阻与 100 μF 电容器串联，接至电压 $u = 220\sqrt{2}\sin 314t$ V 的交流电源上，求：（1）电容器的容抗 X_C 与电路的阻抗 Z；（2）电路中的 I、U_R、U_C；（3）电路的 P、Q_C、S。

解：（1）容抗

$$X_C = \frac{1}{\omega C} = \frac{1}{314 \times 100 \times 10^{-6}} = 31.8\ (\Omega)$$

阻抗 $$Z = \sqrt{R^2 + X_C^2} = \sqrt{20^2 + 31.8^2} = 37.6\ (\Omega)$$

（2） $$I = \frac{U}{Z} = \frac{220}{37.6} = 5.85\ (\mathrm{A})$$

$U_R = IR = 5.85 \times 20 = 117$（V）

$U_C = IX_C = 5.85 \times 31.8 = 186.03$（V）

（3） $P = I^2R = 5.85^2 \times 20 = 684.45$（W）

$Q_C = I^2X_C = 5.85^2 \times 31.8 = 1\ 088.3$（var）

$S = UI = 220 \times 5.85 = 1\ 827$（V·A）

练习四

一、填空题

1. 在 R-L-C 串联电路中，负载的阻抗 $Z = U/I =$ ____________________。

2. 在 R-L-C 串联电路中，X 称为________，它是____与______共同作用的结果，其大小 $X =$ ____________。

3. 当 $X>0$ 时，X_L _____X_C，相位关系为电路的总电压_______电流 φ 角，电路呈_____；当 $X<0$ 时，X_L _____X_C，相位关系为电路的总电压_______电流 φ 角，电路呈_____；当 $X = 0$ 时，X_L _____X_C，电路中总电压与电流_______，电路呈____。

4. 在 R-L-C 串联电路中，电压与电流的数量关系为 $U = I$____，$U_R = I$____，$U_L = I$____，$U_C = I$____。

5. 在 R-L-C 串联电路中，有功功率 $P =$ _____$I =$ _____$I^2 = UI$_____，单位为_____。无功功率 $Q =$ _____$I =$ ____$I^2 = UI$____，单位为_____。视在功率 $S =$ _____$I =$ ______，单位为____。

6. 有功功率与视在功率的_____称作功率因数，功率因数 $\cos\varphi =$ ____ $=$ ____ $=$ ____。

二、计算题

1. 一个线圈和一个电容器相串联，已知线圈电阻 $R = 4\ \Omega$，$L = 254$ mH，电容 $C = 637\ \mu$F，外加电压 $u = 110\sqrt{2}\sin(100\pi t + 90°)$ V，求：（1）电路的阻抗 Z；（2）电流的有效值的 I；（3）U_R、U_L、U_C；（4）P、Q、S；（5）功率因数 $\cos\varphi$。

2. 将电阻 $R = 20\ \Omega$，电感 $L = 48$ mH 的线圈接到 $u = 220\sqrt{2}\sin(100\pi t + 90°)$ V 的交流电源上，求：（1）线圈的感抗 X_L；（2）线圈的阻抗 Z；（3）电路中的 I、U_R、U_L；（4）电路的 P、Q_L、S；（5）功率因数 $\cos\varphi$。

3. 将电阻 $R = 6\ \Omega$ 的电阻与 $C = 1.25\ \mu$F 的电容器串联后，接到 $u = 110\sqrt{2}\sin(100\pi t + 90°)$ V 的交流电源上，求：（1）电容的容抗 X_C；（2）电路的阻抗 Z；（3）电路中的 I、U_R、U_C；（4）电路的 P、Q_C、S；（5）功率因数 $\cos\varphi$。

第五节　提高功率因数的意义及一般方法

一、提高功率因数的意义

我们知道，每个供电设备（如发电机、变压器）都有其额定容量，即视在功率。供电设备在正常工作时是不允许超过额定值的，否则极易损坏。我们又知道，在有感性负载时，供电设备输出的总功率中既有有功功率又有无功功率。由 $P=S\cos\varphi$ 知，当 S 一定时，功率因数 $\cos\varphi$ 越低，有功功率就越小，无功功率的比重自然就越大，这说明电源提供的总功率被负载利用的部分就越少。如当 $\cos\varphi=0.5$ 时，$P=S/2$，这说明负载只利用了电源所提供能量的一半，从供电的角度来看，显然是很不合算的。若能将功率因数提高到 1，则 $P=S$，这说明电源提供的能量全部被负载利用了。

另外，由 $P=UI\cos\varphi$ 还可看出，当电源电压 U 和负载的有功功率 P 一定时，功率因数 $\cos\varphi$ 越低，电源提供的电流就越大。又由于供电线路总具有一定电阻，当电流越大时线路上的损耗（$P=I^2R$）就越大，这不仅会使电能白白地消耗在线路上，而且会使负载两端的电压降低，影响负载正常工作。

例 7-5-1 已知某发电机的额定电压为 220 V，视在功率为 440 kV · A。（1）用该发电机向额定工作电压为 220 V，有功功率为 4.4 kW，功率因数为 0.5 的用电器供电，能支持多少个负载？（2）若把功率因数提高到 1，又能支持多少个负载？（设线路无损耗）

解：（1）因发电机的额定电流为

$$I_e=\frac{S}{U}=\frac{440\times10^3}{220}=2\ 000\ (\text{A})$$

当 $\cos\varphi=0.5$ 时，每个用电器的电流为

$$I=\frac{P}{U\cos\varphi}=\frac{4.4\times10^3}{220\times0.5}=40\ (\text{A})$$

则发电机能支持的负载数为

$$\frac{I_e}{I}=\frac{2\ 000}{40}=50\ (\text{个})$$

（2）当 $\cos\varphi=1$ 时，每个用电器的电流为

$$I'=\frac{P}{U}=\frac{4.4\times10^3}{220}=20\ (\text{A})$$

则发电机能支持的负载数为

$$\frac{I_e}{I'}=\frac{2\ 000}{20}=100\ (\text{个})$$

例 7-5-2 已知某水电站以 220 kV 的高压输给负载 44×10^4 kW 的电力，若输电线路的总电阻为 10 Ω，试计算负载的功率因数由 0.5 提高到 0.9 时，输电线上一年（365 天）要少损失多少电能。

解：当功率因数 $\cos\varphi_1=0.5$ 时，线路电流为

$$I_1=\frac{P}{U\cos\varphi_1}=\frac{44\times10^7}{22\times10^4\times0.5}=4\times10^3\ (\text{A})$$

当功率因数 $\cos\varphi_2=0.9$ 时，线路电流为

$$I_2=\frac{P}{U\cos\varphi_2}=\frac{44\times10^7}{22\times10^4\times0.9}\approx2\ 222\ (\text{A})$$

所以一年中线路上少损失的电能为

$$W=(I_1^2-I_2^2)Rt=[(4\times10^3)^2-2\ 222^2]\times10\times365\times24=9.69\times10^8\ (\text{kW}\cdot\text{h})$$

从以上讨论可明显看出，提高功率因数是必要的。其意义就在于：

（1）提高供电设备的利用率。

（2）减小输电线路上的损耗，提高输电效率。

二、提高功率因数的一般方法

日常生活中常用的负载如日光灯、电动机等，属于低功率因数的感性负载。怎样才能提高感性负载的功率因数呢？为了既提高功率因数又不改变负载两端的工作电压，通常都采用下面两种方法。

1. 在感性负载两端并联适当容量的电容器

提高感性负载功率因数的最简便的方法，是用适当容量的电容器与感性负载并联，如图7-5-1（a）所示。这样就可以使电感中的磁场能量与电容器的电场能量进行交换，从而减少电源与负载间能量的互换。

并联电容前（S 断开），总电流 $\dot{I}=\dot{I}_{RL}$，且滞后于 $\dot{U}$ 一个较大的 φ 角，功率因数 $\cos\varphi$ 较低。并联电容后（S 闭合），电容支路出现超前电压 $\dot{U}$ 90°的电流 $\dot{I}_C$，使总电流变为 $\dot{I}=\dot{I}_{RL}+\dot{I}_C$。从图 7-5-1（b）所示的相量图可知，并联电容后，$\dot{U}$ 与 $\dot{I}$ 的相位差减小为 φ_1，因 $\varphi_1<\varphi$，故 $\cos\varphi_1>\cos\varphi$，即整个电路的功率因数提高了。

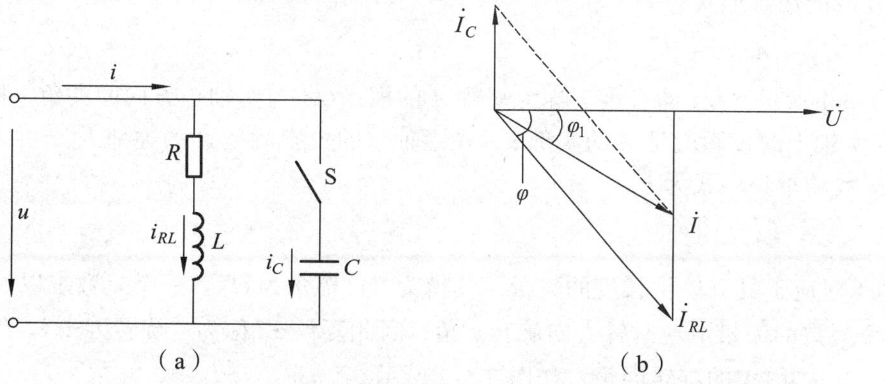

图 7-5-1 并联电容提高感性负载的功率因数

结论：并联电容后，电路的总电流 I 减小，电路总功率因数增大。原感性支路的工作状态不变，功率因数不变，电流 I_{RL} 不变。因为电路中的电阻没有变化，所以消耗的有功功率也不变。

借助相量图分析可证明：对于额定电压为 U、额定功率为 P、工作频率为 f 的感性负载 R-L 来说，将功率因数从 $\cos\varphi_1$ 提高到 $\cos\varphi_2$，所需并联的电容为

$$C=\frac{P}{2\pi fU^2}(\tan\varphi_1-\tan\varphi_2)$$

2. 提高用电设备自身的功率因数

提高用电设备自身的功率因数，主要是指合理选用电动机，即不要用大容量的电动机来带动小功率负载（俗称“大马拖小车”）。应尽量避免用电设备在轻载或空载状态下运行，因为一般用电设备，例如感应电动机，在轻载时，其 $\cos\varphi$ 仅为 0.2 ~ 0.3，而满载时则可达 0.8 ~ 0.85。

练习五

1. 在电力系统中，功率因数是一个重要指标。提高功率因数能提高供电设备的_____率，还能减小输电线路上的______，提高输电效率。

2. 在纯电阻电路中，功率因数 $\cos\varphi$= _____，在感性负载中，$\cos\varphi$介于____与____之间。

3. 提高感性负载功率因数的最简便的方法，是在感性负载两端____适当容量的电容器。

4. 在感性负载两端并联电容后，原感性支路的工作状态_________，电流________。功率因数_________，电路的有功功率_________。

第六节　用复数表示正弦量

一、复数的基本知识

1. 复数的几种基本形式

（1）复数的代数形式为

$$A = a + \mathrm{j}b$$

如图 7-6-1 所示，OA 的长度 r 称为复数 A 的模；OA 与实轴正方向的夹角 φ 称为 A 的辐角；OA 在实轴上的投影就是 A 的实部 a，在虚轴上的投影就是 A 的虚部 b。

（2）复数的指数形式为

$$A = r\mathrm{e}^{\mathrm{j}\varphi}$$

复数 $\mathrm{e}^{\mathrm{j}\varphi}$ 对应于具有单位长度的矢量，其模为 1，辐角为 $\mathrm{e}^{\mathrm{j}\varphi}$。一个复数乘以 $\mathrm{e}^{\mathrm{j}\varphi}$，就相当于表示这个复数的矢量沿逆时针方向旋转 φ 角，因此复数 $\mathrm{e}^{\mathrm{j}\varphi}$ 称为“旋转因子”。当 $\varphi = \pm 90°$ 时，$\mathrm{e}^{\mathrm{j}\varphi} = \pm \mathrm{j}$，为 90°的旋转因子，如图 7-6-2 所示。

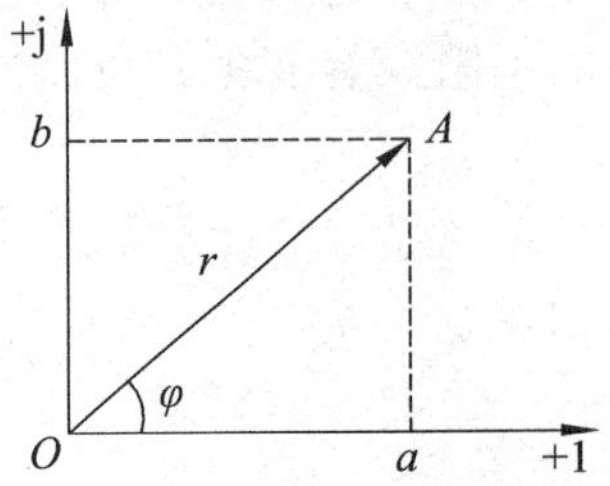

图 7-6-1　复数的矢量表示法

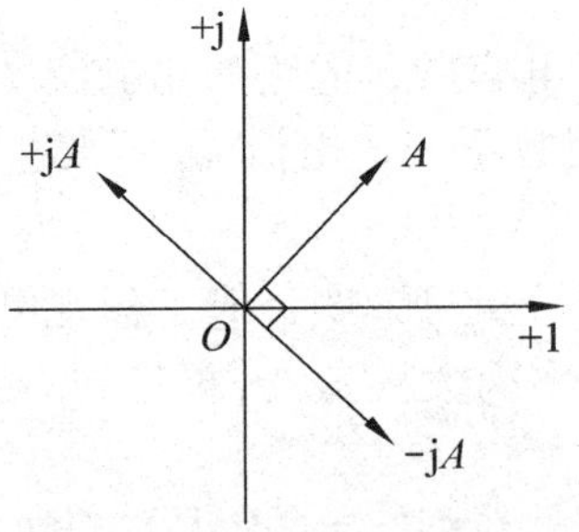

图 7-6-2　±j 旋转因子

（3）复数的三角函数形式为

$$A = r\cos\varphi + \mathrm{j}r\sin\varphi$$

（4）复数的极坐标形式为

$$A = r\angle\varphi$$

综上所述，复数的表示形式有代数式、三角函数式、指数式和极坐标式，它们的关系为

$$A = a + \mathrm{j}b = r(\cos\varphi + \mathrm{j}\sin\varphi) = r\mathrm{e}^{\mathrm{j}\varphi} = r\angle\varphi$$

式中：

$r = \sqrt{a^2 + b^2}$，为复数的模，表示复数的大小。

$\varphi = \arctan\dfrac{b}{a}$，为复数的辐角，表示复数矢量与实轴的夹角。

$a = r\cos\varphi$，$b = r\sin\varphi$。

2. 复数的运算法则

（1）复数的加减运算：

复数的加减运算用代数形式进行。

设有两复数分别为

$$A_1 = a_1 + \mathrm{j}b_1,\quad A_2 = a_2 + \mathrm{j}b_2$$

则

$$A_1 \pm A_2 = (a_1 \pm a_2) + \mathrm{j}(b_1 \pm b_2) \tag{7-6-1}$$

由式（7-6-1）可知，若两复数相等，必满足实部与实部相等，虚部与虚部相等；或者模相等，且辐角相等。

（2）复数的乘法运算：

复数的乘积之模等于复数模之积，而辐角等于复数的辐角之和。

复数的乘法运算，通常用极坐标形式或指数形式进行。

设有两复数分别为

$$A_1 = r_1\angle\varphi_1 = r_1\mathrm{e}^{\mathrm{j}\varphi_1},\quad A_2 = r_2\angle\varphi_2 = r_2\mathrm{e}^{\mathrm{j}\varphi_2}$$

则

$$A_1 \cdot A_2 = r_1 \times r_2\angle\varphi_1 + \varphi_2 = r_1r_2\mathrm{e}^{\mathrm{j}(\varphi_1 + \varphi_2)} \tag{7-6-2}$$

（3）复数的除法运算：

复数的商之模等于复数模之商，而辐角则等于被除数的辐角减去除数的辐角。

复数的除法运算，通常用极坐标形式或指数形式进行。

设有两复数分别为

$$A_1 = r_1 \angle \varphi_1 = r_1 e^{j\varphi_1},\quad A_2 = r_2 \angle \varphi_2 = r_2 e^{j\varphi_2}$$

则

$$\frac{A_1}{A_2} = \frac{r_1}{r_2} \angle \varphi_1 - \varphi_2 = \frac{r_1}{r_2} e^{j(\varphi_1 - \varphi_2)} \quad （7\text{-}6\text{-}3）$$

二、正弦量的有效值相量表示

相量是用复数来表示正弦量的特殊表示法。具体表示方法是：用相量的模表示正弦量的有效值，用相量的辐角表示正弦量的初相位。

如某正弦交流电流为 $i = I_m \sin(\omega t + \varphi_i)$，$u = U_m \sin(\omega t + \varphi_u)$，则

$$\dot{I} = I \angle \varphi_i = I e^{j\varphi_i}$$（正弦交流电流的有效值相量）

$$\dot{U} = U \angle \varphi_u = U e^{j\varphi_u}$$（正弦交流电压的有效值相量）

说明：相量是一种被用来表示正弦交流量的复数，它不等于正弦量。

三、相量图

相量和复数一样可以在复平面上用矢量的形式来表示，这种表示相量的图形称为相量图，如图 7-6-3 所示。

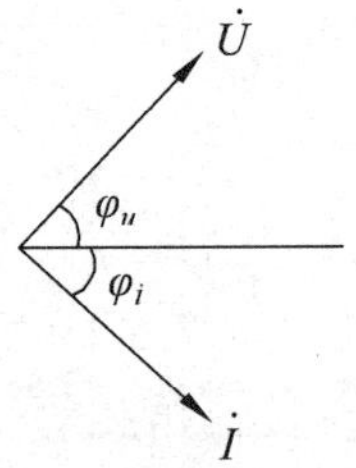

图 7-6-3　电压 u 与电流 i 的相量图

注：只有同频率正弦量的对应相量才能画在同一复平面上，不同频率正弦量的对应相量不能画在同一相量图中。

例 7-6-1　写出 $\dot{U} = 5\angle 30°$ V，$\dot{I} = 4\angle -30°$ A 的瞬时值表达式，并绘出相量图。（设角频率为 $\omega = 314$ rad/s）

解： 由 $\dot{U} = 5\angle 30°$ V 可知

$$U_m = 5 \times \sqrt{2} = 5\sqrt{2}\ (\text{V})$$

$$\varphi = 30°$$

所以　$u = U_m \sin(\omega t + \varphi) = 5\sqrt{2} \sin(314t + 30°)$ V

由 $\dot{I} = 4\angle -30°$ A 可知

$$I_m = 4 \times \sqrt{2} = 4\sqrt{2}\ (\text{V})$$

$$\varphi = -30°$$

所以　$i = I_m \sin(\omega t + \varphi) = 4\sqrt{2} \sin(314t - 30°)$ A

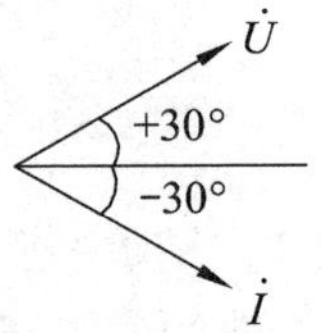

图 7-6-4　相量图

相量图如图 7-6-4 所示。

练习六

一、填空题

1. 复数的代数式、指数式和极坐标式，它们的关系为 $A = a + \mathrm{j}b = r\mathrm{e}^{\mathrm{j}\varphi} = r\angle\varphi$，式中 $r =$ ________，称为复数的模，表示复数的________；φ 称为复数的________，表示复数矢量与实轴的_______。

2. 正弦量的相量表示方法是：用相量的模表示正弦量的_______值，用相量的辐角表示正弦量的_______。

二、绘图题

1. 写出 $\dot{U} = 220\angle 120^\circ$ V，$\dot{I} = 100\angle -60^\circ$ A 的瞬时值表达式，并绘出相量图。（设 $\omega =$ 314 rad/s）

2. 写出 $\dot{U} = 10\mathrm{e}^{\mathrm{j}30^\circ}$ V，$\dot{I} = 5\mathrm{e}^{\mathrm{j}-30^\circ}$ A 的瞬时值表达式，并绘出相量图。（设 $\omega =$ 314 rad/s）

第七节　欧姆定律的复数形式及复阻抗与复导纳

一、欧姆定律的复数形式

在纯电阻、纯电感、纯电容电路中，我们已分析了电阻、电感及电容元件上的正弦电压和电流之间的有效值及相位关系。这些关系也可以用复数表示。

1. 纯电阻电路

设通过电阻的电流为

$$i = \sqrt{2}I\sin(\omega t + \varphi)$$

则电阻两端的电压为

$$u_R = \sqrt{2}U_R\sin(\omega t + \varphi) = \sqrt{2}IR\sin(\omega t + \varphi)$$

如果用复数表示 u_R 、i，则

$$\dot{I} = I\angle\varphi = I\mathrm{e}^{\mathrm{j}\varphi}\text{，}\quad \dot{U}_R = U_R\angle\varphi = U_R\mathrm{e}^{\mathrm{j}\varphi} = RI\angle\varphi = RI\mathrm{e}^{\mathrm{j}\varphi}$$

因此

$$\dot{U}_R = R\dot{I} \tag{7-7-1}$$

式（7-7-1）说明了纯电阻电路的复电压（复数表示的电压）及复电流（复数表示的电流）之间的关系。式中，复电压、复电流的模均用有效值表示，与欧姆定律（$U_R = IR$）的形式是一致的，叫作纯电阻电路欧姆定律的复数形式。它表明电阻元件上电压与电流有效值的关系，也表明电压与电流的相位关系是同相的。

2. 纯电感电路

设通过电感元件的电流为

$$i=\sqrt{2}I\sin(\omega t+\varphi)$$

则电感元件两端的电压为

$$u_L=\sqrt{2}U_L\sin(\omega t+\varphi+90°)=\sqrt{2}X_L I\sin(\omega t+\varphi+90°)$$

用复电流、复电压表示，得

$$\dot{I}=I\angle\varphi=I\mathrm{e}^{\mathrm{j}\varphi}$$

$$\dot{U}_L=U\angle\varphi+90°=\mathrm{j}X_L I\angle\varphi$$

$$\dot{U}_L=X_L I\mathrm{e}^{\mathrm{j}(\varphi+90°)}=X_L I\mathrm{e}^{\mathrm{j}\varphi}\cdot\mathrm{e}^{\mathrm{j}90°}=\mathrm{j}X_L I\mathrm{e}^{\mathrm{j}\varphi}$$

因此

$$\dot{U}_L=\mathrm{j}X_L\dot{I} \tag{7-7-2}$$

式（7-7-2）说明：在电感元件中，电压的有效值等于电流有效值与感抗的乘积；复电压 $\dot{U}_L$ 的相位比复电流 $\dot{I}$ 的相位超前 90°，这是由于复电流 $\dot{I}$ 乘以旋转因子 j，就相当于把 $\dot{I}$ 在复平面中逆时针旋转 90°。

3. 纯电容电路

设通过电感元件的电流为

$$i=\sqrt{2}I\sin(\omega t+\varphi)$$

则电感元件两端的电压为

$$u_C=\sqrt{2}U_C\sin(\omega t+\varphi-90°)=\sqrt{2}X_C I\sin(\omega t+\varphi-90°)$$

用复电流、复电压表示，得

$$\dot{I}=I\angle\varphi=I\mathrm{e}^{\mathrm{j}\varphi}$$

$$\dot{U}_C=U\angle\varphi-90°=-\mathrm{j}X_C I\angle\varphi$$

$$\dot{U}_C=X_C I\mathrm{e}^{\mathrm{j}(\varphi-90°)}=X_C I\mathrm{e}^{\mathrm{j}\varphi}\cdot\mathrm{e}^{\mathrm{j}-90°}=-\mathrm{j}X_C I\mathrm{e}^{\mathrm{j}\varphi}$$

因此

$$\dot{U}_C=-\mathrm{j}X_C\dot{I} \tag{7-7-3}$$

式（7-7-3）说明：在电容元件中，电压有效值等于电流有效值与容抗的乘积；复电压 $\dot{U}_C$ 的相位比复电流 $\dot{I}$ 的相位滞后 90°，这是由于复电流 $\dot{I}$ 乘以 – j，就相当于把 $\dot{I}$ 在复平面中顺时针旋转 90°。

综上所述，

$$\dot{U}_R=R\dot{I}\text{ ，}\dot{U}_L=\mathrm{j}X_L\dot{I}\text{ ，}\dot{U}_C=-\mathrm{j}X_C\dot{I}$$

就是纯电阻、纯电感、纯电容电路欧姆定律的复数形式。

二、复阻抗

我们已经研究过 R-L-C 串联电路，如图 7-7-1 所示。

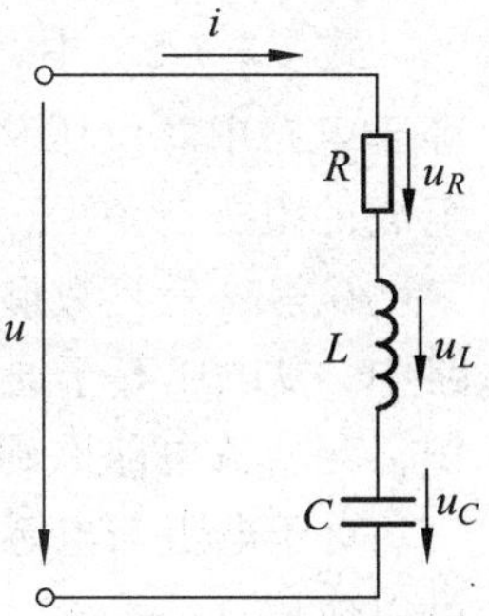

图 7-7-1 R-L-C 电路

设电路两端加的电压为 $\dot{U}$，通过 R-L-C 串联电路的电流为 $\dot{I}$，在电阻、电感、电容三个元件上电压降分别是 $\dot{U}_R$、$\dot{U}_L$、$\dot{U}_C$，由欧姆定律得

$$\dot{U}_R = R\dot{I}$$

$$\dot{U}_L = \mathrm{j}X_L\dot{I}$$

$$\dot{U}_C = -\mathrm{j}X_C\dot{I}$$

由基尔霍夫电压定律得

$$\dot{U} = \dot{U}_R + \dot{U}_L + \dot{U}_C = R\dot{I} + \mathrm{j}X_L\dot{I} - \mathrm{j}X_C\dot{I}$$

即

$$\dot{U} = [R + \mathrm{j}(X_L - X_C)]\dot{I} \tag{7-7-4}$$

式（7-7-4）中，$X_L - X_C = X$，称为电抗，单位是欧姆（Ω）。将 X 代入式（7-7-4）得

$$\dot{U} = (R + \mathrm{j}X)\dot{I}$$

令 $Z = R + \mathrm{j}X$，得

$$\dot{U} = Z\dot{I}$$

或写成

$$Z = \frac{\dot{U}}{\dot{I}} \tag{7-7-5}$$

Z 称为复阻抗，它是由电阻、电感、电容三个元件共同作用的结果，单位为欧姆（Ω）。这里的 Z 是一个复数，它的实部是电阻 R，虚部是电抗 X。

当 $X>0$（正值）时，表示复阻抗是感性的，即电路呈感性；

当 $X<0$（负值）时，表示复阻抗是容性的，即电路呈容性；

当 $X=0$（零值）时，表示复阻抗是阻性的，即电路呈阻性。

由于复阻抗不是正弦量，即不是相量，所以不加“·”这一符号，只用大写字“Z”表示。

也可以将 $Z = R + \mathrm{j}X$ 写成

$$Z = |Z|\angle\varphi = |Z|\mathrm{e}^{\mathrm{j}\varphi}$$

其模为

$$|Z| = \sqrt{R^2 + X^2} = \sqrt{R^2 + (X_L - X_C)^2}$$

辐角为

$$\varphi = \arctan\frac{X}{R} = \arctan\frac{X_L - X_C}{R}$$

则

$$Z = |Z|\angle\varphi = |Z|e^{j\varphi} \tag{7-7-6}$$

式（7-7-6）中，$|Z|$ 就是电路的阻抗，φ 为电路的阻抗角，它等于电路中总电压和总电流的相位差，即 $\varphi = \varphi_u - \varphi_i$。由 X、R、Z 组成的阻抗三角形，如图 7-7-2 所示。

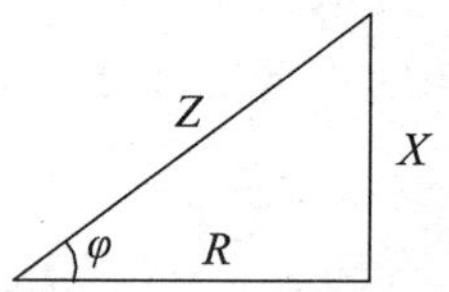

图 7-7-2　阻抗三角形

$\dot{U} = Z\dot{I}$ 是复数形式欧姆定律的一般形式。它表明在一段无源电路中，复电压等于通过该段电路的复电流与这段电路的复阻抗的乘积，与直流电路欧姆定律形式相同。

对于电阻与电感串联电路、电阻与电容串联电路，只不过是复阻抗的数值不同，也同样可以应用这一公式。

例 7-7-1　一个 $R = 8\ \Omega$、$L = 15\ \text{mH}$ 的线圈与 $C = 50\ \mu\text{F}$ 的电容器串联，如图 7-7-1 所示，现将其接到电压 $u = 50\sqrt{2}\sin(1\,000t + 15°)\ \text{V}$ 的电源上，求：

（1）电路中的电流 $\dot{I}$；（2）$\dot{U}_R$、$\dot{U}_L$、$\dot{U}_C$。

解： 先求出复阻抗。

$$R = 8\ \Omega$$

$$X_L = \omega L = 1\,000 \times 15 \times 10^{-3} = 15\ (\Omega)$$

$$X_C = \frac{1}{\omega C} = \frac{1}{1\,000 \times 50 \times 10^{-6}} = 20\ (\Omega)$$

$$Z = 8 + j(15 - 20) = 8 - j5\ (\Omega)$$

$$|Z| = \sqrt{8^2 + 5^2} = 9.44\ (\Omega)$$

$$\varphi = \arctan\frac{X_L - X_C}{R} = \arctan\frac{15 - 20}{8} = -32°$$

$$Z = 9.44\angle -32°\ (\Omega)$$

（1）电路中的电流

$$\dot{I} = \frac{\dot{U}}{Z} = \frac{50\angle 15°}{9.44\angle -32°} = 5.3\angle 47°\ (\text{A})$$

（2）

$$\dot{U}_R = R\dot{I} = 8 \times 5.3\angle 47° = 42.4\angle 47°\ (\text{V})$$

$$\dot{U}_L = jX_L\dot{I} = 15\angle 90° \times 5.3\angle 47° = 79.5\angle 137°\ (\text{V})$$

$$\dot{U}_C = -jX_C\dot{I} = 20\angle -90° \times 5.3\angle 47° = 106\angle -43°\ (\text{V})$$

三、复导纳

当几个电阻并联时，为了计算等效电阻，要用下面的公式：

$$\frac{1}{R}=\frac{1}{R_1}+\frac{1}{R_2}+\cdots+\frac{1}{R_n}$$

如果写成电导的形式，上式变为

$$G = G_1 + G_2 + \cdots + G_n$$

对于交流电路，为了计算复阻抗并联（见本章第八节），引入复导纳是很方便的。

复导纳用字母 Y 表示，它等于复阻抗 Z 的倒数，即

$$Y=\frac{1}{Z}$$

根据复数形式欧姆定律，复导纳可以用复电流与复电压的比值表示，即

$$Y=\frac{\dot{I}}{\dot{U}}$$

与复阻抗相似，复导纳是复数，可以用复数计算，但它不是正弦量，即不是相量。

设复导纳为

$$Y = G + \mathrm{j}B$$

这是其代数形式，式中的实部 G 为电导（电阻 R 的倒数，即 $G=\frac{1}{R}$），虚部 B 为电纳（电抗 X 的倒数，即 $B=\frac{1}{X}$），它们的单位均是西门子（S），简称西。复导纳的指数形式和极坐标形式为

$$Y=|Y|\mathrm{e}^{\mathrm{j}\varphi'}=|Y|\underline{/\varphi'}$$

其中，$|Y|$ 是复导纳的模，叫作电路的导纳；φ' 叫作导纳角，它等于总电流和总电压的相位差，即 $\varphi' = \varphi_i-\varphi_u=-(\varphi_u-\varphi_i)=-\varphi$，所以它与阻抗角 φ 相等，符号相反。

因此，导纳角 φ' 为正值，阻抗角 φ 为负值，说明电路中电流的相位超前于电压，即电路为容性电路；如果导纳角 φ' 为负值，阻抗角 φ 为正值，说明电压的相位超前于电流，即电路为感性电路。不管是用复阻抗还是用复导纳表示，电路的性质是不变的。

练习七

一、填空题

1. 纯电阻、电感、电容电路欧姆定律的复数形式为 $\dot{U}_R=$ ________ $\dot{I}$，$\dot{U}_L=$ ________ $\dot{I}$，$\dot{U}_C=$ ________ $\dot{I}$。$\dot{U}=$ ________ $\dot{I}$ 是复数形式欧姆定律的一般形式。

2. 复阻抗 $Z=\frac{\dot{U}}{\dot{I}}=|Z|\underline{/\varphi}=|Z|\mathrm{e}^{\mathrm{j}\varphi}$。它是由______、电感、电容三个元件共同作用的结果，单位为______。电路的阻抗 $|Z|=\sqrt{R^2+X^2}=\sqrt{R^2+(X_L-X_C)^2}$。电路的阻抗角 $\varphi=\arctan\frac{X}{R}=\arctan\frac{X_L-X_C}{R}$，它等于电路中总电压和总电流的相位差，即 $\varphi=\varphi_u-\varphi_i$。

二、计算题

在 R-L-C 串联电路中，已知电阻 $R=8\ \Omega$，感抗 $X_L=12\ \Omega$，容抗 $X_C=6\ \Omega$，现将这个电路接到电压 $u=50\sqrt{2}\sin(314t+30^\circ)$ V 的电源上，求：（1）电路中的电流 $\dot{I}$；（2）$\dot{U}_R$、$\dot{U}_L$、$\dot{U}_C$。

第八节　阻抗的串联与并联

在交流电路的计算中，不一定涉及具体的电阻、电容、电感元件，而可能只研究复阻抗的连接、电压与电流的关系。这一节先研究复阻抗的串联问题。

一、阻抗的串联

如图 7-8-1 所示是两个复阻抗 Z_1、Z_2 串联电路。设电路外加电压为 $\dot{U}$，电路中电流为 $\dot{I}$，阻抗 Z_1、Z_2 上的电压降为 $\dot{U}_1$、$\dot{U}_2$，则

$$\dot{U}=\dot{U}_1+\dot{U}_2,\quad \dot{U}_1=Z_1\dot{I},\quad \dot{U}_2=Z_2\dot{I}$$

$$\dot{U}=\dot{U}_1+\dot{U}_2=Z_1\dot{I}+Z_2\dot{I}=(Z_1+Z_2)\dot{I}=Z\dot{I}$$

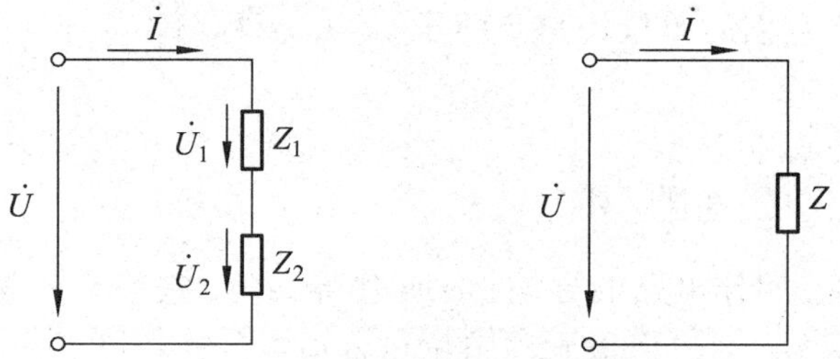

图 7-8-1　复阻抗的串联

由此可见，总的复阻抗为

$$Z=Z_1+Z_2$$

对于 n 个复阻抗串联，有

$$Z=Z_1+Z_2+\cdots+Z_n \tag{7-8-1}$$

说明：串联电路的等效复阻抗等于各分复阻抗之和，这一结论与直流电路中电阻串联相同。

应当指出，式（7-8-1）只在用复数表示阻抗时成立，如果用复阻抗的模表示，上式是不成立的，即

$$|Z|\neq|Z_1|+|Z_2|$$

例 7-8-1　已知阻抗 $Z_1=(30+\mathrm{j}40)\ \Omega$，$Z_2=(30-\mathrm{j}20)\ \Omega$，两阻抗串联，外加电压 $\dot{U}=220\angle 0^\circ$ V，求：（1）总复阻抗 Z；（2）串联电路电流 $\dot{I}$；（3）电路呈感性还是容性？

解：（1）总复阻抗

$$Z = Z_1 + Z_2 = (30 + j40) + (30 - j20) = 60 + j20\ (\Omega)$$

化成指数形式，得

$$|Z| = \sqrt{60^2 + 20^2} = 63.2\ (\Omega)$$

$$\varphi = \arctan\frac{20}{60} = 18.4°$$

$$Z = 63.2e^{j18.4°}\ (\Omega)$$

（2）根据复数形式欧姆定律可得

$$\dot{I} = \frac{\dot{U}}{Z} = \frac{220e^{j0°}}{63.2e^{j18.4°}} = 3.48e^{-j18.4°}\ (A)$$

（3）从复电流与复电压的表示式中可以看出，电压比电流超前 18.4°，电路呈感性。

实际上，由复阻抗的形式 $Z = 60 + j20\ \Omega$ 可以直接看出，复数的虚部为正，说明电路呈电感性。

二、阻抗的并联

图 7-8-2 所示为复阻抗 Z_1、Z_2 的并联电路。设这一电路的外加电压为 $\dot{U}$，电路的总电流是 $\dot{I}$，通过 Z_1、Z_2 的电流分别是 $\dot{I}_1$、$\dot{I}_2$。

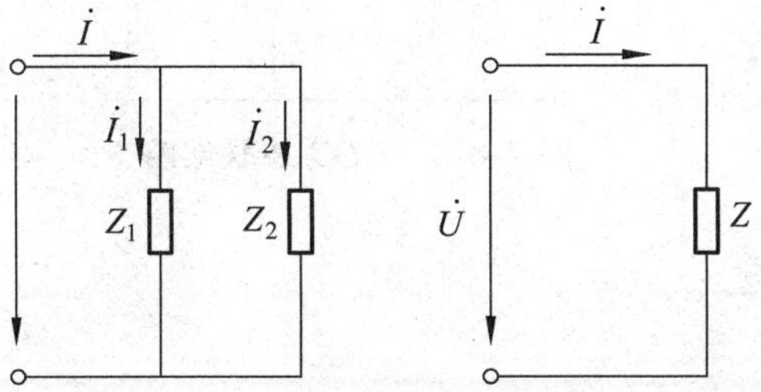

图 7-8-2　复阻抗的并联电路

根据基尔霍夫电流定律，有

$$\dot{I} = \dot{I}_1 + \dot{I}_2$$

$$\dot{I} = \frac{\dot{U}}{Z},\quad \dot{I}_1 = \frac{\dot{U}}{Z_1},\quad \dot{I}_2 = \frac{\dot{U}}{Z_2}$$

$$\frac{\dot{U}}{Z} = \frac{\dot{U}}{Z_1} + \frac{\dot{U}}{Z_2}$$

因此

$$\frac{1}{Z}=\frac{1}{Z_1}+\frac{1}{Z_2}$$

对于 n 个阻抗并联，有

$$\frac{1}{Z}=\frac{1}{Z_1}+\frac{1}{Z_2}+\cdots+\frac{1}{Z_n} \tag{7-8-2}$$

这种复阻抗的并联计算公式与直流电路中电阻并联计算公式形式相同。在两个复阻抗并联时，计算起来比较容易，但在有两个以上的阻抗支路并联时，运算就十分麻烦，而用复导纳计算就方便得多。

将 $Y=\frac{1}{Z}$，$Y_1=\frac{1}{Z_1}$，$Y_2=\frac{1}{Z_2}$，…，$Y_n=\frac{1}{Z_n}$ 代入式（7-8-2）中，得

$$Y=Y_1+Y_2+\cdots+Y_n \tag{7-8-3}$$

上式说明：在并联电路中，等效复导纳等于各支路复导纳之和。

引入复导纳后，$\dot{I}=\frac{\dot{U}}{Z}$ 可表示成 $\dot{I}=Y\dot{U}$，这是复数形式欧姆定律的又一表示形式。

例 7-8-2 在图 7-8-3 所示电路中，已知 $R=10\ \Omega$，$X_L=8\ \Omega$，$X_C=15\ \Omega$，$\dot{U}=110\angle 0^\circ$ V。要求：（1）求总电流 $\dot{I}$；（2）求总阻抗 Z；（3）求总功率因数 $\cos\varphi$；（4）绘出相量图。

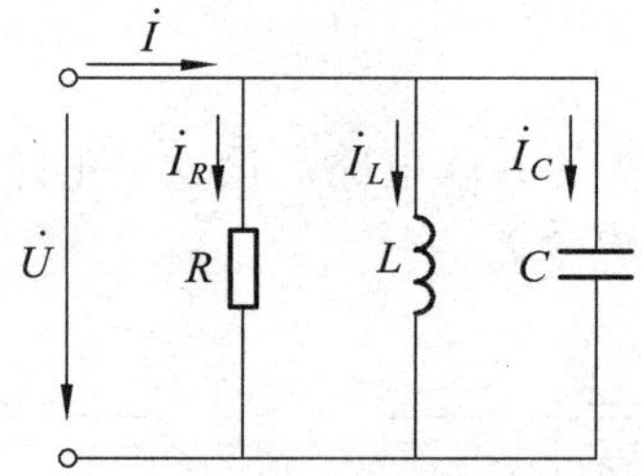

图 7-8-3 *RLC* 并联电路

解：（1）求总电流 $\dot{I}$。

对于电阻支路，有

$$Z_1=R$$

$$\dot{I}_R=\frac{\dot{U}}{R}=\frac{110\mathrm{e}^{\mathrm{j}0^\circ}}{10}=11\ (\mathrm{A})$$

对于电感支路，有

$$Z_2=\mathrm{j}X_L$$

$$\dot{I}_L=\frac{\dot{U}}{\mathrm{j}X_L}=\frac{110\mathrm{e}^{\mathrm{j}0^\circ}}{8\mathrm{e}^{\mathrm{j}90^\circ}}=13.8\mathrm{e}^{-\mathrm{j}90^\circ}=-\mathrm{j}13.8\ (\mathrm{A})$$

对于电容支路，有

$$Z_3=-\mathrm{j}X_C$$

$$\dot{I}_C=\frac{\dot{U}}{-\mathrm{j}X_C}=\frac{110\mathrm{e}^{\mathrm{j}0^\circ}}{15\mathrm{e}^{-\mathrm{j}90^\circ}}=7.3\mathrm{e}^{\mathrm{j}90^\circ}=\mathrm{j}7.3\ (\mathrm{A})$$

总电流等于各支路电流之和，即

$$\dot{I} = \dot{I}_R + \dot{I}_L + \dot{I}_C = 11 - \mathrm{j}13.8 + \mathrm{j}7.3 = 11 - \mathrm{j}6.5 = 12.8\,\mathrm{e}^{-\mathrm{j}30.6^\circ}\ (\mathrm{A})$$

（2）求总阻抗。

$$Z = \frac{\dot{U}}{\dot{I}} = \frac{110\mathrm{e}^{\mathrm{j}0^\circ}}{12.8\mathrm{e}^{-\mathrm{j}30.8^\circ}} = 8.6\mathrm{e}^{\mathrm{j}30.6^\circ}\ (\Omega)$$

（3）求总功率因数。

$$\cos\varphi = \cos30.6^\circ = 0.86$$

（4）相量图如图 7-8-4 所示。

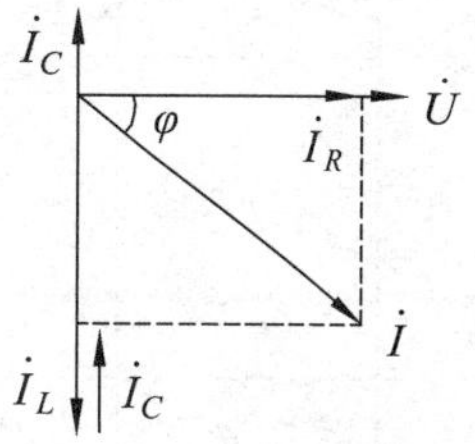

图 7-8-4 相量图

对于交流并联电路，作相量图时可以用电压作为参考量，因为并联电路两端的电压相等。相量图对于计算交流电路起辅助作用，其特点是比较直观，无论以哪个相量为参考量，相量间的关系不会发生变化，只是初相位有所不同。

练习八

1. 串联电路的等效复阻抗 Z 等于各分复阻抗________，对于有 n 个复阻抗串联的电路，有 $Z=$________________。此公式只在用________表示阻抗时成立，如果用复阻抗的______表示，此公式是不成立的，即 $|Z| \neq |Z_1| + |Z_2|$。

2. 对于有 n 个复阻抗并联电路，等效复阻抗的倒数 $\frac{1}{Z}=$____________________。等效复导纳 $Y=$____________________。

本章小结

一、纯电阻、纯电感、纯电容交流电路

电路类型	纯电阻电路	纯电感电路	纯电容电路
阻抗值/Ω	$R = \frac{U_R}{I}$	$X_L = \frac{U_L}{I} = \omega L = 2\pi fL$	$X_C = \frac{U_C}{I} = \frac{1}{\omega C} = \frac{1}{2\pi fC}$
电压与电流的频率关系	相同	相同	相同
电压与电流的相位关系	电压与电流同相位 $\varphi_u = \varphi_i$	电压超前电流 90° $\varphi_u = \varphi_i + 90^\circ$	电压滞后电流 90° $\varphi_u = \varphi_i - 90^\circ$
电压与电流的数量关系	$U_R = I_R R$	$U_L = I_L X_L$	$U_C = I_C X_C$

续表

电路		纯电阻电路	纯电感电路	纯电容电路
表示法	解析法	$i = I_m \sin\omega t$ $u_R = U_{Rm}\sin\omega t$	$i = I_m \sin\omega t$ $u_L = U_{Lm}\sin(\omega t + 90°)$	$i = I_m \sin\omega t$ $u_C = U_{Cm}\sin(\omega t - 90°)$
	相量图		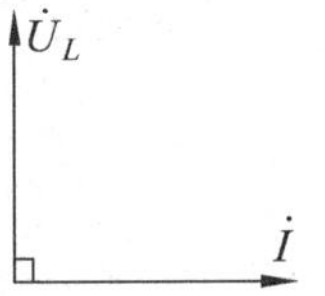	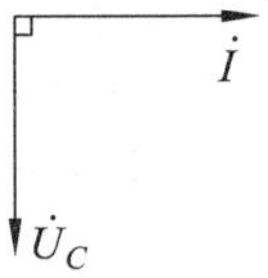
电功率	有功功率	$P_R = U_R I = I^2 R$（W）	$P_L = 0$	$P_C = 0$
	无功功率	$Q_R = 0$	$Q_L = U_L I_L = X_L I_L^2$（var）	$Q_C = U_C I_C = X_C I_C^2$（var）

二、*R-L-C* 串联电路

电压与电流的相位关系		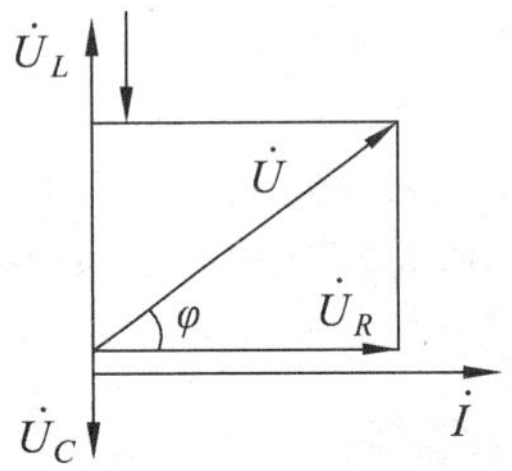（a）呈感性 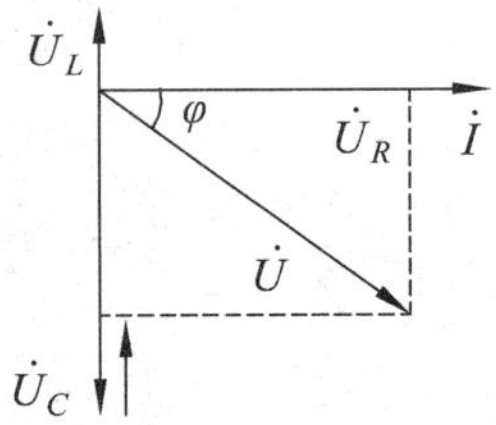（b）呈容性 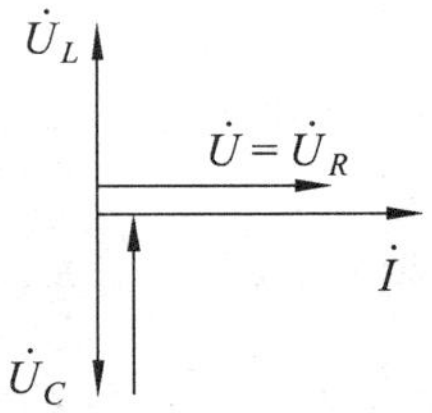（c）呈阻性 （1）当 $X_L>X_C$，即 $U_L>U_C$ 时，电路呈感性，$\varphi>0$； （2）当 $X_L<X_C$，即 $U_L<U_C$ 时，电路呈容性，$\varphi<0$； （3）当 $X_L=X_C$，即 $U_L=U_C$ 时，电路呈阻性，$\varphi=0$。
阻抗值		$Z=U/I=\sqrt{R^2+X^2}$，其中，电抗 $X=X_L-X_C$ $X_L=\dfrac{U_L}{I}=\omega L=2\pi fL$，$X_C=\dfrac{U_C}{I}=\dfrac{1}{\omega C}=\dfrac{1}{2\pi fC}$
电压与电流的数量关系		$U=IZ$ $U_R=IR$，$U_L=IX_L$，$U_C=IX_C$
电功率	有功功率	$P=U_R I=RI^2=UI\cos\varphi=S\cos\varphi$（W）
	无功功率	$Q=Q_L-Q_C$（var）
	视在功率	$S=UI=\sqrt{P^2+Q^2}$（V·A）
	功率因数	$\cos\varphi=P/S=U_R/U=R/Z$

三、用复数表示正弦量

1. 相量

相量是用复数来表示正弦量的特殊表示法。复数的模表示正弦量的有效值，复数的辐角表示正弦量的初相位。

如 $i=I_m\sin(\omega t+\varphi_i)$，$u=U_m\sin(\omega t+\varphi_u)$，则

$$\dot{I} = I\angle\varphi_i = I\mathrm{e}^{\mathrm{j}\varphi_i}$$（正弦交流电流的有效值相量）

$$\dot{U} = U\angle\varphi_u = U\mathrm{e}^{\mathrm{j}\varphi_u}$$（正弦交流电压的有效值相量）

其中：I、U 为电流与电压的有效值，φ_i、φ_u 为电流与电压的初相位。

2. 复阻抗

负载两端的电压相量与流入负载的电流相量之比，称负载的复阻抗，即

$$Z = \frac{\dot{U}}{\dot{I}} = |Z|\angle\varphi = |Z|\mathrm{e}^{\mathrm{j}\varphi}$$

复阻抗的模等于电压有效值与电流有效值之比，即

$$|Z| = \frac{U}{I} = \sqrt{R^2 + X^2} = \sqrt{R^2 + (X_L - X_C)}$$

复阻抗的辐角等于电压与电流的相位差，即

$$\varphi = \varphi_u - \varphi_i = \arctan\frac{X_L - X_C}{R}$$

复阻抗 Z 是由电阻、电感、电容三个元件共同作用的结果，单位为欧姆（Ω）。这里 Z 是一个复数，它的实部是电阻 R，虚部是电抗 X。

当 $X = X_L - X_C > 0$ 时，阻抗角 $\varphi = \varphi_u - \varphi_i > 0$，表示复阻抗是感性的，即电路呈感性；

当 $X = X_L - X_C < 0$ 时，阻抗角 $\varphi = \varphi_u - \varphi_i < 0$，表示复阻抗是容性的，即电路呈容性；

当 $X = X_L - X_C = 0$ 时，阻抗角 $\varphi = \varphi_u - \varphi_i = 0$，表示复阻抗是阻性的，即电路呈阻性。

由于复阻抗不是正弦量，即不是相量，所以不加“·”这一符号，只用大写字“Z”表示。

四、欧姆定律的复数形式

（1）纯电阻、电感、电容电路欧姆定律的复数形式：

$$\dot{U}_R = R\dot{I}，\ \dot{U}_L = \mathrm{j}X_L\dot{I}，\ \dot{U}_C = -\mathrm{j}X_C\dot{I}$$

（2）复数形式欧姆定律的一般形式：

$$\dot{U} = Z\dot{I}$$

它表明在一段无源电路中，复电压等于通过该段电路的复电流与这段电路复阻抗的乘积，与直流电路欧姆定律形式相同。

五、阻抗的串并联

（1）串联电路的等效复阻抗等于各分复阻抗之和，即

$$Z = Z_1 + Z_2 + \cdots + Z_n$$

（2）并联电路的等效阻抗的倒数等于各分复阻抗的倒数之和，即

$$\frac{1}{Z} = \frac{1}{Z_1} + \frac{1}{Z_2} + \cdots + \frac{1}{Z_n}$$

第八章　三相交流电路

用一个交流电源供电的电路称为单相交流电路，而由频率和振幅相同、相位互差 120°的三个正弦交流电源同时供电的电路，称为三相交流电路。

目前，世界上绝大多数电力系统都采用三相交流电路来产生和传输电能。因为与单相交流电相比，三相交流电有着许多技术和经济上的优点：在发电方面，输出同样功率的三相发电机比单相发电机体积小，重量轻；在输电方面，若输送功率相同、电压相同、距离和线路损耗相等，采用三相制输电所用的有色金属仅为单相输电的 75%，因而大大节约了输电线路的有色金属用量；在变配电方面，三相变压器比单相变压器经济而且便于接入单相或三相负载；在用电方面，工农业生产中广泛应用的三相异步电动机比单相电动机的结构更简单、价格更低、性能更好、工作更平稳可靠。

第一节　三相交流电源

一、三相交流电动势的产生

三相交流电动势是由三相交流发电机产生的，对一般工厂来说是由电力网经过三相变压器提供的。图 8-1-1 所示为三相发电机的原理示意图，它的主要部分是电枢和磁极。

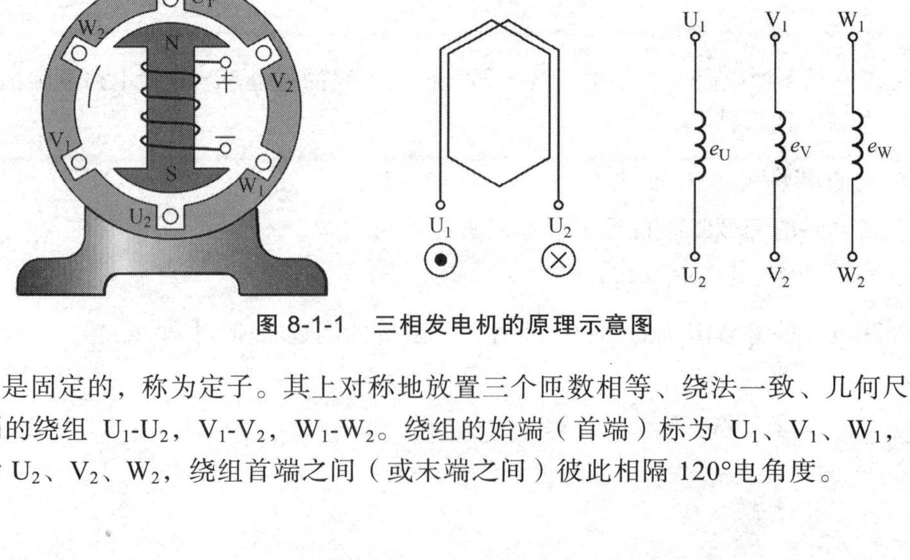

图 8-1-1　三相发电机的原理示意图

电枢是固定的，称为定子。其上对称地放置三个匝数相等、绕法一致、几何尺寸及材料完全相同的绕组 U_1-U_2，V_1-V_2，W_1-W_2。绕组的始端（首端）标为 U_1、V_1、W_1，末端（尾端）标为 U_2、V_2、W_2，绕组首端之间（或末端之间）彼此相隔 120°电角度。

磁极是旋转的，称为转子。转子磁极上绕有线圈，称为励磁绕组。当通入直流电后，就形成磁场。若极面形状选择适当，可使定子与转子气隙中的磁场按正弦规律分布。转子由原动机带动（如水力、风力、火力发电中的蒸汽机等），以匀速做逆时针转动。因此，每相绕组依次切割磁感线而产生正弦感应电动势，发出三相正弦交流电。

三相感应电动势 e_U、e_V、e_W 具有如下特点：

（1）感应电动势的大小（最大值或有效值）相等。因为三相绕组的结构完全相同。

（2）感应电动势的频率相同。因为磁场对每一相绕组的相对转速是一样的，即三相绕组以同一转速切割磁感线。

（3）感应电动势的相位互差 120°电角度。在转子为一对磁极的情况下，三相绕组在空间互差 120°对称分布，因而各相绕组切割磁感线的时间先后相差转子转过 120°所需的时间（实际的三相发电机不一定是一对磁极，所以绕组在空间位置相差的机械角度不一定是 120°，但电角度必定相差 120°，以保证三相的对称），具有这些特点的三相电动势称为“对称三相电动势”，产生对称三相电动势的发电机便构成一个对称三相电源。图 8-1-2 分别是对称三相电动势的波形图和相量图。

以 e_U 为参考正弦量，则三相电动势的瞬时表达式为

$$\begin{cases} e_U = E_m \sin \omega t \\ e_V = E_m \sin(\omega t - 120°) \\ e_W = E_m \sin(\omega t + 120°) \end{cases} \tag{8-1-1}$$

三相电动势随时间按正弦规律变化，它们达到最大值（或零值）的先后顺序，叫作相序。如 U 相超前 V 相，V 相超前 W 相，称为正序（或顺序）。相反，若 U 相滞后 V 相，V 相滞后 W 相，称为负序（或逆序）。

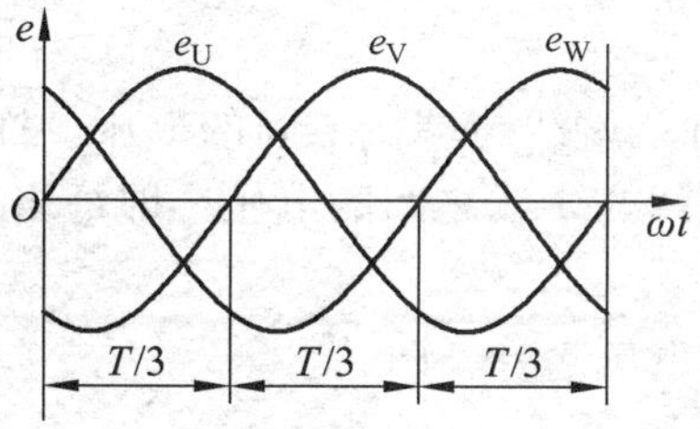

（a）

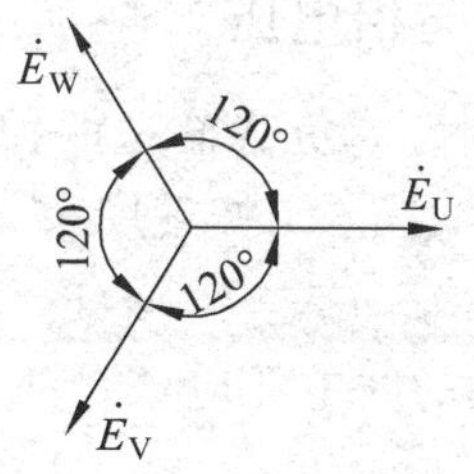

（b）

图 8-1-2　对称三相电动势的波形图和相量图

二、三相交流电源的连接

1. 三相四线制

把对称三相电源各相末端 U_2、V_2、W_2 连在一起，成为一个公共端点（称中性点），用符号 N 表示。从 U_1、V_1、W_1 和 N 引出四条输电线，称为三相电源 Y 形（星形）联结时的三相四线制供电方式，如图 8-1-3 所示。

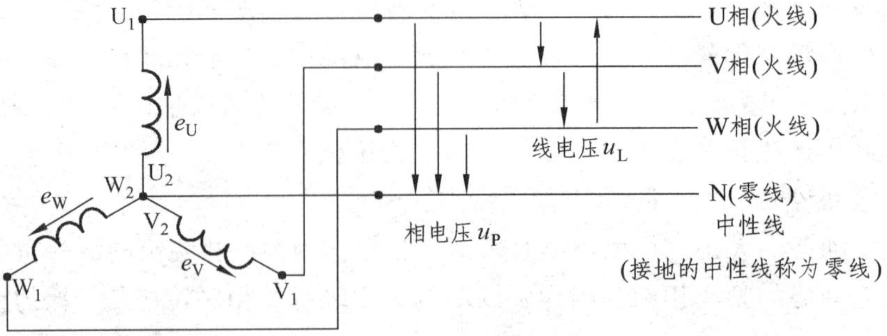

图 8-1-3　三相电源 Y 形联结时的三相四线制供电方式

N 点称为中性点或中点。由各相首端引出的输电线称为端线（俗称“火线”），由 N 点引出的输电线称为中性线，简称中线。中点通常与大地相接，把接地的中性点称为零点，接地的中性线俗称“零线”。若三相电源 Y 形联结时无中线引出，则为三相三线制供电方式，如图 8-1-4 所示。

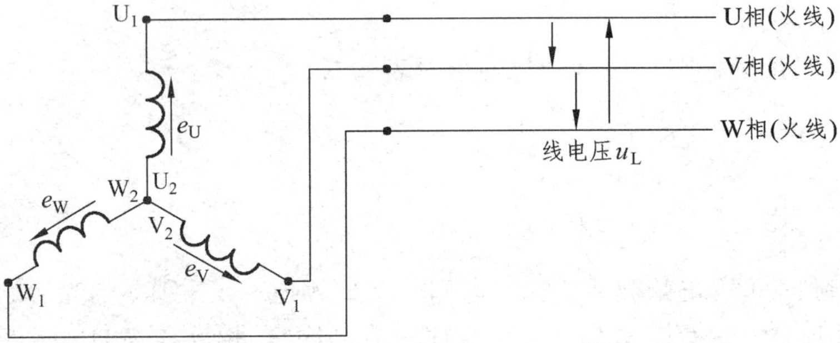

图 8-1-4　三相电源 Y 形联结时的三相三线制供电方式

2. 线电压与相电压

三相四线制可向负载输送两种电压：一种是端线与端线之间的电压，称为线电压U_L，$U_L=U_{UV}=U_{VW}=U_{WU}$（按正序）；另一种是端线与中线之间的电压，即每相电源的电压，称为相电压U_P，$U_P=U_U=U_V=U_W$。

两端线之间的线电压应该是两个相应的相电压之差，即

$$\begin{cases}u_{UV}=u_U-u_V\\u_{VW}=u_V-u_W\\u_{WU}=u_W-u_U\end{cases}$$

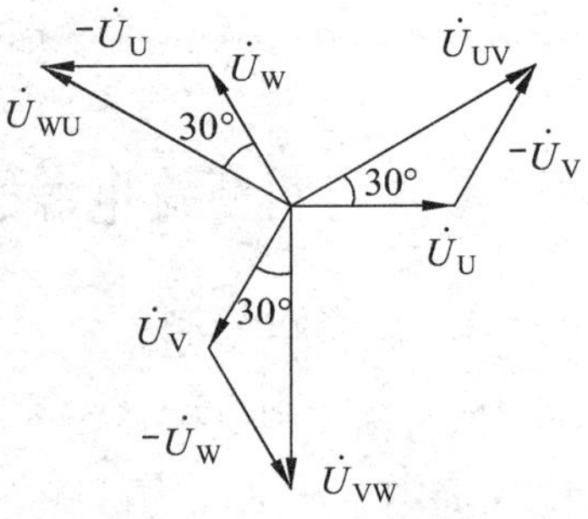

图 8-1-5　三相四线制线电压与相电压的相量图

三相电源 Y 形联结时线电压与相电压的相量图，如图 8-1-5 所示。由相量图知：三个相电压大小相等，频率相同，在相位上相差 120°，即三个相电压互相对称。

从图 8-1-5 所示的相量图中可以看出，线电压$\dot{U}_{UV}$、$\dot{U}_{VW}$、$\dot{U}_{WU}$分别超前相应的相电压$\dot{U}_U$、$\dot{U}_V$、$\dot{U}_W$ 30°，且三个线电压彼此间相差 120°。

线电压的大小可利用几何关系求得

$$U_{UV}=2U_U\cos 30°=\sqrt{3}U_U$$

同理可得

$$U_{VW}=\sqrt{3}U_V，\ U_{WU}=\sqrt{3}U_W$$

可见，三相电路中，线电压的大小是相电压的 $\sqrt{3}$ 倍，其公式为

$$U_L=\sqrt{3}U_P \tag{8-1-2}$$

综上所述：对称三相电源提供的线、相电压均是对称三相电压。在数值上，线电压是相电压的 $\sqrt{3}$ 倍；在相位上，线电压超前相应的相电压 30°。

练习一

一、填空题

1. 三个______相同、______值相等、相位依次互差_____的正弦交流电源称为对称三相电源。

2. 三相电动势随时间按正弦规律变化，它们到达最大值（或零值）的先后_____，叫作相序。若相序为 U-V-W-U，叫作_____，若相序为 U-W-V-U，叫作______。

3. 端线与端线之间的电压，称为_____电压，用符号 U_L 表示；端线与中线之间的电压，称为____电压，用符号 U_P 表示。

4. 线电压的大小是相电压的______倍，其相位超前相应的相电压______。对称三相电源 Y 形联结，有中线则构成三相______制供电系统，无中线则构成三相_______制供电系统。

二、问答题

发电机三相绕组连成 Y 形，采用三相四线制供电方式，当线电压为 $u_{UV}=380\sqrt{2}\sin(\omega t-30°)$ V 时，试写出相电压 u_U、u_V、u_W 的瞬时值表达式。

第二节　三相负载的联结

三相电源上连接的负载称三相负载。若每相负载的阻抗完全相同，称作对称三相负载，如三相电动机、三相电炉等。若每相负载的阻抗不同，称作不对称三相负载，如三相照明电路中的负载。在三相电路中，负载有 Y 形（星形）和△形（三角形）两种联结方式。

一、三相负载的 Y 形联结

1. 连接方式

把各相负载的末端连在一起接到三相电源的中性线上，把各相负载的首端分别接到三相电源的三根相线上，这种联结方法叫作三相负载有中性线的星形联结，用 Y_0 表示，如图 8-2-1（a）所示。

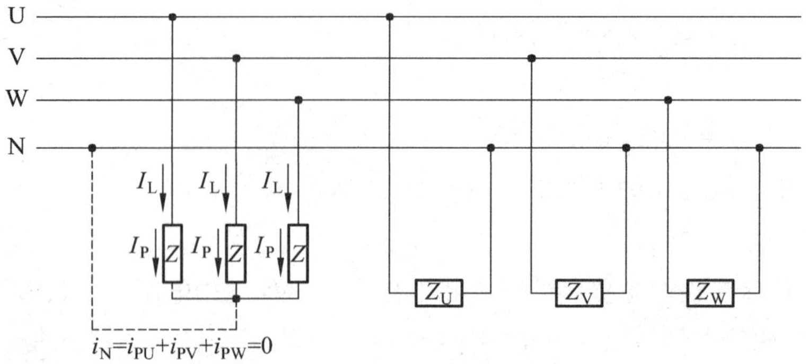

（a）对称三相负载　　　　（b）不对称三相负载

图 8-2-1　三相负载的星形连接

为讨论问题方便，先做如下说明：

（1）每相负载两端的电压称作负载的相电压，简称相电压，用 U_{YP} 表示。在忽略输电线上的电压降时，负载的相电压就等于电源的相电压，即 $U_{YP}=U_P$。

（2）三相负载的线电压就是电源的线电压，即 $U_{YL}=U_L$，则负载的线电压与相电压的数量关系为

$$U_{YL}=\sqrt{3}\,U_{YP} \tag{8-2-1}$$

（3）流过每相负载的电流叫作相电流，以 I_{YP} 表示；流过端线的电流叫作线电流，以 I_{YL} 表示。在三相负载的 Y_0 联结中，相线和负载中通过同一个电流，所以各相电流等于各线电流，即

$$I_{YP}=I_{YL} \tag{8-2-2}$$

（4）流过中线的电流叫作中线电流，以 I_N 表示。

三相电路中的每一相电路就是一单相电路，所以各相电流与电压间的相位关系及数量关系都可用讨论单相电路的方法来讨论。

2. 三相负载对称

在对称三相电压作用下，流过对称三相负载中每相负载的电流应相等，即

$$I_{YP}=I_U=I_V=I_W$$

而每相电流间的相位差仍为 120°。图 8-2-2（a）所示是以 U 相电流为参考正弦量作出的电流相量图。由基尔霍夫电流定律知，中线电流 $\dot{I}_N=\dot{I}_U+\dot{I}_V+\dot{I}_W$。

根据图 8-2-2（a）可知，对称三相负载作 Y 形联结时的中线电流为零，即

$$I_N=0$$

此时取消中线也不影响电路的工作，三相四线制就变成三相三线制。三相负载无中性线的 Y 形联结方式，用 Y 表示。

通常在高压输电时，由于三相负载都是对称的三相变压器，所以采用三相三线制输电。

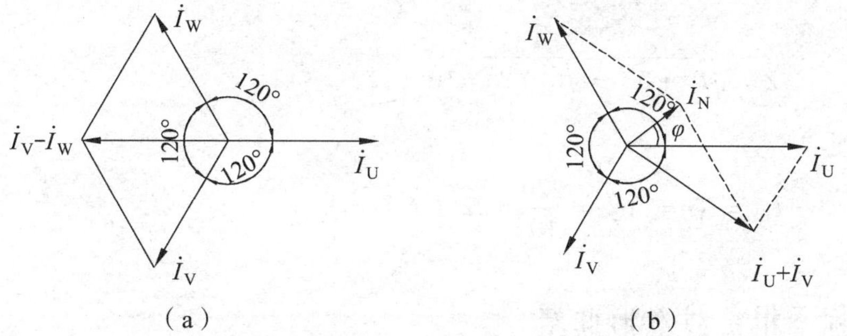

图 8-2-2 三相负载作 Y 形联结时的电流相量图

可见，当对称三相负载作 Y 形联结时：

（1）负载的线、相电压即为对称三相电源提供的线、相电压，所以它们均是对称三相电压。在相位上，线电压超前相应的相电压 30°；在数值上，线电压是相电压的 $\sqrt{3}$ 倍，即

$$U_{YL}=\sqrt{3}\,U_{YP}$$

（2）负载的线、相电流均是对称三相电流，且线电流等于相电流，即

$$I_{YP}=I_{YL}$$

3. 三相负载不对称

三相负载不对称时，各相电流的大小不一定相等，相位差也不一定为 120°。图 8-2-2（b）所示为各相负载的性质相同、大小不同时的各相电流相量图。

图 8-2-2（b）表明，三相负载不对称时的中线电流不为零。但通常中线电流比相电流小得多，所以中线的截面面积可小些。由于低压供电系统中的三相负载经常要变动（如照明电路中的灯具经常要开关），是不对称负载，当中线存在时，它能平衡各相电压，保证三相负载成为三个互不影响的独立电路，此时各相负载电压等于电源的相电压，不会因负载变动而变动。但是当中线断开后，各相电压就不再相等了。经计算以及实际测量都证明，阻抗较小的相电压低，阻抗大的相电压高，这可能烧坏接在相电压升高的这相中的电器。

所以在三相负载不对称的低压供电系统中，不允许在中线上安装熔断器或开关，而且中线常用钢丝制成，以免中线断开引起事故。当然，另一方面要力求三相负载平衡以减少中线电流，如在三相照明电路中，就应将照明负载平均分接在三相上，而不要全部集中接在某一相或两相上。

例 8-2-1 已知加在作 Y 形联结的三相异步电动机（可看成是对称三相负载）上的对称线电压为 380 V，电动机每相绕组的电阻为 6 Ω，感抗为 8 Ω，电动机工作在额定状态下。求此时流入电动机每相绕组的电流及各端线的电流。

解： 由于电源电压对称，各相负载对称，则各相电流相等，各线电流也相等。

负载作 Y 形联结时，有

$$U_{YL}=\sqrt{3}\,U_{YP}$$

$$U_{YP}=\frac{U_{YL}}{\sqrt{3}}=\frac{380}{\sqrt{3}}=220\ (\mathrm{V})$$

每一相的阻抗

$$Z=\sqrt{R^2+X_L^2}=\sqrt{6^2+8^2}=10\ (\Omega)$$

则相电流与线电流为

$$I_{YP}=I_{YL}=\frac{U_{YP}}{Z}=\frac{220}{10}=22\ (A)$$

二、对称三相负载△形联结

把三相负载分别接到三相交流电源的每两根相线之间，这种连接方法叫作三角形连接，用符号“△”表示，如图 8-2-3 所示。△形联结的特点是，每相负载首尾相连，形成闭合回路，并将三个连接点分别接到三相电源的端线上。

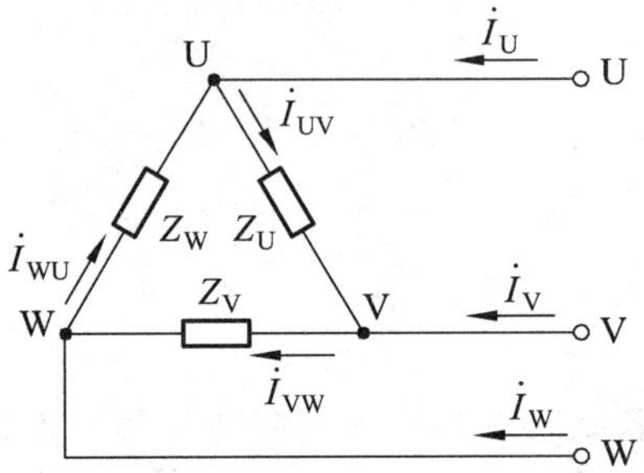

图 8-2-3 三相负载作△形联结

对于△形联结的每相负载来说，也都是单相交流电路，所以各相电流、电压和阻抗三者的关系仍与单相电路相同。

由于作△形联结的各相负载是接在两根端线之间，因此负载的相电压就是线电压，即

$$U_{\triangle P}=U_{\triangle L} \tag{8-2-3}$$

在对称三相电压作用下，流过对称三相负载中每相负载的电流应相等，即

$$I_{UV}=I_{VW}=I_{WU}=I_P=\frac{U_{\triangle P}}{Z}=\frac{U_{\triangle L}}{Z}$$

而各相电流之间的相位差仍为 120°。图 8-2-4 是以 $\dot{U}_{UV}$ 的初相位为零作出的电压、电流相量图。

线电流与相电流的关系，可根据基尔霍夫电流定律求得。

$$\begin{cases}\dot{I}_U=\dot{I}_{UV}-\dot{I}_{WU}\\ \dot{I}_V=\dot{I}_{VW}-\dot{I}_{UV}\\ \dot{I}_W=\dot{I}_{WU}-\dot{I}_{VW}\end{cases}$$

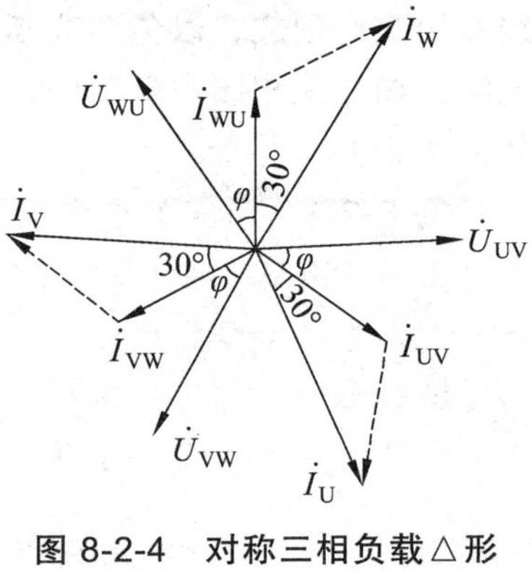

图 8-2-4 对称三相负载△形联结时的电压、电流相量图

由图 8-2-4 所示电压、电流相量图可证明，当对称三相负载作△形联结时，线电流在相位上总是滞后与之对应的相电流 30°，在数值上线电流是相电流的 $\sqrt{3}$ 倍，即

$$I_{\triangle L}=\sqrt{3}I_{\triangle P} \tag{8-2-4}$$

由以上讨论可知，对称三相负载作△形联结时：

（1）负载的线、相电压均为对称三相电压（即三个电压大小相等、频率相同、相位互差 120°），且在数值上，线电压 = 相电压，即 $U_{\triangle P}=U_{\triangle L}$。

（2）线、相电流也是对称的三相电流。在相位上，线电流滞后对应的相电流 30°；在数值上，线电流是相电流的 $\sqrt{3}$ 倍，即 $I_{\triangle L}=\sqrt{3}I_{\triangle P}$。

对称三相负载作△形联结时的相电压是作 Y 形联结时的相电压的 $\sqrt{3}$ 倍。因此，对称三相负载接到三相电源中，应作△形还是 Y 形联结，要根据三相负载的额定电压而定。

若各相负载的额定电压等于电源的线电压，则应作△形联结，若各相负载的额定电压是电源线电压的 $\frac{1}{\sqrt{3}}$，则应作 Y 形联结。

例如，我国工业用电的线电压绝大多数为 380 V，当三相电动机各相的额定电压为 380 V 时，就应作△形联结；当电动机各相的额定电压为 220 V 时，就应作 Y 形联结。若误将应作 Y 形联结的负载接成△形，就会因过压而烧坏负载。反之，若误将应作△形联结的负载接成 Y 形，又会因电压不足而使负载不能正常工作。例如，误把应作△形联结的三相电动机接成 Y 形，就会因工作电压不足，在额定负载时因启动转矩较小而不能启动，发生堵转现象，也会烧坏电动机（降压启动例外）。

例 8-2-2 三相交流电动机的定子绕组可看成是对称三相负载，正常运行时为△形联结的电动机常采用 Y 形联结启动，以达到降低启动电流的目的。若三相交流电动机每相绕组的阻抗 $Z=10\ \Omega$，电源线电压 $U_L=380$ V，试比较在 Y 形、△形两种联结方式中，负载的相电流与线电流。

解：（1）当绕组作 Y 形联结时，相电压

$$U_{YP}=\frac{U_{YL}}{\sqrt{3}}=\frac{380}{\sqrt{3}}=220\ (\text{V})$$

相电流等于线电流，即

$$I_{YP}=I_{YL}=\frac{U_{YP}}{Z}=\frac{220}{10}=22\ (\text{A})$$

（2）当绕组作△形联结时，相电压等于线电压，即

$$U_{\triangle P}=U_{\triangle L}=380\ (\text{V})$$

相电流

$$I_{\triangle P}=\frac{U_{\triangle P}}{Z}=\frac{380}{10}=38\ (\text{A})$$

线电流

$$I_{\triangle L}=\sqrt{3}I_{\triangle P}=\sqrt{3}\times 38=65.8\ (\text{A})$$

以上计算说明：

（1）Y 形联结时，相电流为 22 A，△形联结时，相电流为 38 A，其比值 $22/38=\dfrac{1}{\sqrt{3}}$。即△形联结时的相电流是 Y 形联结时的相电流的 $\sqrt{3}$ 倍。

（2）Y 形联结时，线电流为 22 A，△形联结时，线电流为 65.8 A，其比值 22/65.8 = 1/3。即△形联结时的线电流是 Y 形联结时的线电流的 3 倍。

可见，三相交流电动机采用 Y 形联结启动、△形联结运行的工作方式，可有效减小启动电流。

练习二

一、填空题

1. 当三相对称负载作 Y 形联结时：负载的线、相电压即为对称三相电源提供的线、相电压，所以它们均是_____三相电压。在相位上，线电压超前相应的相电压______；在数值上，线电压是相电压的______倍，即 $U_{YL}=$________U_{YP}。负载的线、相电流均是对称三相电流，且线电流________相电流，即 $I_{YP}=$________。

2. 对称三相负载作△形联结时：负载的线、相电压均为对称_______电压，且在数值上，线电压_________相电压，即 $U_{\triangle P}=U_{\triangle L}$。线、相电流也是对称三相电流，在相位上，线电流________对应的相电流 30°；在数值上，线电流是相电流的_____倍，即 $I_{\triangle L}=\sqrt{3}I_{\triangle P}$。

二、问答题

“三相四线制的中线电流是三相电流之和，所以中线的截面应比端线截面大。”这样的说法对吗？为什么？

三、计算题

1. 一个对称三相负载按 Y 形联结接于线电压为 380 V 的三相电源上，负载每相电阻为 10 Ω。要求：（1）求相电流与线电流；（2）作出相电压、相电流的相量图。

2. 某照明用电线路接成三相四线制（见图 8-2-5），电源电压对称，$U_P=220$ V，负载为电灯组，各组电阻分别为 $R_a=5\ \Omega$，$R_b=10\ \Omega$，$R_c=20\ \Omega$，试求负载相电压、相电流。

3. 在图 8-2-5 中，若 A 相断开，中线也同时断开，试求各相负载的电压和电流。

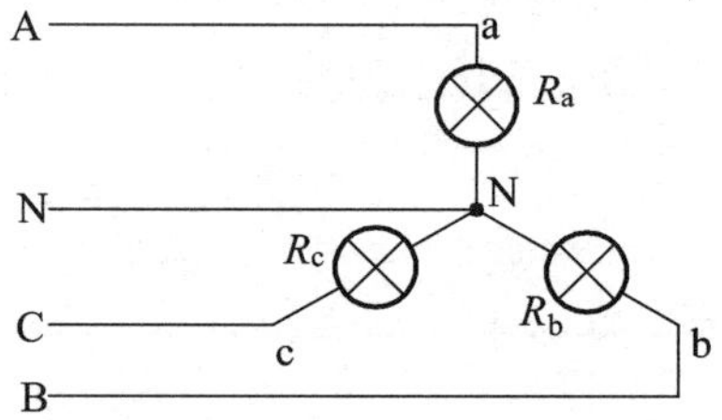

图 8-2-5

第三节 三相电路的功率

在三相电路中，总有功功率等于各相有功功率之和，总无功功率等于各相无功功率之和，总视在功率等于各相视在功率之和。

当负载对称时，每相的有功功率是相等的。因此三相总有功功率为

$$P = P_U + P_V + P_W = 3P_P = 3U_PI_P\cos\varphi$$

式中，φ是相电压 U_P与相电流 I_P之间的相位差。

当对称负载是 Y 形联结时，有

$$U_L = \sqrt{3}\,U_P\ ,\ I_L = I_P$$

当对称负载是△形联结时，有

$$U_L = U_P,\ I_L = \sqrt{3}\,I_P$$

可见，不论对称负载是 Y 形联结还是△形联结，都有

$$P = 3U_PI_P\cos\varphi = \sqrt{3}U_LI_L\cos\varphi \tag{8-3-1}$$

使用式（8-3-1）时应注意：

（1）式中电压、电流为线电压和线电流，但φ角是相电压 U_P与相电流 I_P之间的相位差，即每相负载的阻抗角。

（2）负载作△形联结时的线电流并不等于作 Y 形联结时的线电流。由于

$$I_{\triangle L} = \sqrt{3}I_{\triangle P} = \sqrt{3}\ \frac{U_{\triangle P}}{Z} = \sqrt{3}\frac{U_{\triangle L}}{Z} = \sqrt{3}\frac{\sqrt{3}U_{YP}}{Z} = 3I_{YP}$$

所以负载作△形联结时的有功功率为作 Y 形联结时的有功功率的三倍，即

$$P_\triangle = 3\mathrm{P_Y}$$

同理，可得出对称三相电路无功功率和视在功率的表达式：

$$Q = 3U_PI_P\sin\varphi = \sqrt{3}U_LI_L\sin\varphi \tag{8-3-2}$$

$$S = 3U_PI_P = \sqrt{3}U_LI_L \tag{8-3-3}$$

例 8-3-1 三相异步电动机在线电压为 380 V 的情况下以△形联结的形式运转，当电动机耗用电功率为 6.55 kW 时，它的功率因数为 0.79，求电动机的相电流和线电流。

解： 由于三相异步电动机以△形联结的形式运转，$U_P = U_L = 380$ V。又因为三相异步电动机属于三相对称负载，故

$$P = \sqrt{3}\,U_LI_L\cos\varphi = 3U_PI_P\cos\varphi$$

所以相电流

$$I_P = \frac{P}{3U_P\cos\varphi} = \frac{6.55\times10^3}{3\times380\times0.79} = 7.27\ (\mathrm{A})$$

线电流

$$I_L = \sqrt{3}I_P = \sqrt{3}\times7.27 = 12.6\ (\mathrm{A})$$

练习三

一、填空题

不论对称负载是 Y 形联结还是△形联结，有功功率 $P=$____$U_LI_L\cos\varphi=$_____$U_PI_P\cos\varphi$，无功功率 $Q=\sqrt{3}\,U_LI_L$______$=3U_PI_P\sin\varphi$，视在功率 $S=$______$U_LI_L=$______U_PI_P。

二、计算题

1. 在线电压为 380 V 的三相供电线路上，接有对称三相电阻性负载 $R=200\ \Omega$，作 Y 形联结，试计算各相电流、线电流及三相有功功率。

2. 有一台三相电动机，其三相绕组作△形联结后，接在线电压为 380 V 的三相四线制电源上，从电源所取用的功率 $P=5$ kW，功率因数 $\cos\varphi=0.76$，求相电流和线电流。如果将此电动机改接成 Y 形，仍接在上述电源上，那么此时的相电流、线电流和三相总有功功率各是多少？

3. 已知某对称三相负载接在线电压为 380 V 的三相电源中，其中每一相负载的电阻值 $R_P=6\ \Omega$，感抗 $X_P=8\ \Omega$。试分别计算该负载作 Y 形联结和△形联结时的相电流、线电流以及有功功率。

本章小结

一、三相交流电源

（1）三个频率相同、有效值相等、相位依次互差 120°的正弦交流电源称为“对称三相电源”。由对称三相电源供电的电路称为“三相交流电路”。

（2）三相供电线路可为负载提供线、相两种电压。

相电压（U_P）——指端线与中性线（零线）间的电压。

线电压（U_L）——指端线与端线间的电压。

（3）相、线电压均为对称三相电压，即三个电压均大小相等、频率相同、相位互差 120°。

（4）线电压的大小是相电压 $\sqrt{3}$ 倍（即 $U_L=\sqrt{3}\,U_P$），线电压超前相应的相电压 30°。

二、对称三相负载的 Y 形与△形联结

1. 对称三相负载的电压与电流

相电压（U_{YP}、$U_{\triangle P}$）——负载两端的电压。

线电压（U_{YL}、$U_{\triangle L}$）——连接负载的两根端线间的电压，即电源线电压。

相电流（I_{YP}、$I_{\triangle P}$）——流经负载的电流。

线电流（I_{YL}、$I_{\triangle L}$）——流过与负载相连的三根端线的电流。

三相对称负载的 Y 形与△形联结时的各量关系：

联结方式	线、相电压关系	线、相电流关系	相电压与相电流关系
Y 形	$U_{YL}=\sqrt{3}\,U_{YP}$ $U_{YL}=U_L$	$I_{YL}=I_{YP}$ $I_{YL}=I_L$	$I_P=U_P/Z$
△形	$U_{\triangle L}=U_{\triangle P}$ $U_{\triangle L}=U_L$	$I_{\triangle L}=\sqrt{3}\,I_{\triangle P}$	$I_P=U_P/Z=U_L/Z$

2. 不对称三相负载的 Y_0 联结

中性线电流不为零。中性线能保证三相负载成为三个互不影响的独立电路，且各相负载的电压 = 电源相电压。中性线上不允许安装熔断器，以防止其断路时，引起负载不能正常工作。

三、三相电路功率

对称三相电路，无论负载作 Y 形联结还是△形联结，都有：

总有功功率　$P=3U_PI_P\cos\varphi=\sqrt{3}U_LI_L\cos\varphi$

总无功功率　$Q=3U_PI_P\sin\varphi=\sqrt{3}U_LI_L\sin\varphi$

总视在功率　$S=3U_PI_P=\sqrt{3}U_LI_L$

式中，U_L、I_L 指线电压、线电流；φ 是相电压与相电流之间的相位差，即每相负载的阻抗角。

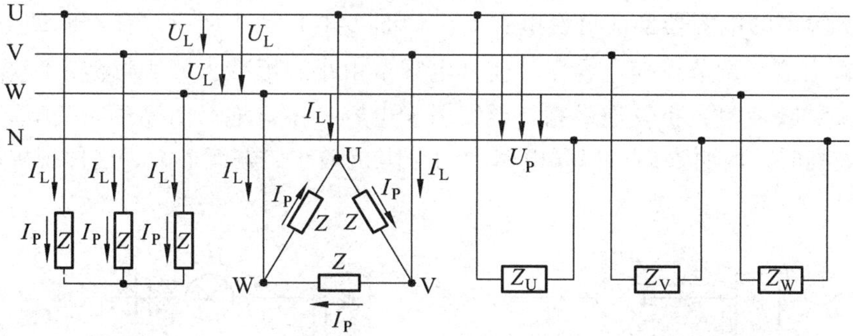

对称三相负载的 Y 形联结　对称三相负载的△形联结　不对称三相负载的 Y_0 联结

三相交流电路

第九章　谐振与滤波电路

第一节　串联谐振电路

在 R-L-C 串联电路中，电抗 X 的值决定了电路的性质。$X>0$，电路呈感性；$X<0$，电路呈容性；当电路端电压和电流同相时，$X=0$，电路呈电阻性，电路的这种状态叫作串联谐振。

一、产生谐振的条件和谐振频率

在图 9-1-1（a）所示实验电路中，电源电压有效值一定，改变电源频率，使它由小逐渐变大，小灯泡 HL 由暗逐渐变亮。当电源频率增大到某一数值时，小灯泡最亮。继续增大电源频率，小灯泡又由亮变暗。

将上述实验中的电容器换成可变电容器，如图 9-1-1（b）所示。让电源的电压大小及频率保持某一适当值，调节可变电容器，使其电容量由小逐渐变大，小灯泡由暗逐渐变亮。当电容增大到某一数值时，小灯泡最亮。继续增大电容，小灯泡又由亮逐渐变暗。

小灯泡最亮时，说明 R-L-C 串联电路中的总阻抗最小，电流最大，这种现象叫作“谐振”现象。

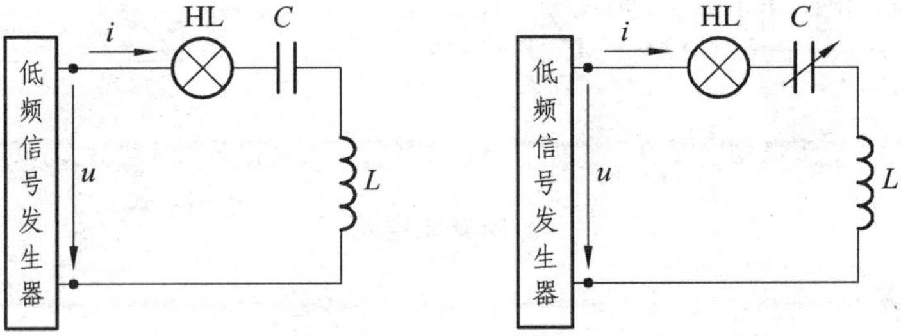

（a）　　（b）

图 9-1-1　串联谐振实验

1. 谐振条件

R-L-C 串联电路发生谐振的条件是：电路的电抗为零，即

$$X=X_L-X_C=0$$

则谐振时电路的阻抗角为

$$\varphi = \arctan\frac{X}{R} = 0$$

$\varphi = 0$ 说明电压与电流同相。

我们把 R-L-C 串联电路中出现的阻抗角 $\varphi = 0$，电流和电压同相的情况，称作“串联谐振”。

2. 谐振频率

R-L-C 串联电路发生谐振时，必须满足条件

$$X = X_L - X_C = \omega L - \frac{1}{\omega C} = 0$$

即 $$\omega^2 LC = 1$$

分析上式可知，要满足谐振条件，一种方法是改变电路中的参数 L 或 C，另一种方法是改变电源频率。对于电感、电容为确定值的电路，要产生谐振，电源角频率必须满足下式：

$$\omega = \omega_0 = \frac{1}{\sqrt{LC}} \tag{9-1-1}$$

谐振时电源频率为

$$f = f_0 = \frac{1}{2\pi\sqrt{LC}} \tag{9-1-2}$$

谐振频率 f_0 仅由电路参数 L 和 C 决定，与电阻 R 的大小无关，它反映了电路的固有特性。当电路的参数确定之后，f_0 是确定的值，因此 f_0 叫作电路的“固有频率”。

电路发生谐振时，外加电源频率必须等于电路的“固有频率”。在实际应用中，当电源的角频率 ω 一定时，可改变电容 C 和电感 L，使电路在某一频率下发生谐振。

由 $\omega^2 LC = 1$ 可得

$$C = \frac{1}{\omega_0^2 L} \tag{9-1-3}$$

$$L = \frac{1}{\omega_0^2 C} \tag{9-1-4}$$

调节 L 和 C 均可使电路谐振，我们通常把调节 L 和 C 使电路谐振的过程称为“调谐”。

例 9-1-1 某收音机的输入回路（调谐回路），可简化为一个 R-L-C 串联电路，已知 $R = 20\ \Omega$，$L = 250\ \mu\text{H}$，今欲收到频率范围为 525～1 610 kHz 的中波信号，试求电容 C 的变化范围。

解： 由 $C = \dfrac{1}{\omega_0^2 L} = \dfrac{1}{(2\pi f)^2 L}$ 得：

当 $f = 525$ kHz 时，电路谐振，则

$$C_1 = \frac{1}{(2\pi \times 525 \times 10^3)^2 \times 250 \times 10^{-6}} = 368\ (\text{pF})$$

当 $f = 1\,610$ kHz 时，电路谐振，则

$$C_2 = \frac{1}{(2\pi \times 1\,610 \times 10^3)^2 \times 250 \times 10^{-6}} = 39.1\ (\text{pF})$$

二、串联谐振的特点

电路发生谐振时，具有以下特点：

（1）谐振时，阻抗最小，且为纯电阻。

因为谐振时，$X=X_L-X_C=0$，所以 $Z_0=\sqrt{R^2+X^2}=R$。

（2）谐振时，电路中的电流最大，并与外加电源电压同相。

谐振时，$Z=R$ 为最小，所以电流 I 为最大，最大值为

$$I=\frac{U}{R}$$

此时 $U=U_R$，且二者同相。

三、特性阻抗

R-L-C 串联电路谐振时，电抗为零，但感抗和容抗都不为零，此时电路的感抗或容抗都叫作谐振电路的“特性阻抗”，用字母ρ表示，单位是 Ω。ρ 是衡量电路特性的一个重要参数。

发生谐振时

$$\omega_0=\frac{1}{\sqrt{LC}}$$

谐振时的感抗为

$$X_{L0}=\omega_0 L=\frac{L}{\sqrt{LC}}=\sqrt{\frac{L}{C}}=\rho$$

谐振时的容抗为

$$X_{C0}=\frac{1}{\omega_0 C}=\frac{1}{\frac{1}{\sqrt{LC}}C}=\sqrt{\frac{L}{C}}=\rho$$

因此，特性阻抗

$$\rho=X_{L0}=X_{C0}=\sqrt{\frac{L}{C}} \tag{9-1-5}$$

四、品质因数

谐振时，电感和电容两端的电压相等，且相位相反，其大小为电源电压 U 的 Q 倍。Q 称为电路的“品质因数”。

因为谐振时，$\omega_0=\frac{1}{\sqrt{LC}}$，$X_L=X_C$，则电感上电压 $U_{L0}=I_0X_L$，电容上电压 $U_{C0}=I_0X_C$，所以 $U_{L0}=U_{C0}$，于是谐振时

$$Q = \frac{U_{L0}}{U} = \frac{I \times \omega_0 L}{IR} = \frac{\omega_0 L}{R} = \frac{\rho}{R}$$

即
$$Q = \frac{U_{L0}}{U} = \frac{U_{C0}}{U} = \frac{\rho}{R} \tag{9-1-6}$$

则
$$U_{L0} = U_{C0} = QU$$

这样，谐振时，电感和电容两端的电压相等，且为电源电压 U 的 Q 倍，所以串联谐振又称为“电压谐振”。

电路的 Q 值一般为 50 ~ 200。因此，即使外加电源电压不高，在谐振时，电路元件上的电压仍有可能很高。特别对于电力系统来说，由于电源本身电压较高，如果电路在接近于串联谐振的情况下工作，在电感和电容两端有可能因谐振出现过电压，从而烧坏电气设备。所以在电力系统中必须适当选择电路的参数 L 和 C，以避免谐振的发生。

例 9-1-2 已知 R-L-C 串联电路中，$R = 20\ \Omega$，$L = 300\ \mu\text{H}$，当电源频率调到 800 kHz 时，回路中的电流达最大值 $I_0 = 0.15$ mA，求：电源电压 U、电容 C、回路的特性阻抗ρ、品质因数 Q 及电感上的电压 U_{L0}。

解： 电源电压

$$U = U_R = I_0 R = 0.15 \times 10^{-3} \times 20 = 3\ (\text{mV})$$

电容

$$C = \frac{1}{\omega_0^2 L} = \frac{1}{(2\pi f)^2 L} = \frac{1}{(2\pi \times 800 \times 10^3)^2 \times 300 \times 10^{-6}} = 132\ (\text{pF})$$

特性阻抗

$$\rho = \sqrt{\frac{L}{C}} = \sqrt{\frac{300 \times 10^{-6}}{132 \times 10^{-12}}} = 1\ 508\ (\Omega)$$

品质因数

$$Q = \frac{\rho}{R} = 1\ 508/20 = 75$$

电感上的电压

$$U_{L0} = QU = 75 \times 3 \times 10^{-3} = 225\ (\text{mV})$$

练习一

一、填空题

1. 我们把 R-L-C 串联电路中出现的阻抗角 φ= ______，电流和电压 ______ 的情况，称作串联谐振。

2. R-L-C 串联电路发生谐振的条件是：电路的 ______ 为零。

3. R-L-C 串联电路的谐振频率 f_0 = ______。f_0 仅由电路参数 ______ 和 ______ 决定，与电阻 R 的大小 ______，它反映了电路本身的 ____ 特性。f_0 叫作电路的 ____ 频率。

4. *R-L-C* 串联电路谐振时，电路的感抗或容抗都叫作谐振电路的“特性阻抗”，用字母ρ表示，单位是Ω。$\rho = X_{L0} = X_{C0} =$ ________。

5. *R-L-C* 串联电路谐振时，电感和电容两端的电压______，且相位相反，其大小为电源电压 U 的____倍，$Q=$ ________称为电路的品质因数。所以串联谐振又称为“电压谐振”。

二、计算题

已知某 *R-L-C* 串联电路中，$R = 10\ \text{k}\Omega$，$L = 0.1\ \text{mH}$，$C = 0.4\ \text{pF}$，电源电压 $U = 0.1\ \text{V}$，则此电路的特性阻抗ρ及品质因数 Q 分别为多少？谐振时 U_{C0} 为多少？

第二节　并联谐振电路

在电子技术中，为提高谐振电路的选择性，常常需要提高谐振回路的品质因数 Q。如果信号源内阻较小，可以采用串联谐振电路。如果信号源内阻很大，采用串联谐振会使 Q 值大为降低，使谐振电路的选择性显著变坏。这种情况下，常采用并联谐振电路。

一、*R-L-C* 并联谐振电路

在图 9-2-1（a）所示的 *R-L-C* 并联电路中，发生谐振的条件是 $X_L = X_C$，则 $I_L = I_C$。由图 9-2-1（b）所示的相量图可知，这时 $\dot{I}_L$ 与 $\dot{I}_C$ 大小相等，方向相反，其相量和为零，则总电流 $\dot{I}$ 等于电阻电流 $\dot{I}_R$，且与电压同相。即各电流间有如下关系：

$$\dot{I}_L = -\dot{I}_C,\quad \dot{I} = \dot{I}_R + \dot{I}_L + \dot{I}_C = \dot{I}_R$$

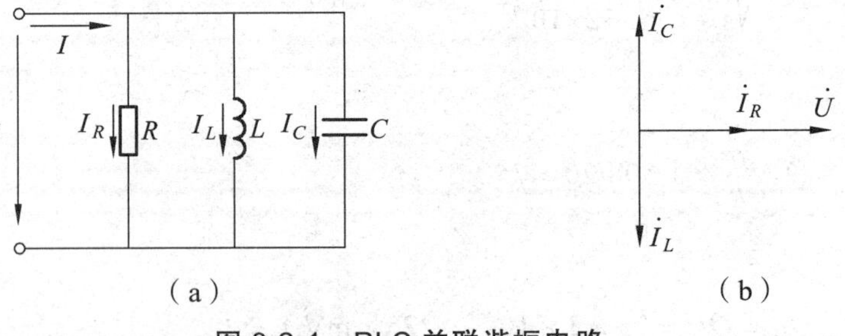

图 9-2-1　RLC 并联谐振电路

根据谐振条件：$X_L = X_C$，即 $\omega_0 L = \dfrac{1}{\omega_0 C}$，可求出谐振角频率为

$$\omega_0 = \frac{1}{\sqrt{LC}} \tag{9-2-1}$$

谐振频率为

$$f_0 = \frac{1}{2\pi\sqrt{LC}} \tag{9-2-2}$$

R-L-C 并联谐振电路的性质有些与串联谐振电路相似，有些与串联谐振相反。下面，通过对比，简单介绍并联谐振电路的性质。

（1）当电压一定时，并联谐振电路的总电流最小，这与串联谐振电路相反。

$$I=\sqrt{I_R^{\ 2}+(I_L-I_C)^2}=I_R$$

可以看出，电感支路的电流与电容支路的电流完全补偿，总电流 $I=I_R$ 为最小。

（2）并联谐振电路的总阻抗最大，这与串联谐振电路相反。因为电压一定时，电流 $I=I_R$ 为最小，而阻抗 $Z=\dfrac{U}{I}=R$ 为最大。

（3）并联谐振频率 $f_0=\dfrac{1}{2\pi\sqrt{LC}}$，这点与串联谐振电路相同。

（4）谐振时，总电流与电压同相，电路呈电阻性，这点与串联谐振电路相同。

二、电感线圈和电容器的并联谐振电路

实际线圈与电容器并联起来组成一个谐振回路，这是一种常见的、用途广泛的谐振电路。电容器接到交流电路中，其电阻可以忽略不计，但实际线圈的电阻是不可忽略的，可把它看成一个 *R-L* 串联电路，如图 9-2-2（a）所示。发生谐振时，总电流与电压同相，其相量图如图 9-2-2（b）所示。

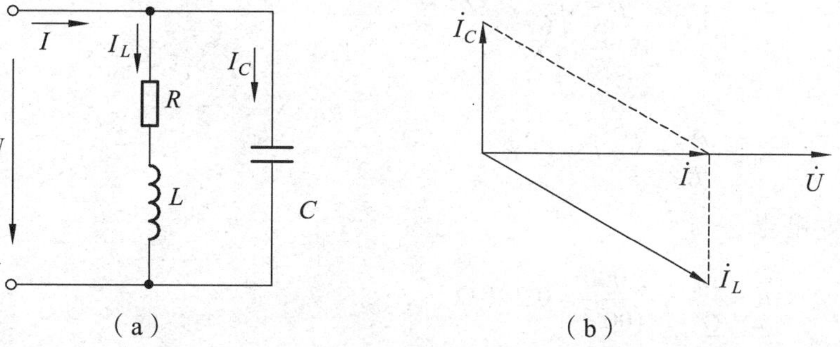

图 9-2-2 电感线圈与电容并联谐振电路

理论与实验证明，电感线圈与电容并联谐振电路的谐振频率近似为

$$f_0=\frac{1}{2\pi\sqrt{LC}} \tag{9-2-3}$$

这个公式与串联谐振频率公式相同。

电感线圈与电容并联电路，谐振时具有以下特点：

（1）电路呈电阻性，由于 *R* 很小，总阻抗很大，且为纯电阻。谐振时电路的谐振阻抗为

$$Z_0=\frac{L}{RC} \tag{9-2-4}$$

上式表明：线圈电阻 *R* 越小，谐振时的阻抗 Z_0 就越大。当 *R* 趋于 0 时，谐振阻抗 Z_0 趋于无穷大。也就是说，理想电感与电容发生并联谐振时，其阻抗为无穷大，总电流为零。但

在 L-C 回路内却存在 i_L 与 i_C，只是它们大小相等、相位相反，才使总电流为零。

（2）特性阻抗 ρ 和品质因数 Q 分别为

$$\rho=\sqrt{\frac{L}{C}} \tag{9-2-5}$$

$$Q=\frac{\omega_0 L}{R}=\frac{\rho}{R} \tag{9-2-6}$$

（3）总电流与电压同相，数量关系为

$$U=Z_0 I \tag{9-2-7}$$

（4）支路电流是总电流的 Q 倍，因此并联谐振又叫作“电流谐振”。

$$I_L=I_C=QI \tag{9-2-8}$$

当外加电源的频率等于线圈与电容并联电路的固有频率时，电路的阻抗 $Z=Z_0$ 为最大，它与电源的内阻分压可以获得较大的信号电压。当外加电源频率偏离并联电路的固有频率时，电路的阻抗很小，与内阻分压获得的信号电压也小。因此，并联谐振电路常常用作选频器，收音机和电视机的中频选频电路就是并联谐振电路。

例 9-2-1 在图 9-2-2（a）所示电路中，电路发生谐振时，角频率 $\omega_0=5\times10^6$ rad/s，品质因数 $Q=100$，谐振时的阻抗 $Z_0=2$ kΩ，求电路的参数 R、L、C。

解： 谐振时的阻抗、特性阻抗分别为

$$Z_0=\frac{L}{RC}，\ \rho=\sqrt{\frac{L}{C}}，\ Q=\frac{\rho}{R}$$

所以谐振时

$$Z_0=\frac{\rho^2}{R}=\frac{\rho^2}{R^2}R=Q^2R$$

则电感线圈的电阻为

$$R=\frac{Z_0}{Q^2}=\frac{2\ 000}{100^2}=0.2\ (\Omega)$$

由于

$$Q=\frac{\rho}{R}，\ \rho=\omega_0 L$$

则电感线圈的电感为

$$L=\frac{QR}{\omega_0}=\frac{100\times0.2}{5\times10^6}=4\ (\mu\text{H})$$

由于谐振时的角频率为

$$\omega_0=\frac{1}{\sqrt{LC}}$$

则电容器的电容量为

$$C=\frac{1}{\omega_0^2 L}=\frac{1}{(5\times10^6)^2\times4\times10^{-6}}=0.01\ (\mu\text{F})$$

练习二

一、填空题

1. 为了提高谐振回路的品质因数，如果信号源内阻较小，可以采用______谐振电路。如果信号源内阻很大，采用串联谐振会使 Q 值大为______，常采用_______谐振电路。

2. 当外加电源的频率等于线圈与电容并联电路的固有频率时，电路的阻抗_______，它与电源的内阻分压可以获得_______的信号电压。当外加电源频率偏离并联电路的固有频率时，电路的_______很小，与内阻分压获得的信号电压也小。因此，并联谐振电路常常用作选频器，收音机和电视机的中频______电路就是并联谐振电路。

二、计算题

把一个电阻 $R = 13.7\ \Omega$，电感 $L = 0.25$ mH 的线圈与一个 $C = 85$ pF 的电容器接成并联谐振电路，求谐振频率 f_0 和谐振时的阻抗 Z_0。

第三节 滤波电路

滤波电路是一种由电感、电容等具有电抗性质的元件构成的专用电路，它将传输某个指定频率范围（通带）内的信号，同时抑制其他频率范围（衰减带或阻带）内的信号。通带和阻带分界处的频率称为截止频率，并且这种频率可能有几个。

四种主要类型的滤波电路为：① 低通滤波电路；② 高通滤波电路；③ 带通滤波电路；④ 带阻滤波电路。

为了更加清晰地描述滤波电路的性能，引入频率响应特性这一概念来说明滤波电路在不同频率下对输出量的抑制和通过能力。四种类型滤波电路典型的理想频率响应特性如图 9-3-1 所示。

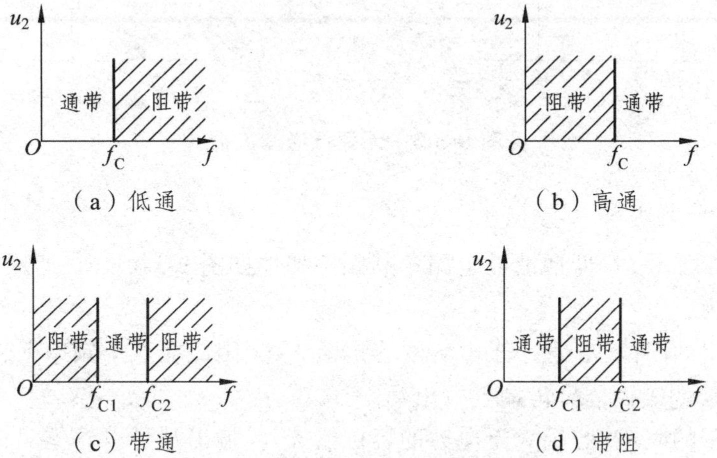

图 9-3-1 滤波器的频率响应特性

低通滤波器是能使低频信号传输到输出端，但超过截止频率 f_C，输出信号陡然下降的滤波器。这种滤波器是使频率低于 f_C 的信号能顺利通过滤波电路，而比 f_C 高的信号频率会受到抑制，即不让其通过。

高通滤波器是仅仅传输频率在截止频率 f_C 以上的信号而抑制低频信号的滤波器，它的工作情况与低通滤波器相反。

如需要从多个不同频率的信号（也称复合信号）中选择某个频带（一般为连续频率）的信号，则可以采用带通滤波器，它传输 $f_{C1} \sim f_{C2}$ 范围内的信号，而阻止其他频率信号达到输出端。收音机、电视机及电信设备经常使用具有此种特性的滤波器。

带阻滤波器严格地衰减从 $f_{C1} \sim f_{C2}$ 范围内的所有信号，而不衰减传输其他频率的信号。无论是带通还是带阻滤波器，其带宽都 $f_{C1} \sim f_{C2}$（对于前者称为通带，对于后者称为阻带）。

滤波器电路既可以由无源电路元件（如 R、L、C）构成，也可以由有源电路（如运算放大器以及 R、C）构成。本节介绍的是无源滤波电路，而有源滤波电路，在有关电子技术的专著中介绍。

图 9-3-2 所示电路为许多种无源滤波电路的一般形式。两个元件 Z_1 和 Z_2 之一是电抗（感抗或容抗）随频率变化而变化的元件，另一个是电阻。

在以下研究中，未讨论电路元件对电路相位移动的影响。实际上会发生相位移动，也就是说，当某频率的信号通过滤波器传输时，将发生输出信号与输入信号相位不同的情况，并且每个频率的信号都有它自己的相位移动，使得输入信号通过滤波器时，将可能产生一些失真。

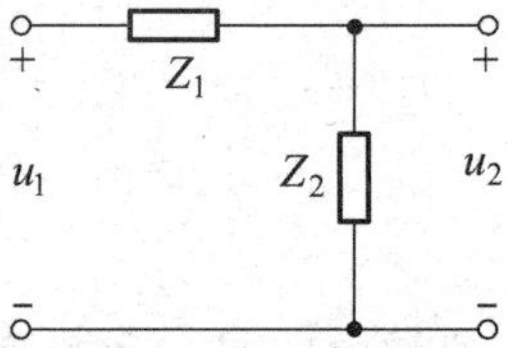

图 9-3-2 无源滤波电路的一般形式

一、低通滤波器

典型的低通滤波器如图 9-3-3 所示。

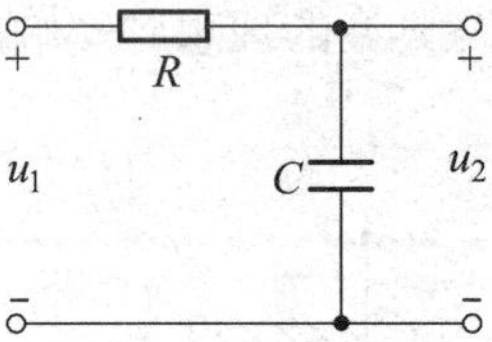

（a）RC 滤波器

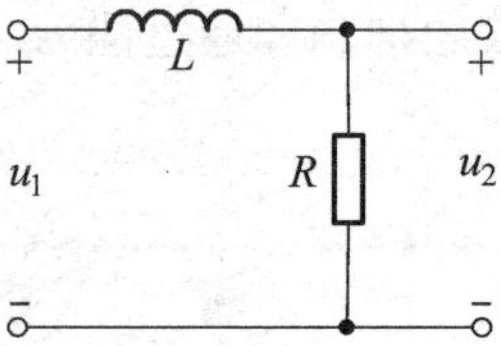

（b）LR 滤波器

图 9-3-3 无源低通滤波器

1. RC 低通滤波电路

图 9-3-3（a）所示 RC 低通滤波电路，其频率特性如图 9-3-1（a）所示。

其工作原理为：

低频时，电阻的阻值 R 远小于电容的容抗值 X_C，因此在这个频率上，电阻上几乎没有电压降，而大多数的输入信号传输到输出端。

高频时，电阻的阻值 R 远大于电容的容抗值 X_C，输出端可以看作对这些频率的信号短路，因此仅有很小部分的信号传输到输出端。

2. LR 低通滤波电路

图 9-3-3（b）所示 LR 低通滤波电路，其频率特性如图 9-3-1（a）所示。

其工作原理为：

低频时，L 的感抗值 X_L 远小于 R 的阻值，所以在这个频率上，电感上几乎没有电压降，而大多数的输入信号传输到输出端。

高频时，L 的感抗值 X_L 远大于 R 的阻值，电感支路可以看作对这些频率的信号开路，因此仅有很小部分的信号传输到输出端。

所以在图 9-3-3（a）、（b）所示电路中，对信号频率形成“低通高不通”的特性，即所谓的“低通滤波”。在图 9-3-1 所示的特性曲线中，滤波器在其波形发生转折时的频率为截止频率。从严格意义上讲，截止频率是指输出信号下降到输入信号的 0.707 倍时的频率。

对于 RC 滤波电路，

$$R = X_C = \frac{1}{\omega_C C}$$

式中，ω_C 为滤波器的截止频率。因此，RC 滤波电路的截止频率为

$$\omega_C = \frac{1}{RC} \quad 或 \quad f_C = \frac{1}{2\pi RC} \tag{9-3-1}$$

LR 滤波电路的截止频率为

$$\omega_C = \frac{R}{L} \quad 或 \quad f_C = \frac{R}{2\pi L} \tag{9-3-2}$$

二、高通滤波器

图 9-3-4 所示为高通滤波电路，其频率特性如图 9-3-1（b）所示。

在图 9-3-4（a）所示 CR 滤波电路中，低频时电容器的容抗值 X_C 很高，电路的输出电压很小。随着频率的增加，容抗值 X_C 下降，所以输入信号的大部分传送到输出端。

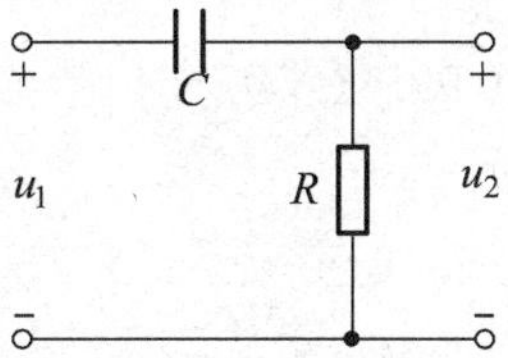

（a）CR 滤波器

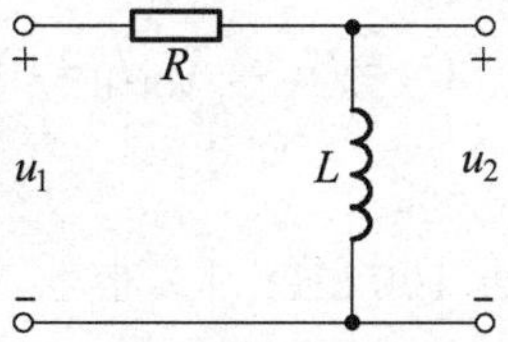

（b）RL 滤波器

图 9-3-4 无源高通滤波器

在图 9-3-4（b）所示 RL 滤波电路中，低频时，电感的感抗值 X_L 很低，它实际上短路了输出。随着频率的增加，感抗值 X_L 升高，在高频时感抗值 X_L 很高。因此，在高频时，大部分输入信号传送到输出端。

CR 高通滤波电路的截止频率为

$$\omega_C = \frac{1}{RC} \quad 或 \quad f_C = \frac{1}{2\pi RC} \tag{9-3-3}$$

RL 高通滤波电路的截止频率为

$$\omega_C = \frac{R}{L} \quad 或 \quad f_C = \frac{R}{2\pi L} \tag{9-3-4}$$

例 9-3-1 *RC* 低通滤波器的截止频率为 10 kHz，并且 $R = 1\ \text{k}\Omega$，计算电容值 C。如信号频率分别为 1 kHz 和 100 kHz，计算输入电压为 1 V 时，低通滤波器的输出电压。

解：若 ω_C 为截止频率，有

$$\omega_C = \frac{1}{RC}$$

$$C = \frac{1}{\omega_C R} = \frac{1}{2\times 3.14\times 10\times 10^3\times 1\times 10^3} = 1.59\times 10^{-2}\ (\mu\text{F})$$

在信号频率为 1 kHz 时，容抗为

$$X_{C1} = \frac{1}{2\pi fC} = \frac{1}{2\times 3.14\times 1\ 000\times 1.59\times 10^{-8}} = 10\ 015\ (\Omega)$$

在此频率下，电路的总阻抗为

$$|Z_1| = \sqrt{R^2 + X_{C1}^2} = \sqrt{1\ 000^2 + 10\ 015^2} = 10\ 064\ (\Omega)$$

流过电路的电流为

$$I_1 = \frac{U}{|Z_1|} = \frac{1}{10\ 064} = 99.5\times 10^{-6}\ (\text{A})$$

假设没有负载接到输出端，则输出电压 U_2 等于电容两端的电压 U_C，即

$$U_2 = U_C = X_{C1} I_1 = 10\ 015\times 99.5\times 10^{-6} = 0.995\ (\text{V})$$

可见电压仅损失 0.5%。

在信号频率为 100 kHz 时，容抗为

$$X_{C2} = \frac{1}{2\pi fC} = \frac{1}{2\times 3.14\times 100\times 10^3 1.59\times 10^{-8}} = 100.15\ (\Omega)$$

在此频率下，电路的总阻抗为

$$|Z_2| = \sqrt{R^2 + X_{C2}^2} = \sqrt{1\ 000^2 + 100.15^2} = 1\ 005\ (\Omega)$$

流过电路的电流为

$$I_2 = \frac{U}{|Z_2|} = \frac{1}{1\,005} = 9.95 \times 10^{-4} \text{ (A)}$$

输出电压为

$$U_2 = X_{C2} I_2 = 100.15 \times 9.95 \times 10^{-4} \approx 0.1 \text{ (V)}$$

三、带通滤波器

图 9-3-5 所示为带通滤波器电路，其频率特性如图 9-3-1（c）所示。

其工作原理为：

在低频时电容有较大的容抗值，在高频时电感有高的感抗值，因此图 9-3-5 中的 LC 支路无论是在低频还是在高频，都呈现高的阻抗，也就是说在低频和高频，几乎没有输入信号传输到输出端。

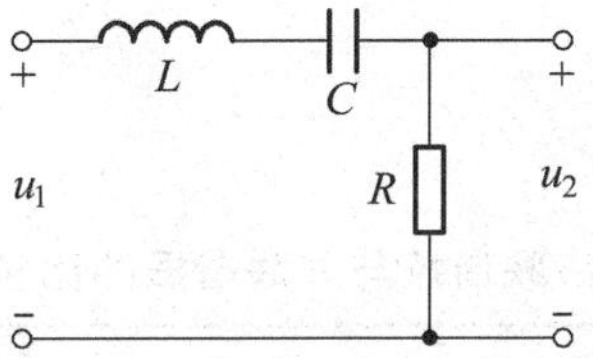

图 9-3-5 带通滤波器

在谐振时，因为 $X_C = X_L$，LC 支路的阻抗很低（理想时为零），实际上所有的输入电压都传输到输出端。

也就是说，电路 $\frac{U_2}{U_1}$ 的数值，在低频时为零（或者几乎为零），在 LC 电路谐振时上升到 1，而在高频时下降到零。

滤波器的带宽取决于 LC 电路的品质因数 Q，高 Q 电路比低 Q 电路的带宽窄。

四、带阻滤波器

图 9-3-6 所示为带阻滤波器电路，其频率特性如图 9-3-1（d）所示。与带通滤波电路相比较，在此电路中电阻元件和 LC 支路位置互换了。在低频及高频，LC 支路的阻抗值都很高，并且相当于开路。只要电阻的值不太高，在这些频率下，多数输入信号被传输到输出端。

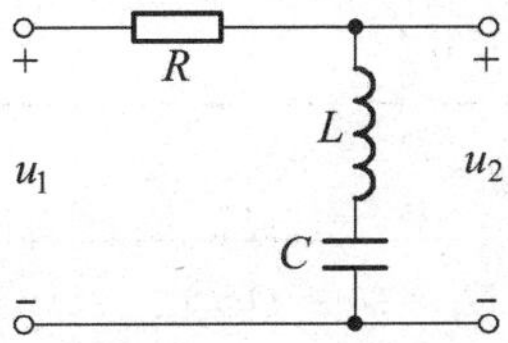

图 9-3-6 带阻滤波器

在 LC 电路谐振频率附近，LC 支路的阻抗值很低，它实际短路了电路输出端。因此在谐振频率附近，输出电压很低。

也就是说，电路 $\frac{U_2}{U_1}$ 的比值在低频时大约为 1，在 LC 支路谐振时几乎下降到零，在高频时上升到接近 1。

练习三

1. 四种典型滤波电路为______滤波电路、______滤波电路、______滤波电路和_____滤波电路。
2. RC 低通滤波电路的截止频率为 $f_C=$________________。
3. RL 高通滤波电路的截止频率为 $f_C=$________________。

本章小结

一、谐　振

串联谐振与并联谐振的比较

比较项目	串联谐振	并联谐振
电路形式	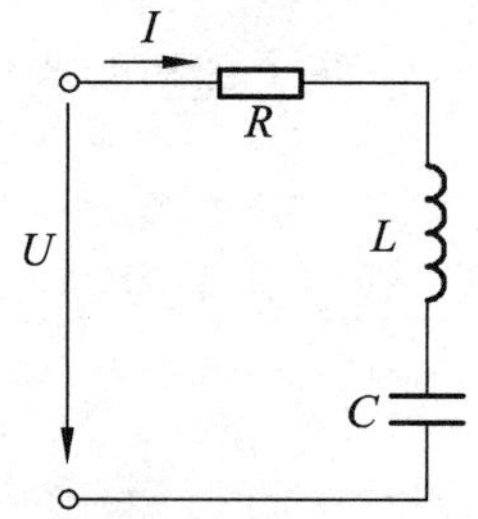	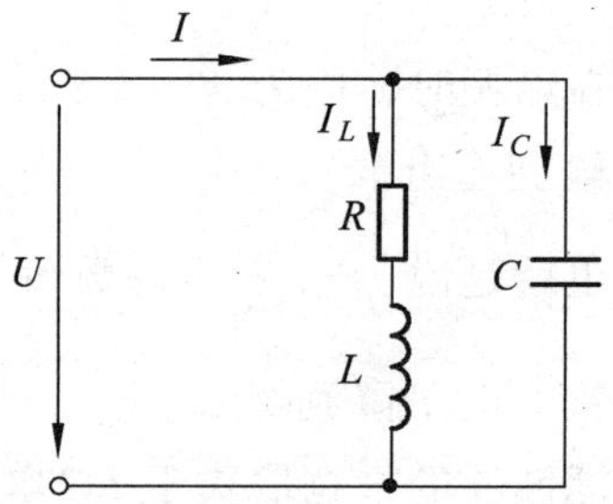
谐振条件	$X_L=X_C$	$X_L=X_C$
谐振频率	$f_0=\frac{1}{2\pi\sqrt{LC}}$ $\omega_0=\frac{1}{\sqrt{LC}}$	$f_0=\frac{1}{2\pi\sqrt{LC}}$ $\omega_0=\frac{1}{\sqrt{LC}}$
谐振阻抗	$Z_0=R$，最小	$Z_0=\frac{L}{RC}$，最大
特性阻抗	$\rho=\sqrt{\frac{L}{C}}$	$\rho=\sqrt{\frac{L}{C}}$
品质因数	$Q=\frac{\rho}{R}$	$Q=\frac{\rho}{R}$
别称	电压谐振（$U_L=U_C=QU$）	电流谐振（$I_L=I_C=QI$）

二、滤波电路

滤波电路是一种由电感、电容等具有电抗性质的元件构成的专用电路，它将传输某个指定频率范围（通带）内的信号，同时抑制其他频率范围（衰减带或阻带）内的信号。

四种主要类型的滤波电路为：① 低通滤波电路；② 高通滤波电路；③ 带通滤波电路；④ 带阻滤波电路。

1. 低通滤波器

能使低频信号传输到输出端，但超过截止频率 f_C，输出信号陡然下降的滤波器称作低通滤波器。

RC 低通滤波电路的截止频率为：$f_C = \dfrac{1}{2\pi RC}$

LR 低通滤波电路的截止频率为：$f_C = \dfrac{R}{2\pi L}$

2. 高通滤波器

仅仅传输频率在截止频率 f_C 以上的信号而抑制低频信号的滤波器称作高通滤波器。

CR 高通滤波电路的截止频率为：$f_C = \dfrac{1}{2\pi RC}$

RL 高通滤波电路的截止频率为：$f_C = \dfrac{R}{2\pi L}$

3. 带通滤波器

它传输 $f_{C1} \sim f_{C2}$ 范围内的信号，而阻止其他频率的信号达到输出端。

4. 带阻滤波器

衰减 $f_{C1} \sim f_{C2}$ 范围内的所有信号，而不衰减地传输其他频率的信号。

第十章 变压器

变压器是利用电磁感应原理制成的静止电气设备。它可以把某一数值的交变电压变换为同频率的另一数值的交变电压，也可以改变交流电流的数值及变换阻抗或改变相位。在电力系统、自动控制及电子设备中，广泛使用各种类型的变压器。

第一节 变压器的分类、结构及工作原理

一、变压器的分类

变压器的种类很多，根据用途的不同可以分为输配电用的电力变压器，冶炼用的电炉变压器，电解用的整流变压器，焊接用的电焊电压器，实验用的调压电压器等；按照冷却方式不同又可分为自冷式和油冷式两种；按照铁心的构造不同可分为芯式和壳式两种。

二、变压器的基本结构

尽管变压器的用途、电压等级各有不同，但其基本结构是相同的，都由铁心和套在铁心上的绕组两个基本部分构成，如图 10-1-1 所示。

1. 铁 心

铁心既是变压器的磁路部分，又是安装绕组的骨架。

为了减小涡流及磁滞损耗，铁心用表面有 0.35 ~ 0.5 mm 厚绝缘层的硅钢片叠成，而电子设备中高频变压器的铁心大多采用坡莫合金或铁氧铁体制成。

铁心分为芯式和壳式两种。芯式铁心呈“口”字形，线圈包着铁心，如图 10-1-1（a）所示。壳式铁心呈“日”字形，铁心包着线圈，如图 10-1-1（b）所示。

2. 绕 组

变压器的绕组是变压器的电路部分。

变压器的绕组用绝缘铜线或铝线绕制而成。变压器工作时与电源连接的绕组叫作初级绕组或一次绕组（也叫原绕组），与负载连接的绕组叫作次级绕组或二次绕组（也叫副绕组）。虽然初、次级绕组在电路上是分开的，但二者却处在同一磁路上。

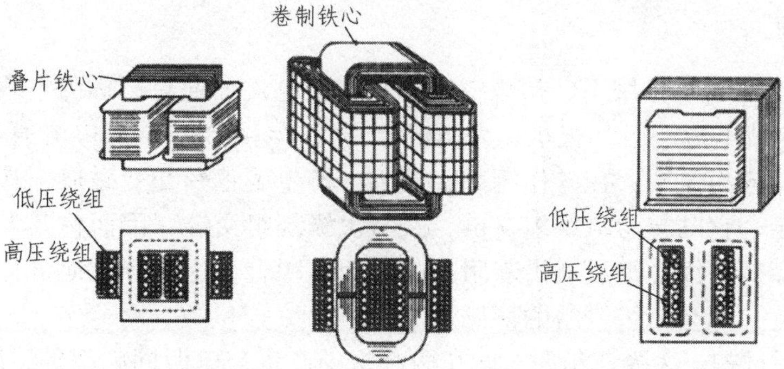

（a）芯式变压器　　（b）壳式变压器

图 10-1-1　变压器的基本结构

3. 变压器的冷却方式

变压器工作时，因有铁损耗和铜损耗致使铁心和绕组发热，因此必须考虑其冷却问题。在自冷式变压器中，热量依靠空气的自然对流和辐射直接散发到周围的空气内。油冷式变压器的铁心和绕组全部浸入矿物油（即变压器油）内，使其产生的热量通过油传给箱壁而散发到空气中去，如图 10-1-2 所示。

图 10-1-2　油浸式变压器

三、变压器的工作原理

变压器的工作原理如图 10-1-3 所示。把变压器的初级绕组接上额定的交变电压，次级绕组开路（即不与负载接通），变压器便在空载状态下运行。

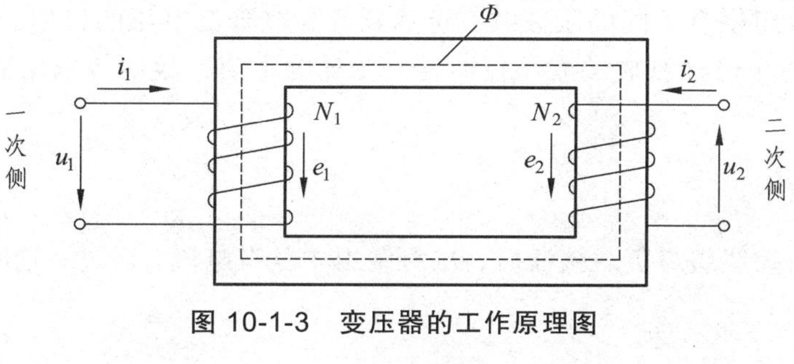

图 10-1-3　变压器的工作原理图

1. 变压原理

在外加正弦电压 u_1 的作用下，初级绕组中有交变电流 i_0 通过，称为空载电流，其有效值为 I_0。变压器的空载电流一般都很小，为额定电流的 3%～8%。空载电流通过匝数为 N_1 的初级绕组，产生磁通势为 i_0N_1，在其作用下，铁心中产生了正弦交变磁通。其中绝大部分磁通都沿着铁心而闭合，它既与初级绕组交链，又与次级绕组交链，因而称其为主磁通；仅有很少一部分磁通在穿过初级绕组后就沿着附近的空间而闭合，这部分磁通仅与初级绕组交链而不与次级绕组交链，称为初级绕组的漏磁通。

主磁通同时穿过初、次级绕组时，就在两绕组中产生与电源同频率的感应电动势 e_1、e_2。设穿过初级绕组的交变主磁通为

$$\Phi = \Phi_m \sin \omega t$$

则初级绕组的感应电动势为

$$e_1 = -N_1 \frac{d\Phi}{dt} = 2\pi f \Phi_m N_1 \sin\left(\omega t - \frac{\pi}{2}\right)$$

上式表明，e_1 滞后于主磁通 $\frac{\pi}{2}$ 电角度。式中 $2\pi f \Phi_m N_1$ 为感应电动势的最大值，把最大值除以 $\sqrt{2}$，则得到 e_1 的有效值为

$$E_1 = 4.44 f \Phi_m N_1$$

同理，次级绕组的感应电动势的有效值为

$$E_2 = 4.44 f \Phi_m N_2$$

式中，N_2 是次级绕组的匝数。

当忽略初级、次级绕组的直流电阻和漏磁通时，电压的大小就近似等于感应电动势，即

$$U_1 \approx E_1 \approx 4.44 f \Phi_m N_1$$

$$U_2 \approx E_2 \approx 4.44 f \Phi_m N_2$$

由上两式可得

$$\frac{U_1}{U_2} = \frac{N_1}{N_2} = n \tag{10-1-1}$$

式（10-1-1）表明：变压器的初、次级绕组的电压比等于它们的匝数比。

当初、次级绕组绕有不同的匝数时，可达到升高或降低电压的目的。比值 n 称为变压比，简称变比。对于已经制成的变压器而言，变比为定值，故次级电压的大小与初级电压成正比。

2. 变流原理

把变压器的次级绕组与负载接通后，次级绕组中就有电流 i_2 通过，这时变压器便在负载状态下运行。

由次级绕组的电流 i_2 所建立的磁通势 i_2N_2 将产生磁通 Φ_2。磁通 Φ_2 的绝大部分都与原磁通势 i_0N_1 共同作用在同一个闭合的磁路上，仅有很少的一部分沿着次级绕组周围的空间而闭合。这部分仅与次级绕组交链而不与初级绕组相交链的磁通，称为次级绕组的漏磁通。

当变压器有负载时，由于次级绕组磁通势的影响，以致铁心中的主磁通 Φ_m 的数值将企图改变。但在外加电压有效值 U_1 和电源频率 f 不变的条件下，从近似等式

$$U_1 \approx E_1 = 4.44 f \Phi_m N_1$$

可以看出，主磁通 Φ_m 应基本保持不变。因此随着 i_2 的出现，初级绕组中通过的电流将从 i_0 增加到 i_1。初级绕组的磁通势将由 i_0N_1 增加到 i_1N_1，它所增加的部分 $i_1'N_1$ 正好与次级绕组的磁通势 i_2N_2 相抵消，从而维持铁心中的主磁通 Φ_m 的大小基本不变，即与空载时的 Φ_m 在数量上接近相等。

变压器空载时的主磁通是由 i_0N_1 所产生，而有载时的主磁通则由 i_1N_1 和 i_2N_2 共同来产生。由以上分析可知，有载时初级绕组电流所建立的磁通势 i_1N_1 应分为两部分：其一是 i_0N_1，用来产生主磁通 Φ_m；其二是 $i_1'N_1$，用来抵消次级绕组所建立的磁通势 i_2N_2，从而保持 Φ_m 基本不变。即

$$i_1N_1 = i_1'N_1 + i_0N_1 = -i_2N_2 + i_0N_1$$

或用相量表示为

$$\dot{I}_1N_1 + \dot{I}_2N_2 = \dot{I}_0N_1$$

上式说明，变压器有载时初级与次级磁通势的相量和，与空载时的磁通势相等。

因为 I_0N_1 很小，在变压器接近满载的情况下，I_0N_1 相对于 I_1N_1 或 I_2N_2 而言基本上可以略去不计，于是得到初、次级磁通势的数值关系为

$$I_1N_1 \approx I_2N_2$$

即

$$\frac{I_1}{I_2} = \frac{N_2}{N_1} = \frac{1}{n} \tag{10-1-2}$$

3. 变阻原理

在电子线路中，常用变压器来变换交流阻抗。无论是收音机还是其他电子设备，总是希望负载获得最大功率，但在实际工作中，因为负载的电阻与信号源的内阻往往不相等，所以，把负载直接接到信号源上不能获得最大功率。为此，就需要利用变压器来进行阻抗匹配，使负载获得最大功率。所谓阻抗匹配是指通过选取不同的变压器匝数比，从而把次级的负载阻抗 Z_2 变换为不同数值的初级等效阻抗 Z_1。

设变压器初级输入阻抗为 Z_1，次级阻抗为 Z_2，则

$$Z_1 = \frac{U_1}{I_1}$$

将$U_1=\frac{N_1}{N_2}U_2$，$I_1=\frac{N_2}{N_1}I_2$代入上式整理后得

$$Z_1=\left(\frac{N_1}{N_2}\right)^2\frac{U_2}{I_2}=\left(\frac{N_1}{N_2}\right)^2Z_2=n^2Z_2 \tag{10-1-3}$$

式（10-1-3）说明两点：

（1）当变压器次级接入负载阻抗Z_2时，相当于初级电路中具有等效阻抗$Z_1=\left(\frac{N_1}{N_2}\right)^2Z_2=n^2Z_2$。

（2）当次级的负载阻抗Z_2一定时，通过选取不同匝数比的变压器，则在初级电路中可得到不同的等效阻抗值。

例 10-1-1 有一台电压为 220 V/22 V 的降压变压器，副边接一盏$R=22\ \Omega$的白炽灯泡，试求：

（1）若变压器的原边绕组$N_1=1\ 100$匝，副边绕组N_2应是多少匝？

（2）灯泡点亮后，原、副边的电流各为多少？

解：（1）由变压比的公式

$$\frac{U_1}{U_2}=\frac{N_1}{N_2}=n$$

可以求出副边绕组的匝数

$$N_2=\frac{U_2}{U_1}\times N_1=\frac{22}{220}\times 1\ 100=110\text{（匝）}$$

（2）副边电流为

$$I_2=\frac{U_2}{R}=\frac{22}{22}=1\text{（A）}$$

由变流公式，可求得原边电流为

$$I_1=I_2\times\frac{N_2}{N_1}=1\times\frac{110}{1\ 100}=0.1\text{（A）}$$

练习一

一、填空题

1. 变压器的基本结构由________和________两部分构成。

2. 变压器的变比$n=\frac{N_1}{N_2}$。$\frac{U_1}{U_2}=$________，$\frac{I_1}{I_2}=$________，$\frac{Z_1}{Z_2}=$________。

二、计算题

变压器的初级绕组$N_1=880$匝，接在$U_1=220$ V 的交流电源上，要在次级绕组上得到$U_2=6$ V 的电压，并将次级绕组接到$R=2\ \Omega$负载上，求：N_2、I_1。

第二节　变压器的功率和效率

一、变压器的功率

变压器的初级输入功率为

$$P_1 = U_1 I_1 \cos\varphi_1$$

式中　U_1——加在原边绕组两端的电压，V；

I_1——通过原边绕组的电流，A；

φ_1——原边电压与电流的相位差；

P_1——电源输入变压器原边的功率，W。

变压器的次级输出功率（负载获得的功率）为

$$P_2 = U_2 I_2 \cos\varphi_2$$

式中　U_2——副边绕组两端的电压，V；

I_2——副边绕组中的电流，A；

φ_2——副边电压与电流的相位差；

P_2——变压器副边的输出功率，即负载获得的功率，W。

输入功率和输出功率的差就是变压器所损耗的功率，即包括铁损（磁滞损耗和涡流损耗）和铜损（线圈导线电阻的损耗）。铜损与初、次级电流有关，铁损决定于电压，并与频率有关。基本关系是：电流越大，铜损越大；频率越高，铁损越大。铜损和铁损可以通过计算求出或用实验方法测量。

变压器总的功率损耗为

$$\Delta P = P_1 - P_2 = P_{Cu} + P_{Fe}$$

二、变压器的效率

同机械效率的意义相同，变压器的效率也就是变压器输出功率 P_2 与输入功率 P_1 的百分比，即

$$\eta = \frac{P_2}{P_1} \times 100\%$$

由于变压器的铜损和铁损都很小，所以它的效率很高。大容量变压器的效率可达 98%～99%，小型电源变压器的效率为 70%～80%。

例 10-2-1　有一变压器的初级电压为 2 200 V，次级电压为 220 V，在接有纯电阻性负载时，测得次级电流为 10 A，若变压器的效率为 95%，试求它的损耗功率、初级功率、初级电流。

解： 次级负载功率为

$$P_2 = U_2 I_2 \cos\varphi_2 = 220 \times 10 = 2\ 200\ （W）$$

初级功率为

$$P_1 = \frac{P_2}{\eta} = \frac{2\ 200}{0.95} \approx 2\ 316\ （W）$$

损耗功率为

$$\Delta P = P_1 - P_2 = 2\ 316 - 2\ 200 = 116\ （W）$$

变比

$$n = \frac{U_1}{U_2} = \frac{2\ 200}{220} = 10$$

初级电流为

$$I_1 = \frac{I_2}{n} = \frac{10}{10} = 1\ （A）$$

三、变压器的额定值

变压器的运行情况分为空载和有载两种。制造工厂所拟定的满负荷运行情况叫作额定运行，额定运行条件下变压器的值称作变压器的额定值。

（1）额定容量——指变压器次级输出的最大视在功率。其大小为次级额定电压和额定电流的乘积，用 V · A 或 kV · A 表示。

（2）初级额定电压——接到变压器初级绕组上的最大正常工作电压。

（3）次级额定电压——当变压器的初级绕组接上额定电压时，次级绕组的空载电压。

（4）额定电流——指规定的满载电流值。

变压器的额定值决定于变压器的构造和所用材料。使用变压器时一般不能超过其额定值。

练习二

一、填空题

1. 变压器的初级输入功率为 P_1 = ____________，次级输出功率为 P_2 = ___________。总的功率损耗为 ΔP = ____________________。

2. 变压器的效率 η = ____________。

二、计算题

有一变压器的初级电压 $U_1 = 2\ 200$ V，次级电压 $U_2 = 220$ V，在接有纯电阻性负载时，测得次级电流 $I_2 = 50$ A，若变压器的效率 $\eta = 80\%$，试求它的损耗功率 ΔP、初级功率 P_1、初级电流 I_1。

第三节　几种常用变压器

一、自耦变压器

自耦变压器的铁心上只有一个绕组，原、副边绕组是公用的，副绕组是从原绕组直接由抽头引出，如图 10-3-1 所示。自耦变压器可以输出连续可调的交流电压。

自耦变压器与单相双绕组变压器一样，也可以用来变换电压与电流。用同样的方法分析可知，其电压比、电流比与双绕组变压器相同，即

$$\frac{U_1}{U_2}=\frac{N_1}{N_2}=n$$

$$\frac{I_1}{I_2}=\frac{N_2}{N_1}=\frac{1}{n}$$

通常自耦变压器的副边抽头制成沿绕组自由滑动的触头，可以自由、平滑地调节输出电压，因此又叫作自耦调压器。其外形如图 10-3-2 所示。

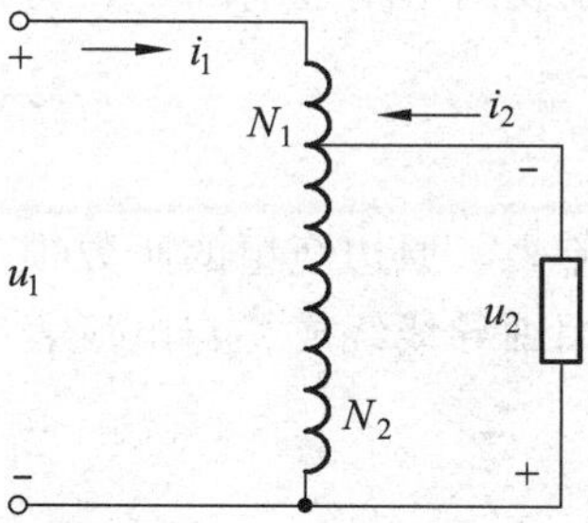

图 10-3-1　自耦变压器

图 10-3-2　自耦变压器的外形

二、小型电源变压器

小型电源变压器广泛应用于电子仪器中。它一般有一至二个原边绕组和几个不同的副边绕组，可以根据实际需要连接组合，以获得不同的输出电压，如图 10-3-3 所示。

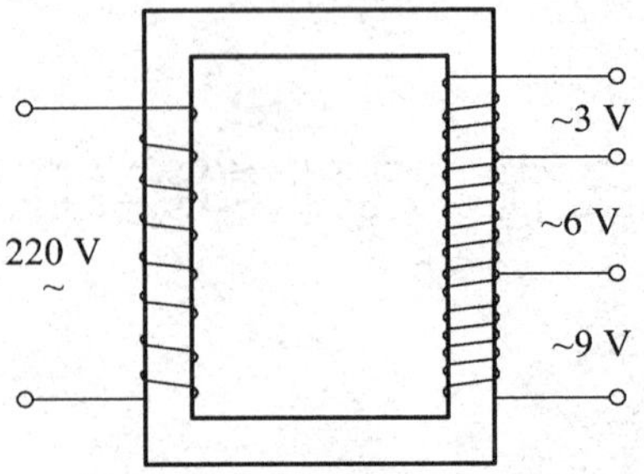

图 10-3-3 小型电源变压器

三、互感器

互感器既可测量高电压或大电流，又可保障操作人员的人身安全。

1. 电压互感器

电压互感器的构造与普通双绕组变压器相同。它先将被测电网或电气设备的高压降为低压，然后用电压表测出副边绕组的低压 U_2，将其乘以变压比 n，就可间接测出原边高压值 U_1，即

$$U_1 = nU_2$$

其原理如图 10-3-4（a）所示。实际应用时，为使与电压互感器配套使用的仪表标准化，不管原边高压是多少，通常副边低压额定值均为 100 V，以便统一使用 100 V 标准的电压表。

为确保安全，使用电压互感器时，必须将其铁壳和副边绕组的一端接地，以防绝缘损坏时副边绕组出现高压。

2. 电流互感器

电流互感器先将被测的大电流变换成小电流，然后用电流表测出副边电流 I_2，将其除以变压比 n，就可间接测出原边大电流值 I_1，即

$$I_1 = I_2/n$$

电流互感器的原边绕组与被测电路串联，副边绕组接电流表。原边绕组的匝数很少，一般只有一匝或几匝，用粗导线绕成。副边绕组的匝数较多，用细导线绕成，与电流表串联，它与双绕组变压器工作原理相同，如图 10-3-4（b）所示。

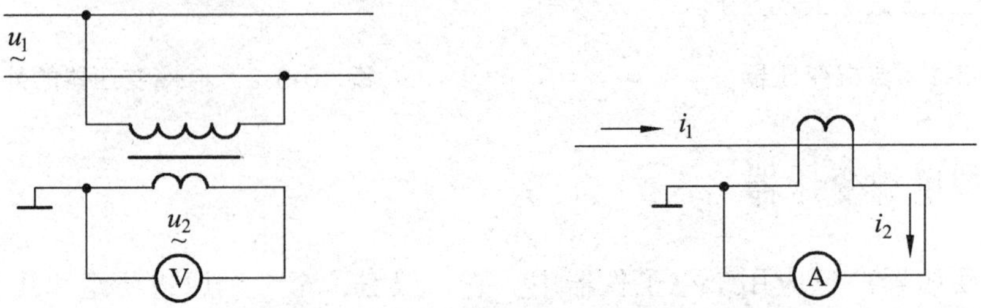

（a）电压互感器　（b）电流互感器

图 10-3-4 互感器

使用时，为和仪表配套，电流互感器不管原边电流多大，通常副边电流的额定值为 1 A 或 5 A。

电流互感器正常工作时，不允许副边开路，否则会烧毁设备，危及操作人员安全。同时，必须将铁壳和副边绕组的一端接地。

练习三

1. 自耦变压器可以自由、平滑地调节________电压，因此又叫作自耦调压器。

2. 电压互感器先将被测电网或电气设备的高压降为________，然后用电压表测出副边绕组的低压 U_2，将其乘以________，就可间接测出原边高压值 $U_1=$ _______。

3. 电流互感器的原边绕组与被测电路_______，副边绕组接电流表。用电流表测出副边电流 I_2，将其除以_______，就可间接测出原边大电流值 $I_1=$ ______。

本章小结

一、变压器的基本结构与工作原理

1. 基本结构

变压器主要由铁心和绕组两个基本部分构成。原绕组与电源，副绕组与负载构成两个电路，铁心构成的磁路将两个电路联系起来。

2. 工作原理

变压器根据电磁感应原理制成。如果忽略变压器的功率损耗，变压器的变压、变流、变阻抗公式为

变压 $$\frac{U_1}{U_2}=\frac{N_1}{N_2}=n$$

变流 $$\frac{I_1}{I_2}=\frac{N_2}{N_1}=\frac{1}{n}$$

变阻抗 $$\frac{Z_1}{Z_2}=n^2$$

二、变压器的功率和效率

1. 变压器的功率

变压器的初级输入功率为

$$P_1=U_1I_1\cos\varphi_1$$

变压器的次级输出功率为

$$P_2=U_2I_2\cos\varphi_2$$

变压器的功率损耗为

$$\Delta P = P_1 - P_2 = P_{\mathrm{Cu}} + P_{\mathrm{Fe}}$$

2. 变压器的效率

变压器的效率是变压器输出功率与输入功率的百分比，即

$$\eta = \frac{P_2}{P_1} \times 100\%$$

三、几种常用变压器

（1）自耦变压器可以自由、平滑地调节输出电压，因此又叫作自耦调压器。

（2）电压互感器先将被测电网或电气设备的高压降为低压，然后用电压表测出副边绕组的低压 U_2，将其乘以变压比 n，就可间接测出原边高压值 $U_1 = nU_2$。

（3）电流互感器先将被测的大电流变换成小电流，然后用电流表测出副边电流 I_2，将其除以变压比 n，就可间接测出原边大电流值 $I_1 = I_2/n$。

第十一章 过渡过程

第一节 电路的过渡过程与换路定律

一、什么是过渡过程?

自然界中的物质运动从一种稳定状态（处于一定的能态）转变到另一种稳定状态（处于另一能态）需要一定的时间。

电动机从静止状态（转速为零的状态）启动，到某一恒定转速要经历一定的时间，这就是加速过程；同样当电动机制动时，它的转速从某一恒定转速下降到零，也需要减速过程。这就是说物质从一种状态过渡到另一种状态是不能瞬间完成的，需要有一个过程，即能量不能发生跃变。

过渡过程就是从一种稳定状态转变到另一种稳定状态的中间过程。电路从前一个稳定状态转变到后一个稳定状态，也可能经历过渡过程。

在直流电路或交流电路中，电源电压或电流恒定不变或随时间做周期性变化时，电路中各部分电压或电流也是恒定的或随时间做周期性变化，电路的这种状态叫稳定状态。电路由一种稳定状态变化到另一种稳定状态也要发生过渡过程。

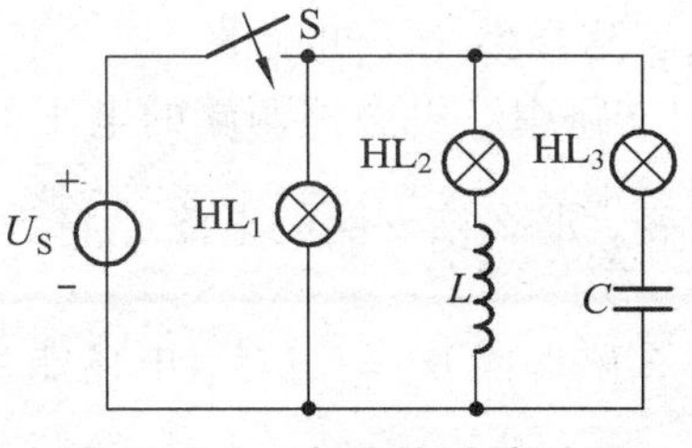

图 11-1-1 电路的过渡过程

在图 11-1-1 所示电路中，HL_1、HL_2、HL_3 是三个完全相同的灯泡。当开关 S 断开时，三条支路中都没有电流，这是一种稳定状态。

当开关 S 闭合时，灯泡 HL_1 立刻正常发光；灯泡 HL_2 是逐渐变亮的，经过一段时间达到与灯泡 HL_1 同样的亮度；灯泡 HL_3 则一闪亮就渐渐变暗，然后就不亮了。

灯泡 HL_1 是个纯电阻，设其阻值为 R。开关 S 闭合的瞬间，该支路电流立刻达到稳定值，$I = U_S/R$，电流的大小与时间无关，即在开关 S 闭合的瞬间，电路立刻达到另一种稳定状态。这说明纯电阻电路由 $I = 0$ 这种稳定状态，到另一种稳定状态 $I = U_S/R$ 是不需要时间的。纯电阻电路无过渡过程，其电流变化如图 11-1-2（a）所示。

灯泡 HL_2 与电感串联，开关 S 闭合的瞬间，电流由零增加了 di，电感线圈要产生自感电动势 $e=-L\frac{di}{dt}$ 来阻止电路中电流的变化。因此，电流从零增加到 I 需要经过一段时间。当电流达到 I 时，$di=0$，自感电动势 $e=0$，灯泡 HL_2 与 HL_1 同样亮，电路达到稳定状态。灯泡 HL_2 与电感串联支路从一种稳定状态，过渡到另一种稳定状态，需要一个过程，即过渡过程，其电流变化如图 11-1-2（b）所示。

灯泡 HL_3 与电容串联，开关 S 闭合的瞬间，电容器两极板间的电压增加了 du_C，电路中的电流 $i_C=C\frac{du_C}{dt}$。电容器被充电，经过一段时间其两端电压 u_C 达到 U_S，则 $du_C=0$，$i_C=0$，电路处于一种稳定状态。灯泡 HL_3 与电容串联的支路接通电源瞬间有过渡过程，电流变化如图 11-1-2（c）所示。

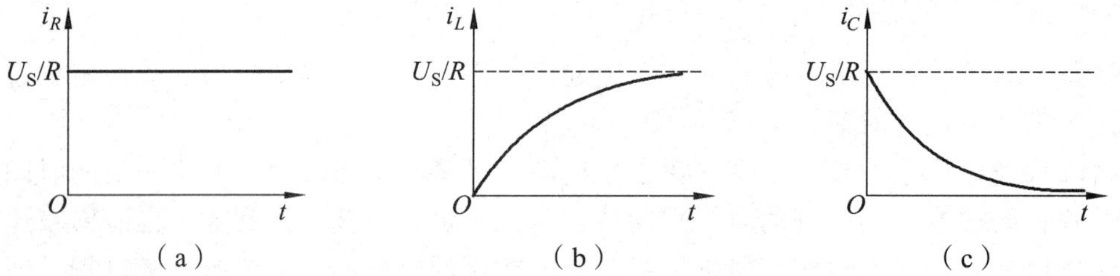

图 11-1-2　三条支路中的电流曲线

二、发生过渡过程的原因

通过电感支路的电流只能连续变化，不能发生突变。由于电感两端的自感电动势 $e=-L\frac{di}{dt}$，如果电感支路中的电流能够发生突变，即在极短的时间内电流发生跃变，那么 $\frac{di}{dt}$ 将趋于无穷大，e 必然为无穷大，这显然是不可能的。

同样的道理，在具有电容的支路中，电容器两端的电压不能发生突变。电容支路中的电流 $i_C=C\frac{du_C}{dt}$，如果 u_C 能发生突变，那么该支路的电流 i_C 将为无穷大，这显然也是不可能的。

如果电流或电压能跃变，那么磁场能 $W_L=\frac{1}{2}LI_L^2$，电场能 $W_C=\frac{1}{2}CU_C^2$，也必然随之发生跃变，而功率 $P=\frac{\Delta W}{\Delta t}$ 必然为无穷大，这是不可能的。

因此，可以得出如下两个重要结论：

（1）电感中的电流不能发生突变。

（2）电容两端的电压不能发生突变。

由以上分析可知，电路中具有电感或电容时，在换路后通常有一个过渡过程。

三、换路定律

上述两条结论同样适用于电路换路的瞬间。如果把换路操作的瞬间定为 $t=0$，并且以

$t=0^-$代表换路前的一瞬间，以$t=0^+$代表换路后的一瞬间，那么根据上述两条结论可得：

换路定律：电感中的电流或电容两端的电压在开闭前一瞬间应和开闭后一瞬间相等，其数学表达式为

$$i_L(0^+)=i_L(0^-)$$

$$u_C(0^+)=u_C(0^-)$$

换路定律可以确定电路发生过渡过程的起始值（$t=0^+$时的值），它是研究过渡过程必不可少的依据。应当指出，换路定律对于某些理想化的电路是不成立的。把一个未充磁的纯电感线圈与一个理想电流源连接，则通过电感线圈的电流必然发生跃变；把一个未充过电的纯电容与一个理想电压源连接，则电容两端的电压必然发生突变。在上述情况下，换路定律之所以不成立，是因为理想电流源和理想电压源能提供无限大的功率。实际电路提供的功率是有限的，换路时要产生过渡过程，因而换路定律成立。

例 11-1-1 在图 11-1-3 所示的电路中，$E=6\text{ V}$，试求开关 S 闭合瞬间电路中的电流 i 及电感、灯泡两端的电压 u_L、u_R。

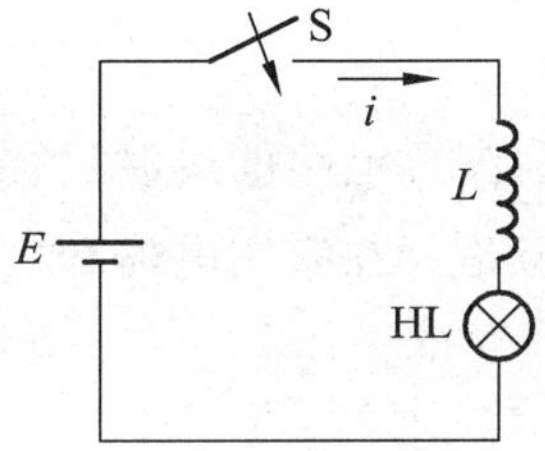

图 11-1-3 例 11-1-1 图

解：开关 S 闭合前电路中电流 $i=0$，即

$$i(0^-)=0$$

根据换路定律，开关 S 闭合时的瞬间电感电流为

$$i(0^+)=i(0^-)=0$$

因此，S 闭合瞬间（$t=0$）的电流为

$$i=0$$

所以 $t=0$ 瞬间灯泡两端电压 u_R 为

$$u_R(0^+)=i(0^+)R \quad （R\text{ 为灯泡等效电阻}）$$

$t=0$ 瞬间电感两端的电压为

$$u_L(0^+)=E=6\text{ V}$$

例 11-1-2 在图 11-1-4 所示电路中，$E=6\text{ V}$，灯泡等效电阻 $R=2\ \Omega$，开关 S 闭合前，电容两端电压为零。试求开关闭合瞬间电路中的电流 i、灯泡两端电压 u_R 及电容器两端电压 u_C。

解：开关 S 闭合之前 $u_C = 0$，即

$$u_C(0^-) = 0$$

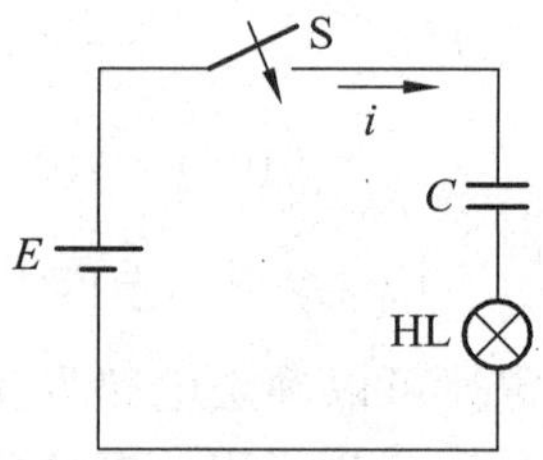

图 11-1-4

根据换路定律，开关 S 闭合瞬间 C 两端电压为

$$u_C(0^+) = u_C(0^-) = 0$$

所以，$t = 0$ 时，灯泡两端电压 u_R 为

$$u_R(0^+) = E = 6\ \text{V}$$

因此，电路中的电流为

$$i(0^+) = \frac{u_R(0^+)}{R} = \frac{6}{2} = 3\ (\text{A})$$

即开关 S 闭合瞬间（$t = 0$），电流为

$$i = 3\ \text{A}$$

应当指出，在实际工作中要特别注意电路的过渡过程，它会使电路中出现过电流或过电压，有可能损坏电路元件或设备。但是，在家用电器和广播通信设备中可以利用电路的过渡过程来工作。

练习一

一、填空题

1. 通过电感的电流变化只能是______，不能发生_______。

2. 电容器两端的电压变化只能是________，不能发生________。

3. 换路定律的内容是____，其数学表达式为____________________________。

二、计算题

在如图 11-1-5 所示的电路中，开关 S 断开时，$i_L = 2\ \text{A}$，$E = 6\ \text{V}$，$R_1 = R_2 = 1.5\ \Omega$，试求开关 S 闭合瞬间各支路的电流。[提示：S 闭合瞬间 $i_L(0^+) = i_L(0^-) = 2\ \text{A}$]

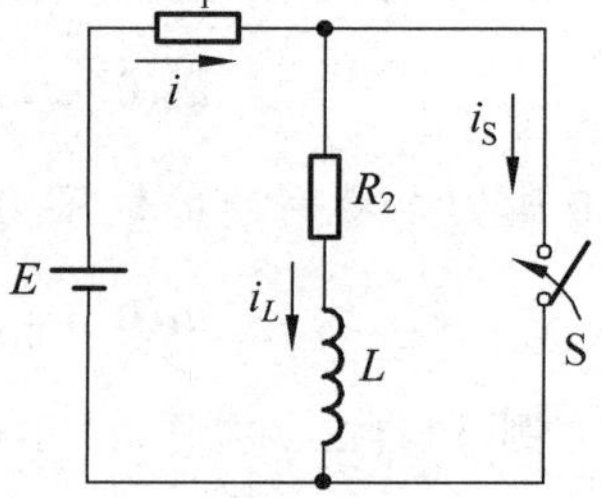

图 11-1-5

三、问答题

1. 什么是过渡过程？具有电感或电容的电路中发生过渡过程的原因是什么？

2. 换路定律的内容是什么？换路瞬间电感电压和电容电流能否突变？为什么？

第二节 RC电路的过渡过程

一、RC电路接通直流电源

如图 11-2-1 所示的 RC 电路与直流电源连接，在开关 S 闭合的瞬间，由于电容器两个极板上原来没有电荷，即 $u_C(0^-)=0$，根据换路定律，$t=0^+$时电容器两端电压为

$$u_C(0^+)=u_C(0^-)=0$$

则该瞬间电路中的电流为

$$i(0^+)=\frac{E}{R}=I$$

由于电路中只有电阻和电容，因此在开关 S 闭合的瞬间电流发生了跃变。此刻电流最大，对电容器充电速度最快，两极板间电压升高速度最快。随着电容器极板上电荷量增加，两极板间电压升高，电容器两端电压逐渐接近电源电压，充电电流逐渐减小。当电容器两端电压等于电源电压时，充电电流减小到零，过渡过程结束，电路达到稳定状态。

为进一步研究 RC 电路的过渡过程，做如图 11-2-2 所示的实验，其中 $R=10^5\ \Omega$，$E=10\ \text{V}$，$C=500\ \mu\text{F}$。将开关 S 闭合的时刻记作 $t=0$，将微安表上的读数记录到表 11-1 中。

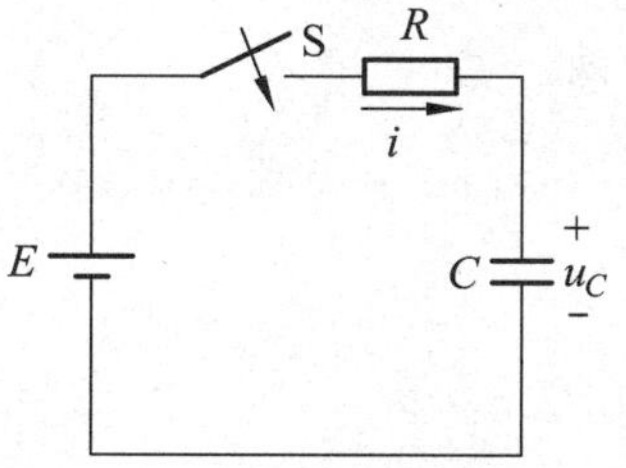

图 11-2-1 RC 电路接通直流电源

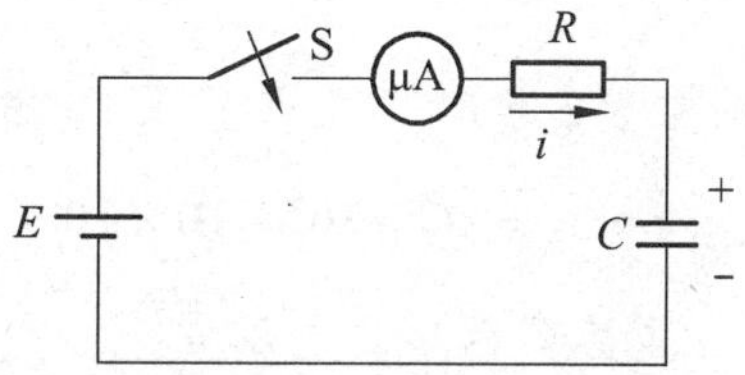

图 11-2-2 RC 电路的过渡过程实验

表 11-2-1 RC 电路 t 时刻的电流值

t/s	0	10	20	30	40	50	100	150	200	250
i/μA	100	81.9	67.0	54.9	44.9	36.8	13.6	4.96	1.83	0.67

根据表 11-2-1 的实验结果，以时间 t 为横轴，充电电流 i 为纵轴，作出 i-t 关系曲线，如图 11-2-3 所示。

理论和实验证明，RC 电路的充电电流按指数规律变化，任意一个 RC 电路的充电电流数学表达式为

$$i_C=\frac{E}{R}\mathrm{e}^{-\frac{t}{RC}} \qquad (11\text{-}2\text{-}1)$$

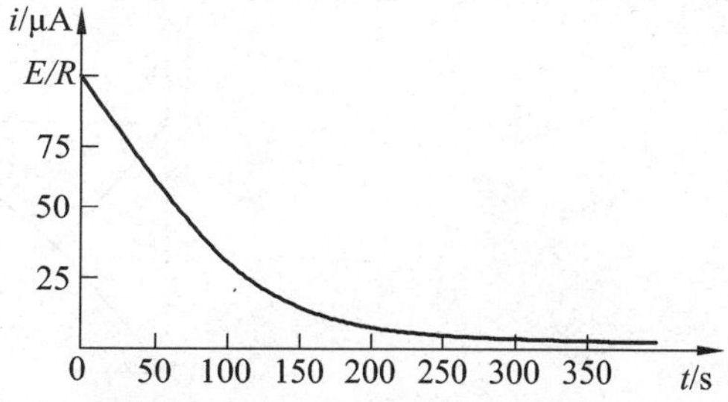

图 11-2-3 RC 充电电路 i-t 曲线

则电阻两端的电压 u_R 为

$$u_R = iR = E\mathrm{e}^{-\frac{t}{RC}} \tag{11-2-2}$$

电容器两端的电压 u_C 为

$$u_C = E - u_R = E(1-\mathrm{e}^{-\frac{t}{RC}}) \tag{11-2-3}$$

u_R、u_C 在过渡过程中随时间变化的曲线，如图 11-2-3 所示。令 $\tau = RC$，叫作时间常数，单位是秒（s），它反映了电容器的充电速率。

τ 越大，充电过程越缓慢；τ 越小，充电过程越快。当 $t = \tau$ 时，$u_C = 0.632E$，即 τ 是电容器充电电压达到终值的 63.2%时所用的时间。当 $t = 5\tau$ 时，可认为过渡过程结束。

例 11-2-1 在如图 11-2-4 所示的 RC 电路中，$R = 1\ \mathrm{M\Omega}$，$C = 10\ \mathrm{\mu F}$，充电前电容器两端电压为零，$E = 10\ \mathrm{V}$。试求电路的时间常数 τ，以及开关 S 闭合 10 s 时电容器两端的电压 u_C 和 R 两端电压 u_R。

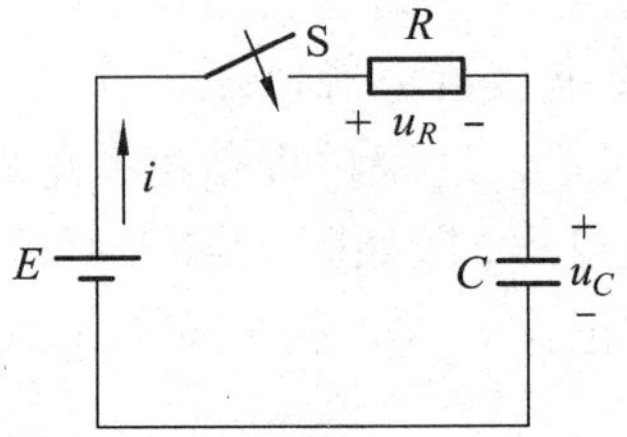

图 11-2-4 例 11-2-1 图

解： 时间常数 τ 为

$$\tau = RC = 10^6 \times 10 \times 10^{-6} = 10\ (\mathrm{s})$$

则 $t = 10$ s 时，电容器两端的电压 u_C 为

$$u_C = E(1-\mathrm{e}^{-\frac{t}{RC}}) = 10\times(1-\mathrm{e}^{-\frac{10}{10}}) = 10\times(1-\mathrm{e}^{-1}) = 10\times(1-0.368) = 6.32\ (\mathrm{V})$$

电阻 R 两端电压 u_R 为

$$u_R = E\mathrm{e}^{-\frac{t}{RC}} = E\mathrm{e}^{-\frac{10}{10}} = 10\times 0.368 = 3.68\ (\mathrm{V})$$

u_C、u_R 随时间变化曲线如图 11-2-5 所示。

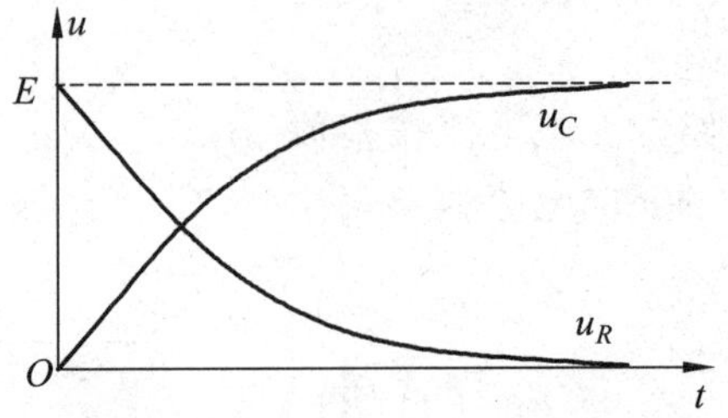

图 11-2-5 u_C、u_R 随时间变化曲线

二、电容通过电阻放电

如图 11-2-6 所示，将电容器两端的电压充电到 E，然后迅速将开关 S 置于“2”的位置，电容器通过电阻放电。在换路前的瞬间 $u_C(0^-)=E$。根据换路定律，开关 S 置于“2”的瞬间，电容器两端电压为

$$u_C(0^+)=u_C(0^-)=E$$

电容 C 通过电阻 R 的放电电流为

$$i=\frac{u_C}{R}$$

当 $t=0$ 时，

$$i(0)=\frac{u_C(0)}{R}=\frac{E}{R}$$

电容放电完毕，过渡过程结束，达到新的稳定状态，即

$$u_C(t\to\infty)=0$$

$$i(t\to\infty)=0$$

理论和实验证明，电容通过电阻放电的电流和电容两端的电压都按指数规律变化，其数学表达式为

$$i=\frac{E}{R}\mathrm{e}^{-\frac{t}{\tau}} \tag{11-2-4}$$

$$u_C=E\mathrm{e}^{-\frac{t}{\tau}} \tag{11-2-5}$$

根据上式作出电流、电压随时间变化的曲线，如图 11-2-7 所示。式中 $\tau=RC$，是电容通过电阻放电的时间常数。

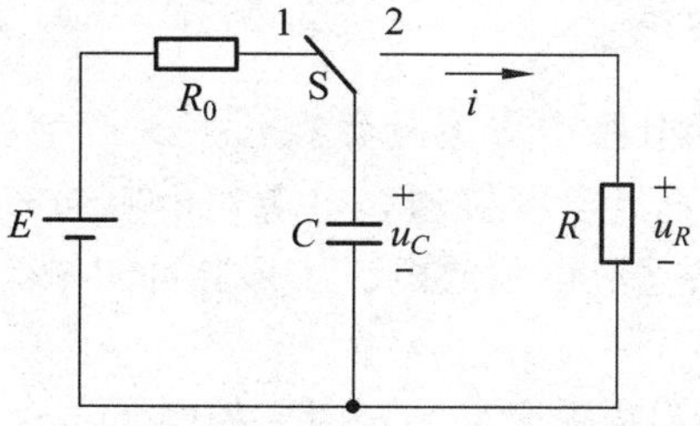

图 11-2-6 电容通过电阻放电电路

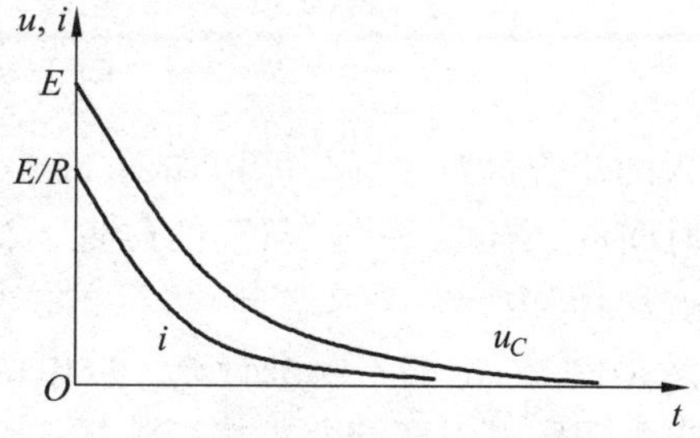

图 11-2-7 电容放电时 u_C、i 变化曲线

放电开始时放电电流最大，电容器两极板间电压变化速率最大。在放电过程中，电容器极板上的电荷量不断中和，u_C 随之减小，放电电流 i 也随之减小。放电结束，$u_C=0$，$i=0$，电路达稳定状态。放电快慢由时间常数 τ 决定，τ 越大，放电就越慢。

练习二

一、填空题

1. 电路中当 $u_C(0^-)=0$ 时，开关 S 闭合与直流电源接通的瞬间，电流大小发生了____。此刻电流值达_______，对电容器充电速率________，两极板间电压升高的速率_______。

2. RC 电路的充电电流按_______规律变化。电容通过电阻放电的电流和电容器两端电压按____________ 规律变化。

二、问答题

1. 在 RC 充电及放电电路中，怎样确定电容器上的电压初始值？
2. 在 RC 充电电路中，电容器两端电压变化规律如何？充电电流又按怎样的规律变化？
3. 什么是 RC 电路的时间常数？试说明它的物理意义。

第三节 RC电路的应用

一、微分电路

在脉冲技术中，常用尖脉冲作为触发信号。微分电路可以把方波变为尖脉冲。常用的微分电路如图 11-3-1（a）所示。

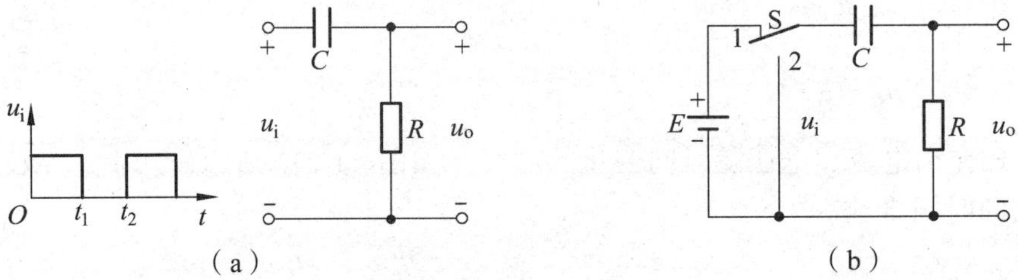

图 11-3-1 微分电路

输入的矩形脉冲电压，可用如图 11-3-1（b）所示电路中直流电源和开关 S 产生。在 0 ~ t_1 这段时间内，开关 S 置“1”的位置，RC 电路与直流电源接通，电源对电容器充电；在 $t_1 \sim t_2$ 这段时间内，开关 S 置于“2”的位置，电容器通过电阻放电。矩形脉冲对 RC 电路的作用，就是使 RC 电路不断进行充、放电的过程。

输出电压即电阻两端电压按指数规律变化。当输入矩形脉冲一定时，如图 11-3-2（a）所示，电路的时间常数 τ 远小于矩形脉冲的宽度 T_0，则在到达 t_1 之前电容器充电过程结束。在下一个脉冲到达之前，电容器的放电过程早已结束，输出电压为两个极性相反的尖脉冲，如图 11-3-2（b）所示。

改变电路参数 R、C，使 τ 近似等于脉冲宽度 T_0，当电容器充电到 t_1 时，充电过程并没结束，电容器两端电压近似为电源电压的 63.2%，输出电压 u_0（即 u_R）为电源电压的 36.8%。

同理，电容器放电到 t_2 时刻，放电过程并没结束，波形如图 11-3-2（c）所示。

当电路的时间常数 τ 远远大于脉冲宽度 T_0 时，输出波形很接近输入波形，如图 11-3-2（d）所示。它多作为耦合电路，用于多级放大器中。

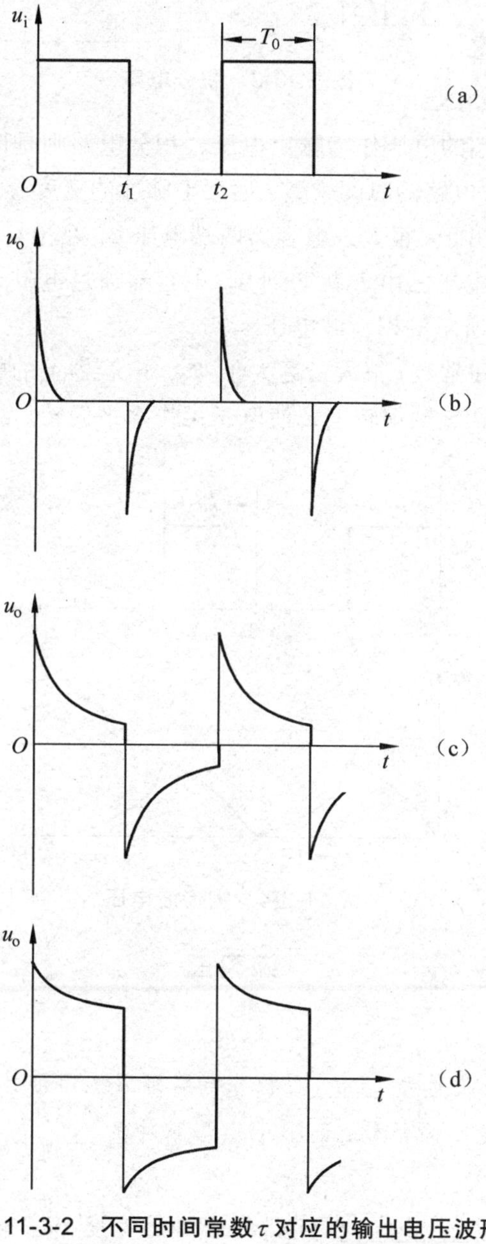

图 11-3-2　不同时间常数 τ 对应的输出电压波形

二、积分电路

在脉冲技术中常需要将矩形脉冲信号变为锯齿波信号，这种变换电路即积分电路，如图 11-3-3 所示。

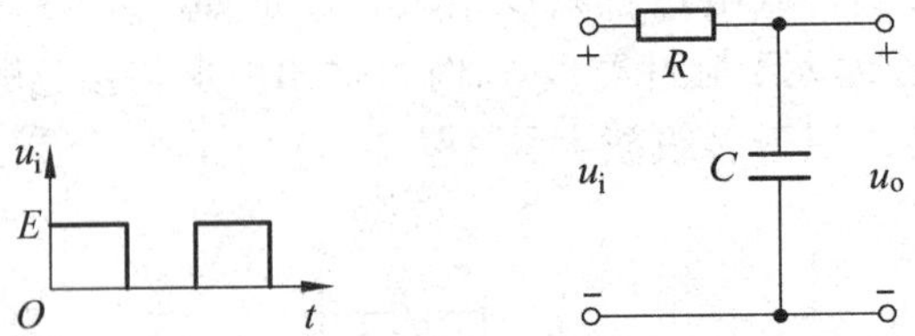

图 11-3-3 积分电路

微分电路是以电阻两端的电压作为输出电压，积分电路则是以电容器两端的电压作为输出电压。积分电路要求 RC 电路的时间常数 τ 远大于脉冲的宽度。当矩形脉冲电压由 0 跳变到 E 时，电容器开始充电，由于 τ 很大，电容器两端电压 u_C 在 $0\sim t_1$ 这段时间内缓慢增长，u_C 还没达到 E 时，矩形脉冲电压已由 E 跳变到 0，电容器通过电阻 R 缓慢放电，u_C 逐渐下降。从输出端得到如图 11-3-4 所示的锯齿波电压。

积分电路的特点是时间常数 τ 很大，远大于 T_0，电容器上的电压变化缓慢。它常用于产生示波器的扫描电压，加在 x 轴偏转上，使电子束作水平偏转。

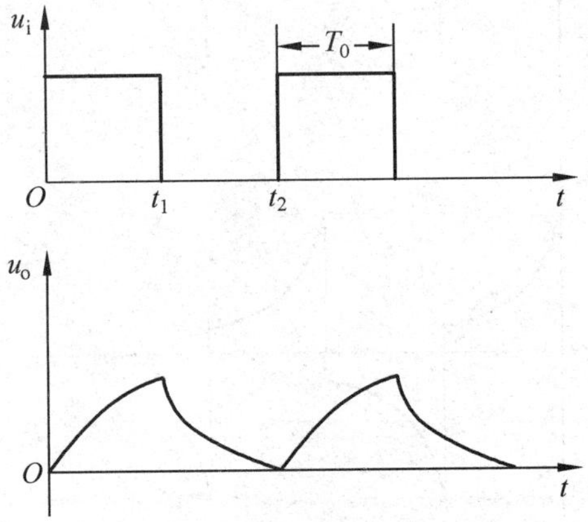

图 11-3-4 锯齿波电压

练习三

一、填空题

1. 微分电路可以把方波变为______。积分电路可以把矩形脉冲信号变为_______。

2. 微分电路的特点是时间常数 τ 远小于矩形脉冲的______，输出电压为两个极性相反的_______。

3. 积分电路的特点是____________远大于脉冲的宽度 T_0，输出电压为_______。

二、问答题

1. 微分电路和积分电路有什么区别？对它们有什么不同的要求？

2. 画出微分电路、积分电路的输入、输出波形图。

本章小结

一、电路的过渡过程与换路定律

1. 过渡过程

过渡过程就是从一种稳定状态转变到另一种稳定状态的中间过程。电路由一种稳定状态变化到另一种稳定状态要发生过渡过程。

2. 发生过渡过程的原因

（1）电感中的电流不能发生突变。

（2）电容两端的电压不能发生突变。

电路中具有电感或电容时，在换路后通常有一个过渡过程。

3. 换路定律

如果把换路操作的瞬间定为 $t=0$，以 $t=0^-$ 代表换路前的一瞬间，以 $t=0^+$ 代表换路后的一瞬间，可得换路定律：

电感中的电流或电容两端的电压在开闭前一瞬间应和开闭后一瞬间相等，即

$$i_L(0^+)=i_L(0^-)$$

$$u_C(0^+)=u_C(0^-)$$

换路定律可确定电路发生过渡过程的起始值（$t=0^+$ 时的值），它是研究过渡过程必不可少的依据。

二、RC 电路的过渡过程

（1）RC 电路的充电电流按指数规律变化，对于任意一个 RC 电路：

充电电流

$$i_C=\frac{E}{R}\mathrm{e}^{-\frac{t}{RC}}$$

电阻两端的电压

$$u_R=iR=E\mathrm{e}^{-\frac{t}{RC}}$$

电容器两端的电压

$$u_C=E-u_R=E(1-\mathrm{e}^{-\frac{t}{RC}})$$

时间常数 $\tau=RC$，它反映了电容器的充电速率。τ 是电容器充电电压达到终值的 63.2%时所用的时间。当 $t=5\tau$ 时，可认为过渡过程结束。

（2）电容通过电阻放电的电流和电容两端的电压都按指数规律变化，其数学表达式为

$$i=\frac{E}{R}\mathrm{e}^{-\frac{t}{\tau}},\quad u_C=E\mathrm{e}^{-\frac{t}{\tau}}$$

式中，$\tau=RC$，是电容通过电阻放电的时间常数。

三、*RC* 电路的应用

1. 微分电路

微分电路可以把方波变为尖脉冲，输出电压为两个极性相反的尖脉冲。微分电路的特点是时间常数$\tau=RC$远小于矩形脉冲的宽度 T_0。

2. 积分电路

积分电路可以把矩形脉冲信号变为锯齿波信号，输出电压为锯齿波。积分电路的特点是时间常数$\tau=RC$远大于脉冲的宽度 T_0。

第十二章　非正弦交流电

在六、七、八章中，我们讨论了正弦交流电路的各种现象、性质及计算方法。在电力系统中，一般总希望电路在正弦交变电动势作用下，各部分的电压、电流都按正弦规律变化。但是，在电子技术领域中，除正弦交流电外，还常常遇到另一类交流电，它们虽然也是按周期变化的，但不是正弦量，而是非正弦周期信号，例如方波、锯齿波等，如图 12-1-1 所示。

（a）方波　　（b）锯齿波

图 12-1-1　非正弦交流电波形

第一节　非正弦量的（傅里叶级数）分解与计算

一、非正弦交流电的产生

电路中出现非正弦交流电流或电压的原因，一般来自电源和负载两个方面。

1. 电源方面

一种原因是发电机结构上的，由于沿电枢表面的磁感应强度不能完全按正弦规律分布，因此感应电动势就是非正弦的。在非正弦电动势的作用下，电路中的电流也是非正弦的。

另一种原因是当电路中有几个不同频率的正弦电动势作用时，电路中的总电动势将不再是正弦波。因此，电路中的电流也是非正弦波。

2. 负载方面

若电路中含有非线性元件，则元件在外加电压的作用下，电路中的电流不与电压成正比变化。例如半波整流电路，如图 12-1-2（a）所示，其中 D 为二极管，它具有单向导电性，也就是说，二极管两端加正向电压时导通，加反向电压时截止。因此，仅在电动势的正半周电路中有电流通过。所以，虽然电源电动势是正弦波，但电路中的电流及负载上所输出的电压却是非正弦的，如图 12-1-2（b）所示。

在实际问题中，我们会遇到类似这种利用非线性元件来获得非正弦周期信号的例子。

（a）半波整流电路　　（b）电路的电流波形

图 12-1-2　半波整流的电路与波形

二、非正弦周期量的傅里叶级数表达式

非正弦周期信号有着各种不同的变化规律：几个频率不同的正弦交流电可以合成一个非正弦交流电，一个非正弦交流电也能分解成几个频率不同的正弦交流电。

任何周期函数（信号），只要满足狄里克雷条件，都可以展开成一个收敛的三角级数，即傅里叶级数。电工技术中所遇到的周期函数都满足狄里克雷条件。

狄里克雷条件为：函数在任意有限区间连续或只有有限个第一类间断点，且在一个周期内函数只有有限个极值。

设周期信号 $f(t)$ 的周期为 T，则其傅里叶级数可表示为

$$\begin{aligned}f(t) &= A_0 + A_{1\text{m}}\sin(\omega t+\varphi_1) + A_{2\text{m}}\sin(2\omega t+\varphi_2) + \cdots + A_{k\text{m}}\sin(k\omega t+\varphi_k) \\ &= A_0 + \sum_{k=1}^{\infty} A_{k\text{m}}\sin(k\omega t+\varphi_k)\end{aligned}$$

式中，第一项 A_0 为恒定分量，其余各项依次称为一次谐波、二次谐波……k 次谐波。一次谐波也称为基波，其角频率 $\omega = 2\pi/T$。二次以上谐波统称为高次谐波，频率均为基波频率的整数倍。

实验和理论分析都证明：

非正弦交流电可以被分解成一系列频率成整数倍的正弦成分。也就是说，我们在实际工作中所遇到的各种波形的周期信号，都可以由许多不同频率的正弦波组成。

正弦波的每一正弦成分，被称为它的一个谐波分量。为了解非正弦波与它的每一个谐波分量之间的关系，我们先来看一下两个不同频率的正弦电压相加的情况。

设 $u_1 = U_\text{m}\sin\omega t$，另一正弦电压 $u_3 = \dfrac{1}{3}U_\text{m}\sin 3\omega t$，把它们两个加起来便得到一个非正弦周期电压

$$u = U_m \sin \omega t + \frac{1}{3} U_m \sin 3\omega t$$

它的波形如图 12-1-3（a）所示。

由于电压 u 是由正弦电压 u_1 与 u_3 相加得到的，显然 u_1 与 u_3 就是周期信号 u 的谐波分量。由图 12-1-3（a）可以看到，当非正弦周期信号 u 变化了一周时，u_1 也变化了一周，即 u_1 与 u 的周期（或频率）是相同的。u_1 是谐波分量中的基本成分，把 u_1 称为基波或一次谐波。u_3 的频率为基波的三倍，称它为三次谐波。凡是某一谐波分量的频率是基波的几倍，我们就称它为几次谐波。

如果在上面的两个电压 u_1 与 u_3 的基础上再加上一个 u_5，它的幅度为 u_1 的 $\frac{1}{5}$，但频率为 u_1 的五倍。这时非正弦周期电压 u 为

$$u = U_m \sin \omega t + \frac{1}{3} U_m \sin 3\omega t + \frac{1}{5} U_m \sin 5\omega t$$

u 的波形如图 12-1-3（b）所示。由图 12-1-3（b）可看出其波形与方波较为近似。假如在 u 中再加一个振幅为基波 $\frac{1}{7}$ 的七次谐波，则此电压波形与方波更加接近。

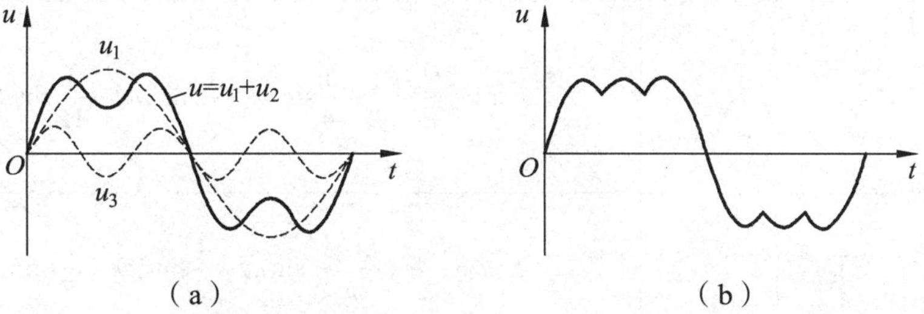

图 12-1-3 谐波合成的非正弦周期波

如果我们按此规律把更高频率的谐波考虑进去，就能得到一个完全如图 12-1-1（a）所示的方波。

因此，方波实际上就是由振幅按 1、1/3、1/5、1/7…的规律递减，且频率为基波的 1、3、5、7…倍的一系列无限多的正弦谐波分量所合成。因此，方波可以用下式表示：

$$u = U_m \sin \omega t + \frac{1}{3} U_m \sin 3\omega t + \frac{1}{5} U_m \sin 5\omega t + \frac{1}{7} U_m \sin 7\omega t + \cdots$$

其中　ω——基波的角频率；

$T = \frac{2\pi}{\omega}$——非正弦信号的周期。

其他波形的周期信号，也是由一系列频率成整数倍的正弦谐波分量所合成的。对于不同的波形，它们的各次谐波分量之间的振幅和相位关系是不一样的，如表 12-1-1 所示。

表 12-1-1　常用的非正弦周期信号波形及其傅里叶级数展开式

名称	波形	谐波分量表示式
方波	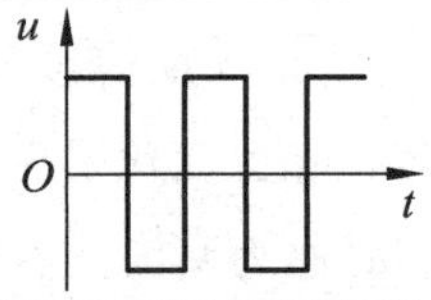	$u=\frac{4U_{\rm m}}{\pi}\left(\sin\omega t+\frac{1}{3}\sin 3\omega t+\frac{1}{5}\sin 5\omega t+\cdots\right)$
等腰三角波	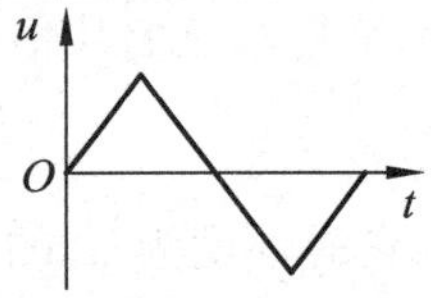	$u=\frac{8U_{\rm m}}{\pi^2}\left(\sin\omega t-\frac{1}{9}\sin 3\omega t+\frac{1}{25}\sin 5\omega t+\cdots\right)$
锯齿波	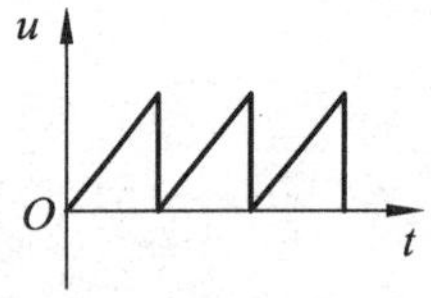	$u=\frac{U_{\rm m}}{2}-\frac{U_{\rm m}}{\pi}\left(\sin 2\omega t+\frac{1}{2}\sin 4\omega t+\frac{1}{3}\sin 6\omega t+\cdots\right)$
正弦整流全波	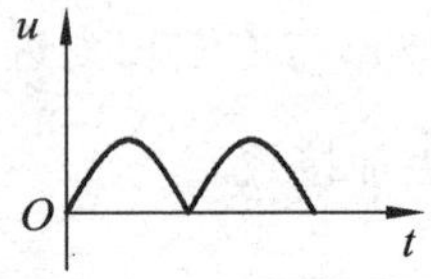	$u=\frac{4U_{\rm m}}{\pi}\left(\frac{1}{2}-\frac{1}{3}\cos 2\omega t-\frac{1}{15}\cos 4\omega t-\frac{1}{35}\cos 6\omega t+\cdots\right)$
正弦整流半波	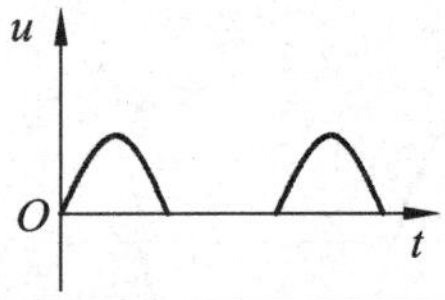	$u=\frac{2U_{\rm m}}{\pi}\left(\frac{1}{2}+\frac{1}{4}\sin\omega t-\frac{1}{3}\cos 2\omega t-\frac{1}{15}\cos 4\omega t+\cdots\right)$
矩形脉冲	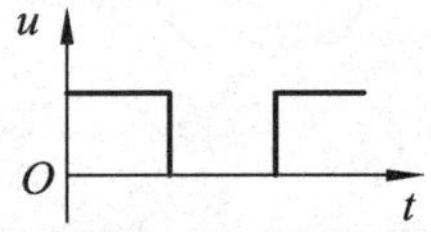	$u=\frac{U_{\rm m}}{2}+\frac{2U_{\rm m}}{\pi}\left(\sin\omega t+\frac{1}{3}\sin 3\omega t+\frac{1}{5}\sin 5\omega t+\cdots\right)$

三、波形的对称性与所含谐波成分的关系

波形所含有的谐波成分，按频率可分为两种不同的谐波。一种是频率为基波的 1、3、5…倍的谐波，被称为“奇次谐波”；另一种是频率为基波的 2、4、6…倍的谐波，被称为“偶次谐波”。有些周期信号中还存在着一定的直流成分，可以被看成是零频率的谐波分量，也属于偶次谐波。

从表 12-1-1 中所列出的波形与谐波表示式，可以发现有些波形只有奇次谐波而不具有偶次谐波，另一些波形却正好相反，只有偶次谐波而没有奇次谐波，还有一些波形奇、偶次谐波都有。下面我们讨论一下这方面的规律性。

1. 奇次对称性

首先看表 12-1-1 中的方波与等腰三角波。这两个波形都只具有奇次谐波，可以发现它们

的共同特点是：波形的后半个周期重复前半个周期变化，但符号相反（即前半周是正的，后半周是负的），波形所具有的这种性质被称为奇次对称性。

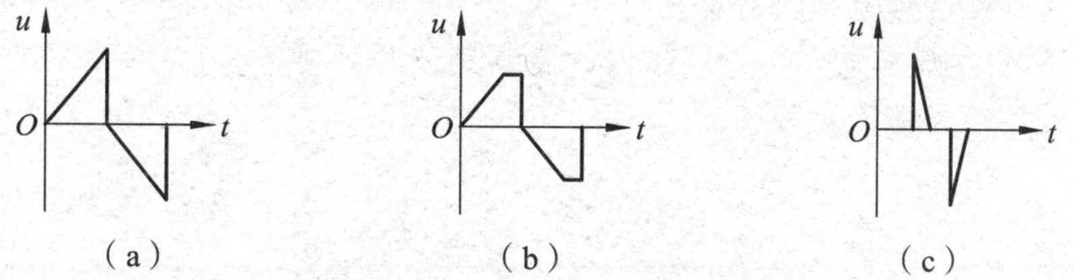

图 12-1-4 奇次对称性波形

如图 12-1-4 所示的三个波形，都是具有奇次对称性的周期信号。因此，凡是奇次对称的信号都只有基波、三次、五次等奇次谐波，而不存在直流成分以及二次、四次等偶次谐波。

2. 偶次对称性

再看表 12-1-1 中的锯齿波及正弦整流全波。这两个波形都只包含偶次谐波，它们的共同之处是波形的后半周期重复前半周期的变化，且符号相同（即前半周与后半周都是正的），波形所具有的这种性质被称为偶次对称性。

如图 12-1-5 所示的三个波形都是偶次对称性的周期信号。由图 12-1-4、图 12-1-5 可看出，将有奇次对称性质波形的负半周反过来，即变成有偶次对称性质的波形。

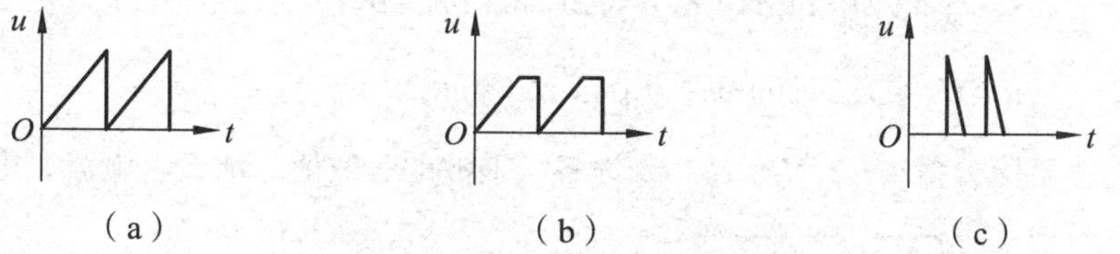

图 12-1-5 偶次对称性波形

偶次对称的周期信号包含恒定的直流分量以及一系列的偶次谐波，而不具有基波、三次、五次等奇次谐波成分。换言之，偶次对称波形包含的谐波成分是奇次对称波形所没有的，同时偶次对称波形不具有奇次对称波形所具有的谐波成分。因此，波形（非正弦波）的对称性与谐波的成分有关。

表 12-1-1 中最后两个波形不具有奇次或偶次对称性质，因此，这两个波形中既有奇次谐波分量又有偶次谐波分量。

练习一

1. 非正弦交流电是指按______性变化但不按正弦规律变化的交流电。

2. 电路中出现非正弦交流电流或电压的原因，一般来自______或______两个方面。

3. 几个频率不同的正弦交流电可以______一个非正弦交流电，一个非正弦交流电也能分解成几个______不同的正弦交流电。

4. 非正弦交流电可以被分解成一系列频率成______倍的正弦成分。也就是说，我们遇到的各种波形的周期信号，都可以由许多不同______的正弦波组成。

5. 某一谐波分量的频率是基波的几倍，我们就称它为______谐波。

6. 奇次对称性波形只具有______谐波，特点是波形的前半周是正的，后半周是______，波形所具有的这种性质称为奇次对称性。

7. 偶次对称性波形只包含______谐波．特点是波形的前_____与后半周都是正的，波形所具有的这种性质称为偶次对称性。

第二节　非正弦交流电路的计算

一、非正弦交流电的有效值、平均值及功率

1. 有效值

非正弦周期电流的有效值与正弦电流的有效值定义相同，即一个非正弦周期电流流经电阻 R 时，电阻消耗的功率如果和一个直流电流 I 流经同一电阻 R 时所消耗的功率相同，那么该直流电流的数值 I 就称为非正弦周期电流的有效值。电压有效值的定义也与此相同。

如果电流 i 和电压 u 的各次谐波都已知道并假设为

$$i = I_0 + \sqrt{2}I_1 \sin(\omega t + \alpha_1) + \sqrt{2}I_2 \sin(2\omega t + \alpha_2) + \cdots$$

$$u = U_0 + \sqrt{2}U_1 \sin(\omega t + \beta_1) + \sqrt{2}U_2 \sin(2\omega t + \beta_2) + \cdots$$

其中，I_0、U_0 为直流分量；I_1、U_1、I_2、U_2 为各次谐波的有效值。那么，电流、电压的有效值为

$$I = \sqrt{I_0^2 + I_1^2 + I_2^2 + \cdots}$$

$$U = \sqrt{U_0^2 + U_1^2 + U_2^2 + \cdots}$$

即非正弦周期电流及电压的有效值，等于各次谐波有效值的平方和的开方。

2. 平均值

交流电的平均值是指在某段时间内流过电路的总电流与该段时间的比值。一般时间间隔为半个周期或一个周期。

一般规定：正弦量的平均值按半个周期计算，因为一个周期内的平均值为零；非正弦量的平均值按一个周期计算。

正弦量的平均值和最大值的关系为

$$I_P = \frac{2}{\pi} I_m = 0.637 I_m，\quad U_P = \frac{2}{\pi} = 0.637 U_m，\quad E_P = \frac{2}{\pi} = 0.637 E_m$$

其中，I_m、U_m、E_m 为正弦量的最大值。

非正弦周期量的平均值就是它的谐波表示式中的直流分量。

例 12-2-1 求图 12-2-1 所示矩形脉冲波形电压的有效值和平均值。

解：根据波形查表 12-1-1 可知

$$u=\frac{U_m}{2}+\frac{2U_m}{\pi}\left(\sin\omega t+\frac{1}{3}\sin3\omega t+\frac{1}{5}\sin5\omega t+\cdots\right)$$

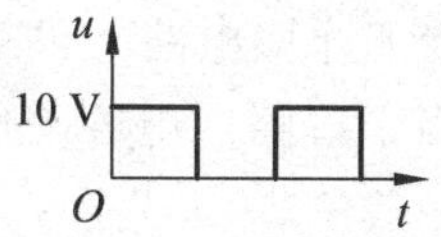

图 12-2-1 例 12-2-1 图

代入数据得

$$u=\frac{10}{2}+\frac{2\times10}{\pi}\left(\sin\omega t+\frac{1}{3}\sin3\omega t+\frac{1}{5}\sin5\omega t+\cdots\right)$$

所以，电压的平均值为

$$U_P=\frac{10}{2}=5\text{（V）}$$

电压的有效值为（取到三次谐波为止）

$$U=\sqrt{U_0^2+U_1^2+U_2^2+\cdots}=\sqrt{\left(\frac{10}{2}\right)^2+\left(\frac{2\times10}{3\pi}\right)^2+\left(\frac{2\times10}{5\pi}\right)^2}\approx7.1\text{（V）}$$

3. 功 率

非正弦电路同正弦电路一样，电路中的瞬时功率等于电压瞬时值与电流瞬时值的乘积，即

$$p=ui$$

电路的有功功率（平均功率），根据功率的定义等于其瞬时功率在一个周期内的平均值。在周期性非正弦交流电路中，只有同频率的电流和电压（包括直流电压和直流电流）才能产生有功功率。不同频率的电压与电流虽产生瞬时功率，但不产生有功功率。

因此，非正弦交流电的有功功率等于直流功率及各次谐波有功功率之和，即

$$P=P_0+P_1+P_2+P_3+\cdots$$

式中：

$$P_0=U_0I_0$$

$$P_1=U_1I_1\cos\varphi_1\text{，}\quad\varphi_1=\varphi_{u1}-\varphi_{i1}$$

$$P_2=U_2I_2\cos\varphi_2\text{，}\quad\varphi_2=\varphi_{u2}-\varphi_{i2}$$

$$P_3=U_3I_3\cos\varphi_3\text{，}\quad\varphi_3=\varphi_{u3}-\varphi_{i3}$$

二、非正弦交流电路的分析与计算步骤

由上一节讨论可知，任何一个非正弦周期量都可以分解为一列的谐波分量。因此，在非正弦周期信号作用下的线性电路的计算可用叠加定理。即整个非正弦周期信号对线性电路作用的结果，等于它的各次谐波对该线性电路所作用结果的总和。因此，我们可以用计算正弦交流电路的方法，分别对各次谐波进行计算，最后把所得结果加起来即可。

具体步骤如下：

（1）把已给的电压或电流分解为直流分量和各次谐波分量。高次谐波取到哪一项为止，要由所需的准确度来决定。

（2）计算电路元件对各分量的感抗和容抗。电容对直流分量相当于开路，电感对直流分量相当于短路。电容与电感对各谐波所表现的容抗和感抗是不同的，对 n 次谐波有

$$X_{Ln}=n\omega L\ ,\quad X_{Cn}=\frac{1}{n\omega C}$$

电阻是一个恒定值。

（3）分别计算各谐波分量单独作用时电路中的电流或电压。

（4）利用叠加原理，把所求得的同一支路的各电流分量（或电压分量）进行叠加，即可得各支路电流（或电压）。

注意，用复数表示的各次谐波电流（或电压）要化成瞬时值后才能进行叠加。

例 12-2-2 电路如图 12-2-2 所示，其中电动势 $e(t)=10+100\sin\omega t+20\sin 5\omega t$（V），电阻 $R_0=3\ \Omega$，负载电阻 $R=2\ \Omega$，电感 $L=3.18\ \text{mH}$，频率 $f=100\ \text{Hz}$，求电流 $i(t)$。

解：（1）直流分量：

当电动势的直流分量 $E_0=10\ \text{V}$ 单独作用于电路时，电感 L 相当于短路，电流的直流分量

$$I_0=\frac{E_0}{R_0+R}=\frac{10}{3+2}=2\ \text{（A）}$$

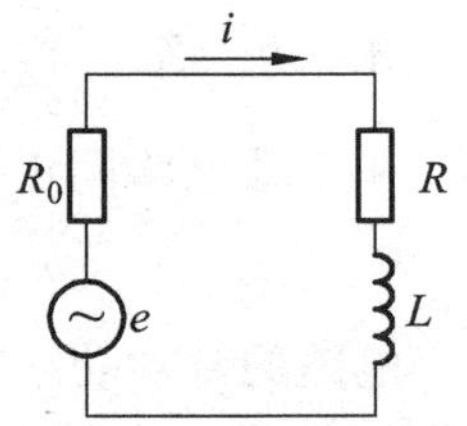

图 12-2-2 例 12-2-2 图

（2）一次谐波：

对应于一次谐波的感抗为

$$X_{L1}=2\pi fL=2\times3.14\times100\times3.18\times10^{-3}=2\ \text{（}\Omega\text{）}$$

电路阻抗

$$Z_1=R_0+R+\text{j}X_{L1}=5+\text{j}2=5.4\angle 21.8^\circ\ \text{（}\Omega\text{）}$$

基波电流

$$\dot{I}_1=\frac{\dot{E}_1}{Z_1}=\frac{100/\sqrt{2}}{5.4\angle 21.8^\circ}=\frac{18.6}{\sqrt{2}}\angle -21.8^\circ\ \text{（A）}$$

（3）五次谐波：

对应于五次谐波的感抗

$$X_{L5}=5\omega L=5X_{L1}=5\times2=10\ \text{（}\Omega\text{）}$$

电路阻抗

$$Z_5=R_0+R+\text{j}X_{L5}=5+\text{j}10=11.2\angle 63.4^\circ\ \text{（}\Omega\text{）}$$

五次谐波电流

$$\dot{I}_5=\frac{\dot{E}_5}{Z_5}=\frac{20/\sqrt{2}}{11.2\angle 63.4^\circ}=\frac{1.79}{\sqrt{2}}\angle -63.4^\circ \text{（A）}$$

（4）将各次谐波电流叠加：

先将 $\dot{I}_1$、$\dot{I}_5$ 化成瞬时值

$$i_1=18.6\sin(\omega t-21.8^\circ)\text{ A}$$

$$i_5=1.79\sin(5\omega t-63.4^\circ)\text{ A}$$

求得

$$i(t)=I_0+i_1+i_5=2+18.6\sin(\omega t-21.8^\circ)+1.79\sin(5\omega t-63.4^\circ)\text{（A）}$$

练习二

1. 非正弦周期电流及电压的有效值，等于各次谐波有效值的______和的开方。
2. 非正弦周期量的平均值，就是它的谐波表示式中的______分量。
3. 非正弦交流电的有功功率等于_____功率及各次谐波有功功率之和。
4. 非正弦周期信号作用于线性电路时，可以看作是由_____分量和各谐波分量共同作用在线性电路上。因此，可以用______原理，将各分量_____作用的结果加以合成。

本章小结

一、非正弦量的（傅里叶级数）分解

（1）周期性的非正弦电压或电流均能被分解为一系列频率成整数倍的正弦谐波分量。

（2）波形的对称性与所含谐波成分的关系：

① 后半周重复前半周变化，但符号相反的波形，称为奇次对称波形。这种波形中只具有奇次谐波。

② 后半周重复前半周变化，且符号相同的波形，称为偶次对称波形。这种波形只具有包含直流成分在内的各偶次谐波。

二、非正弦交流电的有效值、平均值及功率

1. 有效值

非正弦周期电流及电压的有效值等于各次谐波有效值的平方和的开方。

电流、电压的有效值为

$$I=\sqrt{I_0^2+I_1^2+I_2^2+\cdots}\,,\qquad U=\sqrt{U_0^2+U_1^2+U_2^2+\cdots}$$

2. 平均值

非正弦周期量的平均值就是它的谐波表示式中的直流分量。

正弦量的平均值和最大值的关系为

$$I_P = \frac{2}{\pi} I_m = 0.637 I_m$$

$$U_P = \frac{2}{\pi} U_m = 0.637 U_m$$

$$E_P = \frac{2}{\pi} E_m = 0.637 E_m$$

3. 功率

非正弦交流电的有功功率等于直流功率及各次谐波有功功率之和。

$$P = P_0 + P_1 + P_2 + P_3 + \cdots$$

三、非正弦交流电路的计算

非正弦周期信号作用于线性电路时，可以看作是由直流分量和各谐波分量共同作用在线性电路上。因此，可以用叠加原理，将各分量单独作用的结果加以合成。但应注意电感及电容对不同谐波分量的电抗是不一样的。

第十三章　输配电及安全用电

第一节　发电、输电和配电概况

一、电力系统

把其他形式的能量转换成电能的场所，称为发电站或发电厂，简称电站或电厂。根据发电所用能源，可分为火力、水力、原子能、太阳能发电以及风力、潮汐、地热发电等。

电站发出的电能还需通过一定距离的输送，才能分配给各种用户使用，这就构成了发电、输配电系统。由发电设备、输配电设备（包括高低压开关、变压器、线缆）以及用电设备等组成的总体叫作电力系统，如图 13-1-1 所示。

电力系统中，联系发电和用电设备的输配电系统，称为电力网，简称电网。

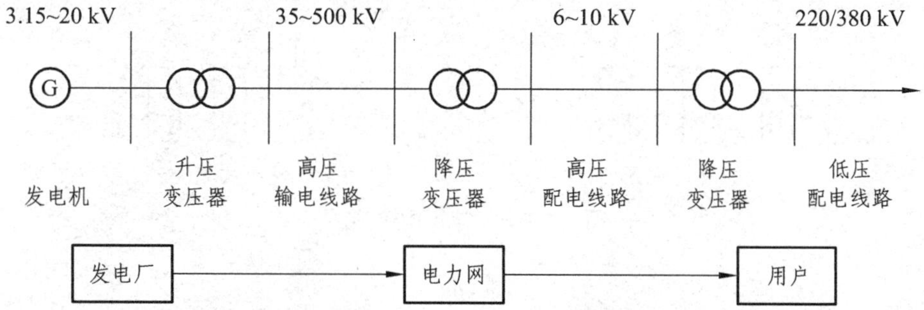

图 13-1-1　电力系统示意图

一般中型和大型发电机的输出电压等级有 6.3 kV、10.5 kV、15.75 kV 等。为了提高输电效率并减少输电线路上的损失，通常都采用升压变压器将电压升高后再进行远距离输电。目前我国远距离交流输电电压有 110 kV、220 kV、330 kV 及 500 kV 几个等级。世界上正在实验的最高输电电压是 1 000 kV。

输电电压的高低，视输电容量和输电距离而定，一般原则是：容量越大，距离越远，输电电压就越高。

高压电输到用户区后，再经降压变压器将高压降低到用户所需的各种电压。

二、厂矿企业的配电

电能输送到厂矿后，厂矿都要进行变电或配电。进行接电（即引入电能）、变压和配电的场所称为变电所。若只进行接电和配电，而不进行变压的场所就称为配电所（俗称“开关间”）。只有用电量在 1 000 kV 以下的厂矿，才采取低压供电（在电力系统中，1 000 V 以上称为高压，1 000 V 以下称为低压），只需一个低压配电室就够了。

常用的配电方式有两种。

1. 放射式配电

对每一独立负载（如大型水泵、空气压缩机等）或一组集中负载（如多台电动机拖动设备、车间照明等）都用单独的配电线路供电，如图 13-1-2（a）所示。这种配电方式的最大优点是供电可靠，维修方便，某一配电线路发生故障时不会影响其他线路。

2. 干线式配电

又叫树干式配电，它是将每个独立负载或一组集中负载按其所在位置，依次接到某一配电干线上，如图 13-1-2（b）所示。一般车间内部多采用干线式配电。这种线路虽然比较经济，但当干线发生故障时，接在它上面的所有设备都要受影响。

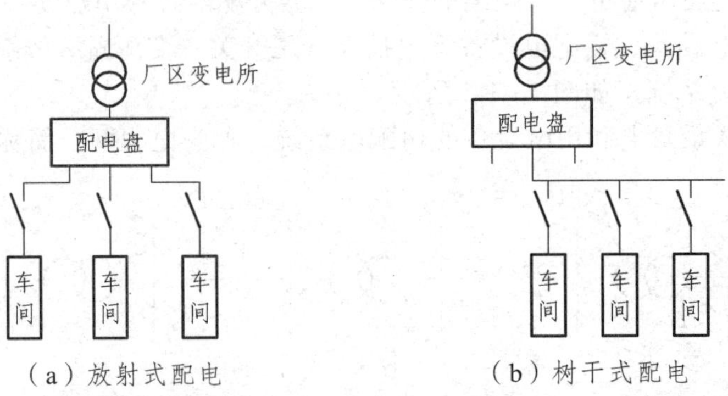

图 13-1-2　常用配电方式

练习一

1. 由电站发电到用户用电，中间大致有几个环节？
2. 电力系统和电力网有何异同？

第二节　安全用电常识

一、电伤和电击

因人体接触或接近带电体，所引起的局部受伤或死亡现象称为触电。按人体受伤害的程度不同，触电可分为电伤和电击两种。

电伤是指人体外部受伤，如电弧灼伤、与带电体接触后的皮肤红肿以及在大电流下熔化而飞溅出的金属（包括熔丝）末对皮肤的烧伤等。

电击是指人体内部器官受伤。电击是由电流流过人体而引起，人体常因电击而死亡，所以它是最危险的触电事故。

电击伤人的程度，由流过人体电流的频率、大小、途径、持续时间的长短，以及触电者本身的情况而定。实践证明，频率为 25 ~ 300 Hz 的电流最危险，随着频率的升高危险性将减小。通过人体 1 mA 的工频电流就会使人有麻的感觉，50 mA 的工频电流就会使人有生命危险，100 mA 的工频电流则足以使人死亡。实验还证明，电流通过心脏和大脑时，人体最容易死亡，所以头部触电及左手到右脚触电最危险。另外，人体通电时间越长，危险性越大。

通过人体电流的大小与触电电压和人体电阻有关，而人体电阻与触电部分皮肤表面的干湿情况、接触面积的大小及身体素质有关。通常人体电阻为 800 Ω至几万欧不等，个别人的最低电阻为 600 Ω左右。当皮肤出汗，有导电液或导电尘埃时，人体电阻还要低。

根据国标 GB 3805—2008，安全电压是为防止触电事故而采用的由特定电源供电的电压系列。这个电压系列的上限值，是在任何情况下两导体间或任一导体与地之间均不得超过交流（50 ~ 500 Hz）有效值 50 V。

安全电压额定值的等级为 42、36、24、12、6 V。但必须注意：42 V 或 36 V 电压并非绝对安全，在充满导电粉末或相对湿度较高或酸碱蒸汽浓度大等情况下，也曾发生触及 36 V 电压而死亡的事故。在上述这些情况下必须使用 24 V 或更低等级的电压。

二、常见的触电方式

1. 单相触电

如图 13-2-1 所示，人体只触及一根相线（或漏电的电气设备），但是人站在地上，而电源中性点是接地的，电流通过人体流入大地，人体承受 220 V 相电压。

图 13-2-1 单相触电

单相触电大多是由于电气设备损坏或绝缘不良，使带电部分裸露而引起的。触电事故中大部分属于单相触电。

2. 两相触电

如图 13-2-2 所示，人体同时触及两根相线，作用于人体的是 380 V 线电压，危险性比单相触电更大。

图 13-2-2 两相触电

3. 跨步电压触电

如图 13-2-3 所示，在高压电网接地点或防雷接地点及高压火线断落或绝缘损坏处，有电流流入地下时，电流向四周流散，并在接地点周围土壤中产生电压降。当人走进这一区域时，两脚之间形成跨步电压，其大小取决于线路电压及人距电流入地点的远近。

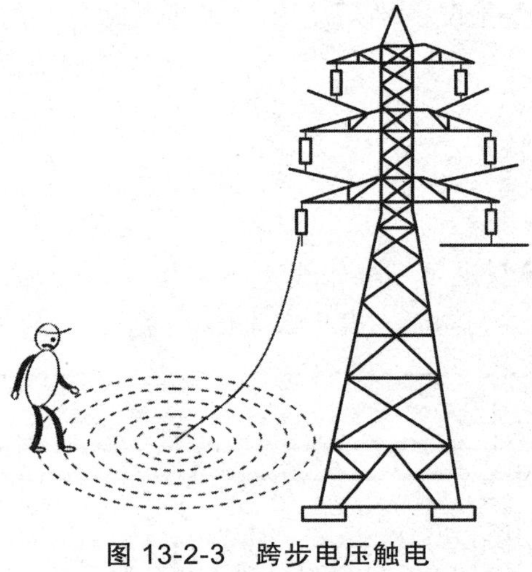

图 13-2-3 跨步电压触电

三、电火灾和雷击

电火灾是因输配电线漏电、短路或负载过热等而引起的火灾。它对人民的生命、财产有着严重威胁，应设法预防。

雷击是由带有两种不同电荷的云朵之间，或云朵与大地之间的放电而引起的伤害。它是目前还难以避免的一种自然现象。

四、常用安全用电措施

安全用电的原则是不接触低压带电体，不靠近高压带电体。常用的安全用电措施有：

1. 火线必须进开关

火线进开关后，当开关处于分断状态时，用电器上就不带电，不但利于维修，而且可减少触电机会。另外，接螺口灯座时，火线要与灯座中心的簧片连接，不允许与螺纹相连。

2. 合理选择照明电压

一般工厂和家庭的照明灯具多采用悬挂式，人体接触机会较少，可选用 220 V 电压供电；工人接触机会较多的机床照明灯则应选 36 V 电压供电，决不允许采用 220 V 灯具做机床照明；在潮湿、有导电灰尘、有腐蚀性气体的情况下，则应选用 24 V、12 V 甚至是 6 V 电压来供照明灯具使用。

3. 合理选择导线和熔丝

导线通过电流时，不允许过热，所以导线的额定电流应比实际输电的电流大些。而熔丝是作保护用的，要求电路发生短路时能迅速熔断，所以不能选额定电流很大的熔丝来保护小电流电路。但也不能用额定电流小的熔丝来保护大电流电路，因为这会使电路无法正常工作。导线和熔丝的额定电流值可通过查手册获得。

4. 电气设备要有一定的绝缘电阻

电气设备的金属外壳和导电线圈间必须要有一定的绝缘电阻，否则当人触及正在工作的电气设备（如电动机、电风扇等）的金属外壳就会触电。通常要求固定电气设备的绝缘电阻不低于 1 MΩ，可移动的电气设备，如手枪式电钻、冲击钻、台式电扇、洗衣机等的绝缘电阻还应高一些。一般电气设备在出厂前，都测量过它们的绝缘电阻，以确保使用者的安全。但是在使用电气设备的过程中，应注意保护绝缘材料，预防绝缘材料受伤和老化。

5. 电气设备的安装要正确

电气设备要根据安装说明进行安装，不可马虎行事。带电部分应有防护罩，高压带电体更应有效加以防护，使一般人无法靠近高压带电体，必要时应加联锁装置以防触电。

在安装手电钻等移动式电具时，其引线和插头都必须完整无损，引线应采用坚韧橡胶或塑料护套线，且不应有接头，长度不宜超过 5 m。另外，金属外壳必须可靠接地。

6. 采用各种保护用具

保护用具是保证工作人员安全操作的工具，主要有绝缘手套、鞋，绝缘钳、棒、垫等。家庭中干燥的木质桌凳、玻璃、橡胶垫等也可充作保护用具。

7. 正确使用移动电具

使用手电钻等移动电具时必须戴绝缘手套，调换钻头时须拔下插头。每年取出电扇使用时应检查插头、引线、开关是否完好，绝缘电阻是否达到 2 MΩ。在移动台扇时应先切断电源。不允许将 220 V 普通电灯作为手提照明行灯而随便移动。行灯电压应为 36 V 或低于 36 V。

8. 电气设备的保护接地和保护接零

正常情况下电气设备的金属外壳是不带电的，但在绝缘损坏而漏电时，外壳就会带电。为保证人触及漏电设备的金属外壳时不会触电，通常都采用保护接地或保护接零的安全措施。

（1）保护接地。

将电气设备在正常情况下，不带电的金属外壳或构架与大地之间做良好的金属连接称作保护接地，如图 13-2-4（a）所示。通常采用深埋在地下的角铁、钢管做接地体。家庭中也可用自来水管做接地体，但应将水管接头的两端用导线连通。接地电阻不得大于 4 Ω。

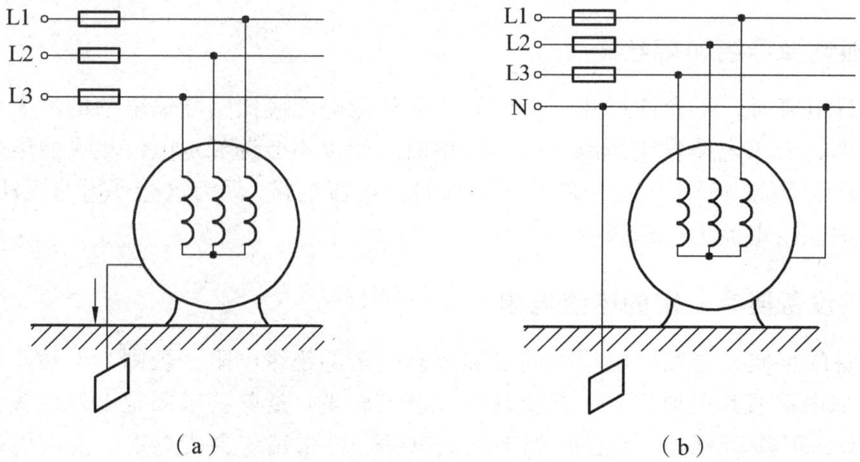

图 13-2-4　保护接地和保护接零

保护接地适用于 1 000 V 以上的电气设备以及电源中线不直接接地的 1 000 V 以下的电气设备。采用保护接地后，即使人触及漏电的电气设备的金属外壳也不会触电。因为这时金属外壳已与大地做可靠金属连接，且对地电阻很小，而人体电阻一般比接地电阻大数百到数万倍。当人触及金属外壳时，人体电阻与接地电阻相并联，则漏电流几乎全部经接地电阻流入大地，从而保证了人身安全。

（2）保护接零。

将电气设备在正常情况下不带电的金属外壳或构架与供电系统中的零线连接，叫作保护接零，如图 13-2-4（b）所示。保护接零适用于三相四线制中线直接接地系统中的电气设备。

接零后，若电气设备的某相绝缘损坏而漏电时，叫作该相短路。短路电流立即将熔丝熔断或使其他保护电器动作而切断电源，从而消除了触电危险。

图 13-2-5 所示是单相用电器（如洗衣机、电烙铁等）所使用的三脚插头和三眼插座。插头的正确接法是，应把用电器的金属外壳用导线接在中间那个比其他两个粗或长的插脚上，并通过插座与保护零线相连，如图 13-2-6 所示。图 13-2-6（a）是零线不装熔断器的情况，图 13-2-6（b）是零线装熔断器的情况。目前居民生活区多采用此法，但三相供电系统中的中线上却不允许安装熔断器。

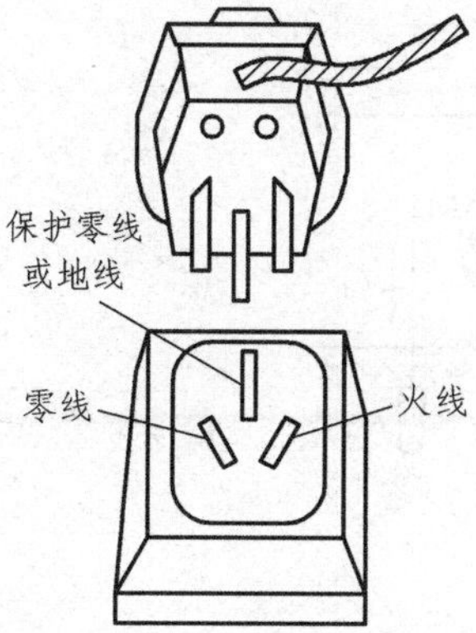

图 13-2-5　三角插头和三眼插座

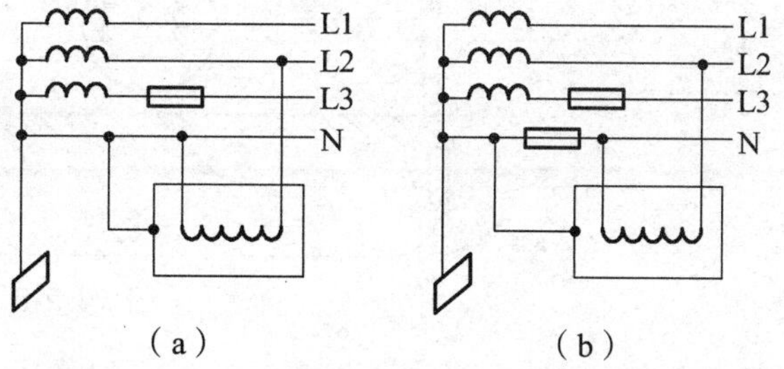

图 13-2-6　单相用电器保护接零的正确接法

图 13-2-7 所示是错误的保护接零方法，其错误在于将电器的金属外壳直接与接到用电器的零线相连。这种接法有时不但起不到保护作用，反而可能带来触电危险。对图（a）、（b）来说，若零线断裂或熔丝熔断，则用电器的金属外壳就带电，这当然是危险的。图（c）表示插座或接线板、拖线板上的相线和零线调错的情况，这在住宅或室内，中线不涂特殊颜色时是很容易发生的。此时，用电器正常运行的情况下，在其金属外壳上也会呈现电压，所以是不允许的。

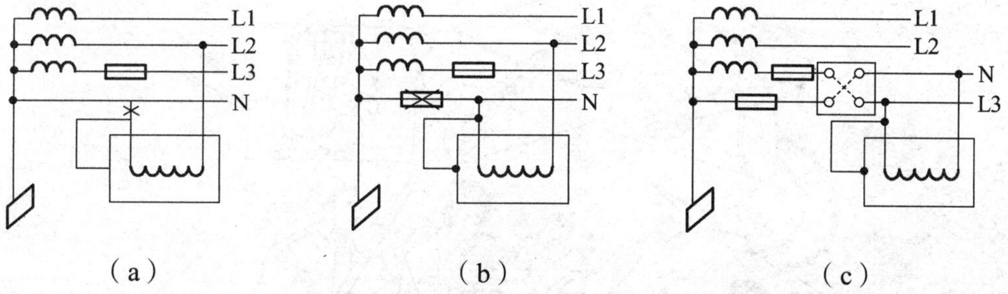

图 13-2-7　单相用电器保护接零的错误接法

为了防止零线断裂，目前在工厂内广泛使用重复接地。所谓重复接地，就是将零线上的一点或多点与大地再次做金属连接。

必须指出的是，在同一供电线路中，不允许一部分电气设备采用保护接地，而另一部分电气设备采用保护接零的方法，如图 13-2-8 所示。因为此时若接地设备的某相碰壳短路，而设备的容量较大，所产生的短路电流不足以使熔断器或其他保护电器动作，则零线的电位将升高到 $V_0=\frac{R_{地}U_{相}}{R_{零}+R_{地}}$。若 $R_{零}=R_{地}$，则 $V_0=\frac{U_{相}}{2}$，所以会使与零线相连接的所有电气设备的金属外壳都带上可能使人触电的危险电压。

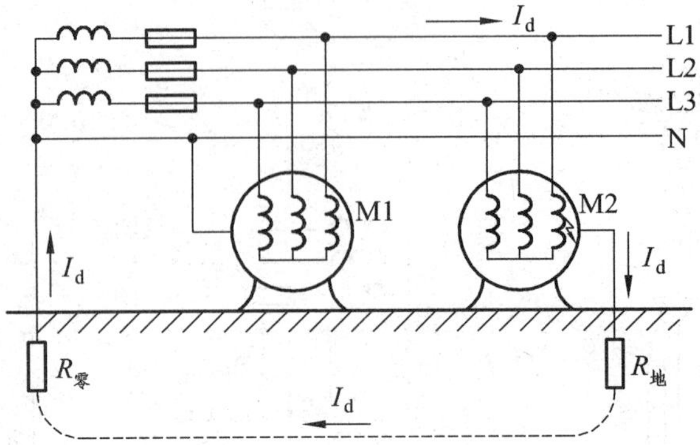

图 13-2-8

五、触电急救

1. 触电急救

凡遇有人触电，必须用最快的方法使触电者脱离电源。若救护人离控制电源的开关或插座较近，则应立即切断电源，否则应采用竹竿或木棒等绝缘物强迫触电者脱离电源；也可用绝缘钳切断电线或戴上绝缘手套、穿上绝缘鞋将触电者拉离电源，千万不能赤手空拳去拉还未脱离电源的触电者。在切断电线时还应一根线一根线地剪，不能两根线一起剪，如图 13-2-9 所示。另外，在触电解救中，还应注意高处的触电者坠落受伤。

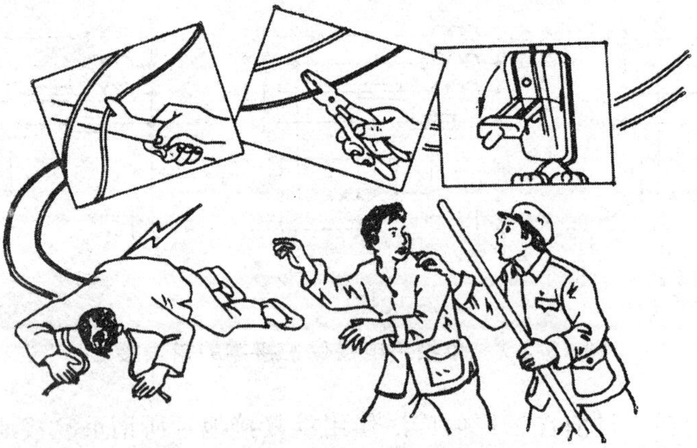

图 13-2-9 触电急救

2. 紧急救护

在触电者脱离电源后，应立即进行现场紧急救护并及时报告医院。当触电者还未失去知觉时，应将他抬到空气流通、温度适宜的地方休息，不让他乱走乱动。当触电者出现心脏停搏、无呼吸等假死现象时，不应慌乱而应争分夺秒地在现场进行人工呼吸或胸外挤压。就是在送往医院的救护车上也不可中断，更不可盲目给假死者注射强心针。

人工呼吸法适用于有心跳但无呼吸的触电者，如图 13-2-10 和图 13-2-11 所示。其中口对口（鼻）人工呼吸法的口诀是：病人仰卧平地上，鼻孔朝天颈后仰；首先清理口鼻腔，然后松扣解衣裳；捏鼻吹气要适量，排气应让口鼻畅；吹二秒来停三秒，五秒一次最恰当。

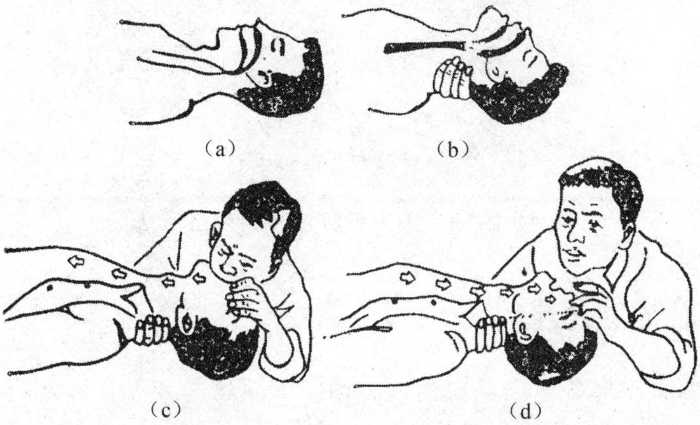

图 13-2-10 口对口（鼻）人工呼吸法

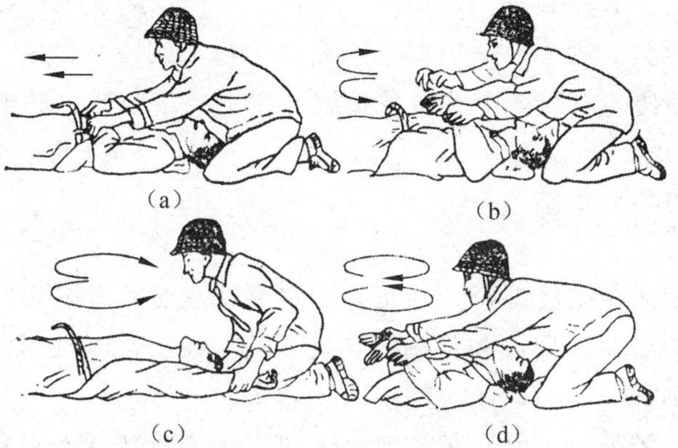

图 13-2-11 牵手人工呼吸法

胸外挤压法适用有呼吸但无心跳的触电者，如图 13-2-12 所示。其口诀是：病人仰卧硬地上，松开领扣解衣裳；当胸放掌不鲁莽，中指应该对凹膛；掌根用力向下按，压下一寸至寸半；压力轻重要适当，过分用力会压伤；慢慢压下突然放，一秒一次最恰当。

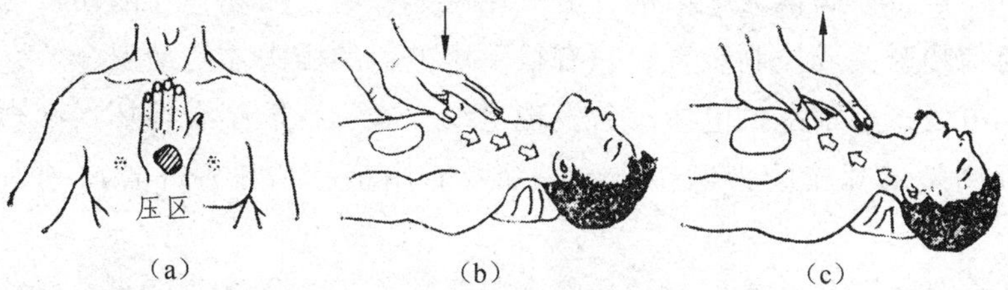

图 13-2-12 胸外挤压法

当触电者既无呼吸又无心跳时，可同时采用人工呼吸法和胸外挤压法进行急救，如图 13-2-13 所示。其中单人操作时，应先口对口（鼻）吹气两次（约 5 秒内完成），再做胸外挤压 15 次（约 10 秒内完成），以后交替进行。双人操作时，按前述口诀进行。

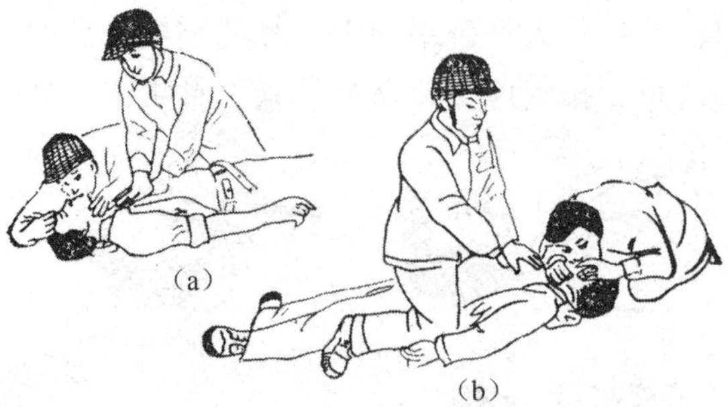

图 13-2-13　人工呼吸法和胸外挤压法

六、电火警的紧急处理

（1）发生电火警时，最重要的是必须首先切断电源然后救火，并及时报警。

（2）应选用二氧化碳灭火器、1211 灭火器、干粉灭火器或黄沙来灭火。但应注意，不要使二氧化碳喷射到人的皮肤或脸部，以防冻伤和窒息。在没确知电源已被切断时，绝不允许用水或普通灭火器来灭火。因为万一电源未被完全切断，就会有触电的危险。

（3）救火时不要随便与电线或电气设备接触，特别要留心地上的电线。

七、防雷击的安全措施

通常在高大建筑物或在雷区的每个建筑物的顶部安装避雷针来预防雷击。对于使用室外电视机天线的用户，应装避雷器或防雷用的转换开关。在正常天气时将天线接入室内，在雷雨前将天线转接到接地体上，以防由天线引入的雷击。

另外，雷雨时尽量不外出走动，更不要在大树下躲雨或站立在高处，而应就地下蹲在低凹处且两脚尽量并拢。

八、其他安全用电常识

（1）任何电气设备在确认无电以前，应一律认为有电，因此不要随便接触电气设备。

（2）不盲目信赖开关或控制装置，只有拔下用电器的插头才是最安全。

（3）不损伤电线，也不乱拉电线。若发现电线、插头、插座有损坏，必须及时更换。

（4）拆开或断裂的裸露的带电接头，必须及时用绝缘物包好并置放到人身不易碰到的地方。

（5）尽量避免带电操作，手湿时更应避免带电操作；在做必要的带电操作时，应尽量用一只手工作，另一只手可放在口袋中或背后。同时最好有人监护。

（6）当有数人进行电工作业时，应于接通电源前通知他人。

（7）不要依赖绝缘来防范触电，因为绝缘代替不了小心。

（8）在带电设备周围严禁使用钢皮尺、钢卷尺进行测量工作。

练习二

一、问答题

1. 什么叫触电？电击伤人的程度与哪些因素有关？
2. 常见的触电方式和原因有哪几种？
3. 常见的安全用电措施有哪些？
4. 对触电者应如何进行急救？如何进行电火警的紧急处理？
5. 防止雷击应注意哪几点？

二、选择题

1. 下面关于安全电压的正确说法是（　　）。
   A. 220 V 照明电路是低压电路，但 220 V 不是安全电压
   B. 只有当电压是 36 V 时，人体接触该电压才不会触电
   C. 某人曾接触过 220 V 电压而没伤亡，因此该电压对于他来说总是安全的
   D. 只要有电流流过人体，就会发生触电事故
2. 对照明电路，下面哪种情况不会引起触电事故？（　　）
   A. 人赤脚站在大地上，一手接触火线，但未接触零线
   B. 人赤脚站在大地上，一手接触零线，但未接触火线
   C. 人赤脚站在大地上，两手同时接触火线，但未碰到零线
   D. 人站在绝缘体上，一手接触火线，另一手接触零线
3. 下面的正确结论是（　　）。
   A. 不论使用何种验电笔，只要笔尖接触电线，氖管发光，就表明笔尖接触的是火线
   B. 不论使用何种验电笔，只要笔尖接触电线，氖管不发光，就表明笔尖接触的是零线
   C. 用手接触验电笔尾的金属体，笔尖接触电线，若氖管发光，则笔尖接触的是火线
4. 下面关于保险丝（即熔丝）的正确说法是（　　）。
   A. 只要在线路中安装保险丝，不论其规格如何都能起保险作用
   B. 选择额定电流小的保险丝总是有利无弊的
   C. 只有选用适当规格的保险丝，才能既保证电路正常工作又起保险作用
   D. 可用同样粗细的铜丝来代替铅锑保险丝

本章小结

（1）大型电站发出的交流电经高压输电，并经一次或两次降压后，再经配电才能为用户提供不同等级的电压。由发电、输配电和用电设备所构成的系统叫作电力系统。电力系统中，联系发电和用电设备的输配电系统，称为电力网，简称电网。车间是主要配电对象之一，常用的配电方式有放射式和干线式两种。

（2）触电有电伤和电击两种，其中电击最危险。电击伤人的程度由流过人体电流的频率、大小，电流通过人体的途径和时间以及触电者本身的身体状况而定。实践证明，工频电流最危险，流过人体 50 mA 的工频电流会使人有生命危险；电流通过心脏和大脑时，人体最容易死亡，而且触电时间越长危险性越大。安全交流电压额定值的等级为 42、36、24、12、6 V。

（3）安全用电的原则是：不接触低压带电体，不靠近高压带电体。

（4）在实际工作和生活中，应根据常见触电原因和方式结合各人的具体情况，注意采取不同的安全用电措施来确保人身安全，并避免发生电火灾。

（5）若遇人触电，必须用最迅速的方法使触电者脱离电源，然后进行现场紧急救护并及时报告医院。当触电者出现假死时，更应分秒必争地在现场对触电者做人工呼吸或胸外挤压进行急救，切不可坐等医生的到来或送到医院再抢救，就是在救护车上也不可中断急救。另外不可盲目地给触电者注射强心针。

（6）遇电火警时，必须首先切断电源，然后救火并及时报警。雷雨时应尽量不外出活动，不使用室外天线，以防雷击。

参考文献

[1] 唐益龄. 电工学[M]. 2 版. 北京：中国劳动出版社，1990.

[2] 绕昌植. 电工学[M]. 北京：人民教育出版社，1978.

[3] 哈尔滨工业大学电工学教研室. 电工学[M]. 北京：水利电力出版社，1978.

[4] 陈其信. 电工原理[M]. 北京：电子工业出版社，1988.

[5] 刘志平. 电工技术基础[M]. 2 版. 北京：高等教育出版社，1994.

[6] 李福民. 电工基础[M]. 北京：中国铁道出版社，1998.

[7] 周绍敏. 电工基础[M]. 北京：高等教育出版社，1999.

[8] 秦曾煌. 电工学简明教程[M]. 北京：高等教育出版社，2001.

[9] 陈景谦. 电工技术[M]. 北京：机械工业出版社，2001.

[10] 秦曾煌. 电工学[M]. 6 版. 北京：高等教育出版社，2003.

[11] 沈裕钟. 电工学[M]. 4 版. 北京：高等教育出版社，2004.

[12] 程周. 电工基础[M]. 北京：高等教育出版社，2004.